中外经典文库

傅斯年文选

洪治纲　主编

上海大学出版社

·上海·

图书在版编目(CIP)数据

傅斯年文选/洪治纲主编. —上海：上海大学出
版社，2024.4
（中外经典文库）
ISBN 978-7-5671-4658-7

Ⅰ.①傅… Ⅱ.①洪… Ⅲ.①傅斯年(1896-1950)
-文集 Ⅳ.①C52

中国国家版本馆 CIP 数据核字(2024)第 072660 号

责任编辑　刘　强
封面设计　柯国富
技术编辑　金　鑫　钱宇坤

中外经典文库
傅斯年文选
洪治纲　主编
上海大学出版社出版发行
（上海市上大路 99 号　邮政编码 200444）
（https://www.shupress.cn　发行热线 021-66135112）
出版人　戴骏豪
*
南京展望文化发展有限公司排版
上海华业装璜印刷厂有限公司印刷　各地新华书店经销
开本 890mm×1240mm　1/32　印张 9.75　字数 227 千字
2024 年 5 月第 1 版　2024 年 5 月第 1 次印刷
ISBN 978-7-5671-4658-7/C·150　定价　58.00 元

目录
CONTENTS

诸子天人论导源[①]

古史者,劫灰中之烬余也。据此烬余,若干轮廓有时可以推知,然其不可知者亦多矣。以不知为不有,以或然为必然,既远逻辑之戒律,又蔽事实之概观,诚不可以为术也。今日固当据可知者尽力推至逻辑所容许之极度,然若以或然为必然,则自陷矣。即以殷商史料言之,假如洹上之迹深埋地下,文字器物不出土中,则十年前流行之说,如"殷文化甚低""尚在游牧时代""或不脱石器时代""殷本纪世系为虚造"等等见解,在今日容犹在畅行中,持论者虽无以自明,反对者亦无术在正面指示其非是。差幸今日可略知"周因于殷礼"者如何,则"殷因于夏礼"者,不特不能断其必无,且更当以殷之可借考古学自"神话"中入于历史为例,设定其为必有矣。夏代之政治社会已演进至如何阶段,非本文所能试论,然夏后氏一代之必然存在,其文化必颇高,而为殷人所承之诸系文化最要一脉,则可就殷商文化之高度而推知之。殷商文化今日可据遗物遗文推知者,不特不得谓之原始,且不得谓之单纯,乃集合若干文化系以成者,故其前必有甚广甚久之背景可知也。即以文字论,中

---

① 此文原系作者 1928 年在中山大学之讲稿,收入 1980 年 9 月台湾经联出版公司出版的《傅斯年全集》第二册。

国古文字之最早发端容许不在中土，然能自初步符号进至甲骨文字中之六书具备系统，而适应于诸夏语言之用，决非二三百年所能达也。以铜器论，青铜器制造之最早发端固无理由加之中土，然制作程度与数量能如殷墟所表见者，必在中国境内有长期之演进，然后大量铜锡矿石来源之路线得以开发，资料得以积聚，技术及本地色彩得以演进，此又非短期所能至也。此两者最易为人觉其导源西方，犹且如是，然则殷墟文化之前身，必在中国东西地方发展若干世纪，始能有此大观，可以无疑。因其事事物物皆表见明确的中国色彩，绝不与西方者混淆，知其在神州土上演化长久矣。

殷墟文化系之发见与分析，足征殷商以前在中国必有不止一个之高级文化，经若干世纪之演进而为殷商文化吸收之。殷墟时代二百余年中，其文字与器物与墓葬之结构，均无显然变易之痕迹，大体上可谓为静止时代。前此固应有急遽变转之时代，亦应有静止之时代。以由殷商至春秋演进之速度比拟之，殷商时代以前（本书中言"殷商"者，指在殷之商而言，即商代之后半也。上下文均如此），黄河流域及其邻近地带中，不止一系之高级文化，必有若干世纪之历史，纵逾千年，亦非怪事也（或以为夏代器物今日无一事可指实者，然夏代都邑，今日固未遇见，亦未为有系统之搜求。即如殷商之前身蒙亳，本所亦曾试求之于曹县商丘间，所见皆茫茫冲积地，至今未得丝毫线索。然其必有，必为殷商直接承受者，则无可疑也。殷墟之发见，亦因其地势较高，未遭冲埋，既非大平原中之低地，亦非山原中之低谷，故易出现。本所调查之遗址虽有数百处，若以北方全体论之，则亦太山之一丘垤也。又，古文字之用处，未必各处各时各阶级一致。设若殷人不用其文字于甲骨铜器上，而但用于易于销毁之资料上，则今日徒闻"殷人有册有典"一语耳）。且就组成殷商文化之分子言之，或者殷商统治阶级之固有文化乃是各分子中最低者之一，其先进于礼乐者，转为商人征服，落在政治中下层（说见"夷夏东西说"，"新获卜辞写本后记跋"等）。商代统治者，以其武力鞭策宇内，而失其政治独立之先进人士，则负荷文化事业于百僚众庶之间。多士云"殷革夏命……夏迪简在王庭，有服在百僚"，斯此解之明证矣。周革殷命，殷多士集于大邑东国雒，此中"商之孙子"固不少，亦当有其他族类，本为商朝所臣服者，周朝若无此一套官僚臣工，即无以继承殷代王朝之体统、维持政治之结构。此辈人士介于奴隶与自由人之间，其幸运者可为统治阶级之助手，其不幸者则夷入皂隶之等，既不与周王室同其立场，自不必与之同其信仰。周初王公固以为周得天命有应得之道，殷丧天命亦有其应失之道，在此辈则吾恐多数不如此想，否则周公无须如彼哓哓也。此辈在周之鼎盛，安分慑服，骏臣新主而已。然既熟闻治乱之故实，备尝人生之滋味，一方不负政治之责任，一方不为贵族之厮养，潜伏则能思，忧患乃多虑，其文化程度固比统治者为先进，其鉴观兴亡祸福之思想，自比周室王公为多也。先于孔子之闻人为史佚，春秋时人之视史佚，犹战国时之视孔子。史佚之家世虽不可详，要当为此一辈人，决非周之懿亲。其时代当为成王时，不当为文王时，则以《洛诰》知之。《洛诰》之"作册逸"，必即史佚，作册固为众史中一要职，逸佚则古通用。《左传》及他书称史佚语，今固不可尽信其为史佚书，然后人既以识兴亡祸福之道称之，以治事立身之雅辞归之，其声望俨如孔子，其书式俨如五千文之格言体，其哲学则皆是世事智慧，其命义则为后世自宋国出之墨家所宗，则此君自是西周"知识阶级"之代表，彼时如有可称为"知识阶级"者，必即为"士"中之一类无疑也〔按：史佚之书（其中大多当为托名史佚者）引于《左传》《国语》《墨子》者甚多，皆无以征其年代，可征年代者仅《洛诰》一事。《逸周书》《克殷》《世俘》两篇记史佚（亦作史逸）躬与杀纣之役，似为文武时之大臣。夫在文武时为大臣，在成王成年反为周公之作册（当时之作册职略如今之秘书），无是理也。《逸周书》此数篇虽每为后人所引，其言辞实荒诞之至，至早亦不过战国时人据传说以成之书，不得以此掩《洛诰》。至于大小戴记所言（保傅篇，曾子问篇），乃汉人书，更不足凭矣。《论语·微子篇》，孔子称逸民，以夷逸与伯夷、叔齐、虞仲、朱张、柳下惠、少连并举。意者夷逸即史佚，柳下惠非不仕者，故史佚虽仕为周公之作册，仍是不在其位之人，犹得称逸士也。孔子谓"虞仲夷逸隐居放言，身中清，废中权"，果此夷逸即史佚，则史佚当是在作册后未尝复进。终乃退身隐居，后人传其话言甚多，其言旨又放达，不同习见也。"身中清"者，立身不失其为清，孟子之所以称伯夷也，"废中权"者，废法也，"法中权"犹云论法则以权衡折中之，盖依时势之变为权衡也。凡此情景，皆与《左传》《国语》所引史佚之词合。果史逸即夷逸一说不误。则史佚当为出于东夷之人，或者周公东征，得之以佐文献之掌，后乃复废，而名满天下，遂为东周谈掌故论治道者所祖述焉〕。

当西周之盛，王庭中潜伏此一种人，上承虞夏商殷文化之统，下为后来文化转变思想发展之种子。然其在王业赫赫之日，此辈人固无任何开新风气之作用，平日不过为王朝守文备献，至多为王朝增助文华而已。迨王纲不振，此辈人之地位乃渐渐提高。暨宗周既灭，此辈乃散往列国，"辛有入晋，司马适秦，史角在鲁"（汪容甫语），皆其例也。于是昔日之伏而不出，潜而不用者，乃得发扬之机会，而异说纷纭矣。天人论之歧出，其一大端也。

东周之天命说，大略有下列五种趋势，其源似多为西周所有，庄子所谓"古之道术有在于是者"也。若其词说之丰长，陈义之蔓衍，自为后人之事。今固不当以一义之既展与其立说之胎质作为一事，亦不便徒见后来之发展，遂以为古者并其本根亦无之。凡此五种趋势，一曰命定论，二曰命正论，三曰俟命论，四曰命运论，五曰非命论，分疏如下。

命定论者，以天命为固定，不可改易者也。此等理解，在民间能成牢固不可破之信念，在学人口中实不易为之辩护。逮炎汉既兴，民智复昧，诸子衰息，迷信盛行，然后此说盛传于文籍中。春秋时最足以代表此说者，如《左传》宣三年王孙满对楚子语：

> 成王定鼎于郏鄏，卜世三十，卜年七百，天所命也。周德虽衰，天命未改。鼎之轻重，未可问也。

此说之根源自在人民信念中，后世所谓《商书·西伯戡黎篇》载王纣语曰"呜呼我生不有命在天"。此虽非真商书，此说则当是自昔流传者。《周诰》中力辟者，即此天命不改易之说。此说如不在当时盛行，而为商人思恋故国之助，则周公无所用其如是之喋喋也。

命正论者，谓天眷无常，依人之行事以降祸福，《周诰》中周公、召公所谆谆言之者，皆此义也。此说既为周朝立国之实训，在后世自当得承信之人。《左传》《国语》多记此派思想之词，举例如下：

> 季梁……对曰："夫民，神之主也，是以圣王先成民而后致力于神。"（桓六年）宫之奇……对曰："臣闻之，鬼神非人实亲，惟德是依。故《周书》曰'皇天无亲，惟德是辅'，又曰'黍稷非馨，明德惟馨'，又曰'民不易物，惟德繄物'。如是，则非德，民不和，神不享矣。神所凭依，将在德矣。"（僖五年）
>
> "是阴阳之事，非吉凶所生也。吉凶由人。"（僖十六年）
>
> 唯有嘉功以命姓受祀，迄于天下。及其失之也，必有慆淫之心间之，故亡其氏姓。……夫亡者岂繄无宠？皆黄炎之后也。惟不帅天地之度，不顺四时之序，不度民神之义，不仪生

物之则，以殄灭无胤，至于今不祀。及其得之也，必有忠信之心间之，度于天地，而顺于时动，和于民神，而仪于物则。……其兴者必有夏吕之功焉，其废者必有共鲧之败焉。（《周语下》）

举此以例其他，谓此为周人正统思想可也。此说固为人本思想之开明，亦足为人生行事之劝勉，然其"兑现能力"究如何，在静思者心中必生问题。其所谓贤者必得福耶，则孝已伯夷何如？其所谓恶者必得祸耶，则瞽瞍弟象何如？奉此正统思想者，固可将一切考终命得禄位者说成贤善之人，古人历史思想不发达，可听其铺张颠倒，然谓贤者必能寿考福禄，则虽辩者亦难乎其为辞矣。《墨子》诸篇曾试为此说，甚费力，甚智辩，终未足以信人也。于是俟命之说缘此思想而起焉。

俟命论者，谓上天之意在大体上是福善而祸淫，然亦有不齐者焉，贤者不必寿，不仁者不必不禄也。夫论其大齐，天志可征，举其一事，吉凶未必。君子惟有敬德以祈天之永命（语见《召诰》），修身以俟天命之至也（语见《孟子》）。此为儒家思想之核心，亦为非宗教的道德思想所必趋。

命运论者，自命定论出，为命定论作繁复而整齐之系统者也。其所以异于命定者，则以命定论仍有"谆谆命之"之形色，命运论则以为命之转移在潜行默换中有其必然之公式。运，迁也。孟子所谓"一治一乱"，所谓"五百年必有王者兴，其间必有名世者"，即此思想之踪迹。《左传》所载论天命之思想多有在此义范围中者，如宋司马子鱼云："天之弃商久矣，君将兴之，弗可赦也已。"（僖二十二）谓一姓之命既讫不可复兴也。又如秦缪公云："吾闻唐叔之封也，箕子曰，其后必大，晋其庸可冀乎？"此谓命未终者，人不得而终之也。此一思想实根基于民间迷信，故其来源必古，逮邹衍创为五德终始之论，此思想乃成为复杂之组织，入汉弥盛，主宰中国后代思想者至大焉。

非命论者，《墨子》书为其明切之代表，其说亦自命正论出，乃变本加厉，并命之一词亦否认之。然墨子所非之命，指前定而不可变者言，《周诰》中之命以不常为义，故墨子说在大体上及实质上无所多异于周公也。

以上五种趋势，颇难以人为别，尤不易以学派为类，即如儒家，前四者之义兼有所取，而俟命之彩色最重。今标此五名者，用以示天人观念之演变可有此五者，且实有此五者错然杂然见于诸子，而皆导源于古昔也。兹为图以明五者之相关如下：

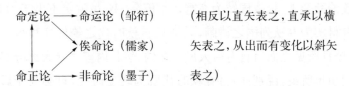

春秋时代之矛盾性与孔子[①]

　　春秋时代之为矛盾时代，是中国史中最明显之事实。盖前此之西周与后此之战国全为两个不同之世界，则介其间者二三百年之必为转变时期，虽无记载，亦可推想知之。况春秋时代记载之有涉政治社会者，较战国转为充富，《左传》一书，虽编定不出于当时，而取材实为春秋列国之语献，其书诚春秋时代之绝好证物也（《左传》今日所见之面目自有后人成分在内，然其内容之绝大部分必是战国初年所编，说别详）。春秋时代既为转变时代，自必为矛盾时代，凡转变时代皆矛盾时代也。

　　春秋时代之为矛盾，征之于《左传》《国语》者，无往不然，自政治以及社会，自宗教以及思想，弥漫皆是。其不与本文相涉者，不具述，述当时天人论中之矛盾。

　　春秋时代之天道观，在正统派自仍保持大量之神权性，又以其在《周诰》后数百年，自亦必有充分之人定论。试看《左氏》《国语》，几为鬼神灾祥占梦所充满，读者恍如置身殷商之际。彼自言"国之大事在祀与戎"，则正是殷商卜辞之内容也。此诚汪容甫所谓其失也巫矣。然亦偶记与此一般风气极端相反之说，其说固当时之新

---

　　① 　此文原系作者 1928 年在中山大学之讲稿，收入《傅斯年全集》第二册。

语,亦必为《左氏》《国语》作者所认为嘉话者也。举例如下：

季梁……对曰："夫民神之主也。"(桓六)

(宫之奇)对曰："……如是,则非德民不和,神不享矣。神所凭依,将在德矣。"(僖五)及惠公在秦,曰："先君若从史苏之占,吾不及此夫。"韩简侍曰："……先君之败德,其可数乎? 史苏是占,勿从何益?"(僖十五)

(周内史叔兴父)对曰："……是阴阳之事,非吉凶所生也。吉凶由人。"(僖十六)

邾文公卜迁于绎。史曰："利于民而不利于君。"邾子曰："苟利于民,孤之利也。天生民而树之以君,以利之也。民既利矣,孤必与焉。"左右曰："命可长也,君何弗为?"邾子曰："命在养民。死之短长,时也。民苟利矣,迁也,吉莫如之!"遂迁于绎。五月,邾文公卒。君子曰："知命。"(文十三)

晋侯问于士弱曰："吾闻之,宋灾,于是乎知有天道,何故?"对曰："……商人阅其祸败之衅,必始于火,是以日知其有天道也。"公曰："可必乎?"对曰："在道,国乱无象,不可知也。"(襄九)

楚师伐郑……(晋)董叔曰："天道多在西北,南师不时,必无功。"叔向曰："在其君之德也。"(襄十九)

有星孛于大辰。……郑裨灶言于子产曰："宋卫陈郑将同日火。若我用瓘斝玉瓒,郑必不火。"子产弗与。……戊寅,风甚;壬午,大甚。宋、卫、陈、郑皆火。……裨灶曰："不用吾言,郑又将火。"郑人请用之,子产不可。子大叔曰："实以保民也。若有火。国几亡。可以救亡,子何爱焉?"子产曰："天道远,人道迩,非所及也,何以知之? 灶焉知天道? 是亦多言矣,岂不

或信?"遂不与,亦不复火。(昭十七至十八)

此中所论固与周召之诰一线相承,然其断然抹杀占梦所示,及当时之天道论,实比托词吉卜之《大诰》尤为更进一步。此等新说固与时人之一般行事不合,《左传》自身即足证明之矣。

春秋时代之人论,在一般人仍是依族类而生差别之说。《左氏》书既引史佚"非我族类其心必异"之语,又假郑小驷以喻之,以种言,则别夷狄华夏(富辰语,见僖二十四),以等言,则辨君子小人(阴饴甥语,见僖十五)。然"斯民同类"之意识,亦时时流露,既称晋文听舆人之诵,复美曹沬鄙肉食之言,对于庶民之观念已非如往昔之但以为"氓之蚩蚩"也。且其时族类间之界昼已不甚严:"虽楚有才,晋实用之。"绛登狐氏,秦用由余。其于吴也,固贱其为断发之荆蛮,亦奉之为姬姓之长宗。其于秦也,犹未如魏邦既建田氏篡齐之时以夷狄遇之也。再就阶级言之。《周诰》之词,固已认人事胜天定,犹绝无君侯之设乃为庶民服务之说,然此说在《左传》则有之。师旷曰:"天之爱民甚矣,岂其使一人肆于民上?"宫之奇曰:"夫民,神之主也,是以圣王先成民而后致力于神。"邾文公曰:"命在养民。"由此前进一步,便是孟子民贵君轻之谈,其间可无任何过渡阶级矣。

括而言之,春秋时代,神鬼天道犹颇为人事之主宰,而纯正的人道论亦崭然出头。人之生也,犹辨夷夏之种类,上下之差别,而斯民同类说亦勃然以兴。此其所以为矛盾时代。生此时代之思想家,如不全仍旧贯,或全作新说,自必以调和为途径,所谓集大成者,即调和之别名也。

孔 子

孔子一生大致当春秋最后三分之一,则春秋时代之政治社会变动自必反映于孔子思想之中。孔子生平无著述（作《春秋》赞《周易》之说，皆不可信），其言语行事在后世杂说百出，今日大体可持为据者，仅《论语》《檀弓》两书耳。《檀弓》所记多属于宗教范围，故今日测探孔子之天人论应但以《论语》为证矣。试绎《论语》之义，诚觉孔子之于天人论在春秋时代为进步论者，其言与上文所引《左传》所载之新说嘉话相同，而其保持正统遗训亦极有力量。然则孔子并非特异之学派，而是春秋晚期开明进步论者之最大代表耳。孔子之宗教以商为统，孔子之政治以周为宗。以周为宗，故曰："如有用我者，吾其为东周乎。"其所谓"为东周"者，正以齐桓管仲为其具体典范。故如为孔子之政治论作一名号，应曰霸道，特此所谓霸道远非孟子所界说者耳。

孔子之言性与天道，一如其政治论之为过渡的、转变的。《论语》记孔子言性与天道者不详，此似非《论语》取材有所简略，盖孔子实不详言也。子夏曰："夫子之文章可得而闻也，夫子之言性与天道不可得而闻也已。"（据倭本增"已"字）《论语》又曰："子罕言利，与命，与仁。"（宋儒或以为与命与仁之与字应作动字解，犹言许命许仁也。此说文法上实不可通。与之为连续词毫无可疑。晋语言："杀晋君，与逐出之，与以归之，与复之，孰利？"此同时书中语法可征者也）今统计《论语》诸章，诚哉其罕言，然亦非全不言也。列举如下：

> 子曰："……五十而知天命。"（为政）
> 子曰："不知命无以为君子也。"（尧曰）
> 子曰："君子有三畏，畏天命，畏大人，畏圣人之言。小人不知天命而不畏也，狎大人，侮圣人之言。"（季氏）
> 子曰："道之将行也与，命也。道之将废也与，命也。公伯

寮其如命何？"（宪问）

子曰："天生德于予，桓魋其如予何？"（述而）

子畏于匡，曰："文王既殁，文不在兹乎？天之将丧斯文也，后死者不得于斯文也。天之未丧斯文也，匡人其如予何？"（子罕）

子曰："凤鸟不至，河不出图，吾已矣夫！"（子罕）

颜渊死，子曰："噫，天丧予，天丧予！"（先进）

伯牛有疾，子问之，自牖执其手，曰："亡之，命也夫，斯人也而有斯疾也，斯人也而有斯疾也！"（雍也）

子疾病，子路请祷，子曰："有诸？"子路对曰："有之。诔曰：'祷尔于上下神祇。'"

子曰："丘之祷久矣。"（述而）

子夏曰："商闻之矣（此当是闻之孔子，故并引），'死生有命，富贵在天'。"（颜渊）

子曰："莫我知也夫！"子贡曰："何为其莫知子也？"子曰："不怨天，不尤人，下学而上达，知我者，其天乎？"（宪问）

子曰："予欲无言。"子贡曰："子如不言，则小子何述焉？"子曰："天何言哉？四时行焉，百物生焉。天何言哉？"（阳货）

子不语怪、力、乱、神。（述而）

理会以上所引，知孔子之天道观有三事可得言者：

其一事曰，孔子之天命观念，一如西周之传说，春秋之世俗，非有新界说在其中也。孔子所谓天命，指天之意志，决定人事之成败吉凶祸福者，其命定论之色彩不少。方其壮年，以为天生德于予，庶几其为东周也，及岁过中年，所如辄不合，乃深感天下事有不可以人力必成者，乃以知天命为君子之德。颜回司马牛早逝，则归之于命，公伯寮桓魋见谋，则归之于命，凤鸟不至，而西狩获麟，遂叹道之穷矣。在后人名之曰时，曰会合，在今人名之曰机会者，在孔子时尚不用此等自然名词，仍本之传统，名之曰天命。孔子之所谓天命，正与金文《周诰》之"天令"（或作天命）为同一名词，虽彼重言命之降，此重言命之不降，其所指固一物，即吉凶祸福成败也。

其二事曰，孔子之言天道，虽命定论之色彩不少，要非完全之命定论，而为命定论与命正论之调和。故曰，"一日克己复礼，天下归仁焉"，又曰，"知我者其天乎！"夫得失不系乎善恶而天命为前定者，极端命定论之说也，善则必得天眷，不善则必遭天殃，极端命正论之说也。后说孔子以为盖不尽信，前说孔子以为盖无可取，其归宿必至于俟命论。所谓俟命论者，谓修德以俟天命也。凡事求其在我，而不责其成败于天，故曰"不怨天"，尽人事而听天命焉，故曰"丘之祷久矣"。此义孟子发挥之甚为明切，其辞曰，"修身以俟之"，又曰，"顺受其正"，又曰，"尽其道而死者正命也"。此为儒家天人论之核心，阮芸台言之已详，今不具论。

其三事曰，孔子之言天道，盖在若隐若显之间，故罕言之，若有所避焉，此与孔子之宗教立场相应，正是脱离宗教之道德论之初步也。夫罕言天道，是《论语》所记，子贡所叹。或问禘之说，孔子应之曰："不知也，知其说则于天下犹运之掌。"是其于天也，犹极虔敬而尊崇，盖以天道为礼之本，政事为礼之用。然而不愿谆谆言之者，言之详则有时失之诬，言之详则人事之分量微，此皆孔子所不欲也。与其详言而事实无征，何如虔敬以寄托心志，故孔子之不详言，不可归之记录有关，实有意如此耳。"子不语怪、力、乱、神"，然而"祭如在，祭神如神在"。又曰，"吾不与祭，如不祭"。其宗教之立场如此，其道德论之立场亦复一贯。孔子之道德观念，其最前假定仍为天道，并非自然论，亦未纯是全神论（Pantheism），惟孔子并不盘桓于宗教思想中，虽默然奉天以为大本，其详言之者，乃在他事不在此也。

如上所言，其第一事为古昔之达名，其二三两事亦当时贤智之通识，孔子诚是春秋时代之人，至少在天道论上未有以超越时代也。在彼时取此立场固可得暂时之和谐，然此立场果能稳定乎？时代既已急转，思想主宰既已动摇，一发之势不可复遏，则此半路之立场非可止之地。故墨子对此施其攻击，言天之明明，言命之昧昧，而孟子亦在儒家路线上更进一步，舍默尔而息之态，为深切著明之辞。孔子能将春秋时代之矛盾成一调和，却不能使此调和固定也。

孔子之天论立于中途之上，孔子之人论亦复如是。古者以为人生而异，族类不同而异，等差不同而异，是为特别论之人性说，后世之孟子以为人心有其同然，圣人先得人心之同然者也，是为普遍论之人性说，孔子则介乎二者之间。今引《论语》中孔子论人之生质诸事。

> 子曰："性相近也，习相远也。"（阳货）
>
> 子曰："惟上智与下愚不移。"（阳货）
>
> 子曰："中人以上可以语上也，中人以下不可以语上也。"（雍也）
>
> 孔子曰，"生而知之者上也，学而知之者次也，困而学之又其次也，困而不学，民斯为下矣。"（季氏）
>
> 子曰，"民可使由之，不可使知之。"（泰伯）
>
> 子曰："惟女子与小人为难养也。近之则不逊，远之则

怨。"（阳货）

孔子以为人之生也相近,因习染而相远,足征其走上普遍论的人性说已远矣,然犹未至其极也。故设上智下愚之例外,生而知,学而知,困而学之等差,犹以为氓氓众生,所生之凭借下,不足以语于智慧,女子小人未有中上之素修,乃为难养,此其与孟子之性善论迥不侔矣。

在人论上,遵孔子之道路以演进者,是荀卿而非孟子。孔子以为人之生也,大体不远,而等差亦见,故必济之以学,然后归于一路。孔子认为尽人皆须有此外工夫,否则虽有良才,无以成器,虽颜回亦不是例外,故以克己复礼教之。此决非如孟子所谓"万物皆备于我,反身而诚乐莫大焉"者也。引《论语》如下:

> 子曰:"我非生而知之者,好古,敏以求之者也。"（述而）
>
> 子曰:"……好仁不好学,其蔽也愚。好知不好学,其蔽也荡。好信不好学,其蔽也贼。好直不好学,其蔽也绞。好勇不好学,其蔽也乱。好刚不好学,其蔽也狂。"（阳货）
>
> 孔子对曰:"有颜回者好学,不迁怒,不贰过。"（雍也）
>
> 颜渊问仁。子曰:"克己复礼为仁。一日克己复礼,天下归仁焉。为仁由己,而由人乎哉?"颜渊曰:"请问其目。"子曰:"非礼勿视,非礼勿听,非礼勿言,非礼勿动。"（颜渊）
>
> 颜渊喟然叹曰:"……夫子循循然,善诱人,博我以文,约我以礼。"（子罕）
>
> 子贡问曰:"孔文子,何以谓之文也。"子曰:"敏而好学,不耻下问,是以谓之文也。"（公冶长）

孔子以为人之生也不齐,必学而后志于道,荀子以为人之生也恶,必学而后据于德。其人论虽有中性与极端之差,其济之之术则无异矣。兹将孔孟荀三氏之人性说图以明之。

类别	工夫
孟子性善说	以扩充内禀成之。
孔子材差说	以力学济之。
荀子性恶说	以力学矫之。

后人以尊德性、道问学分朱陆,其实此分辩颇适用于孟子荀卿,若孔子,与其谓为尊德性,毋宁谓之为道问学耳。

孔子之地位,在一切事上为承前启后者,天人论其一焉。

墨子之非命论[①]

　　《墨子》一书不可尽据，今本自《亲士》至《三辩》七篇宋人题作经者，虽《所染》与吕子合，《三辩》为《非乐》余义，《法仪》为《天志》余义，《七患》《辞过》为《节用》余义（皆孙仲容说），大体实甚驳难。《修身》一篇全是儒家语，《亲士》下半为老子作注解，盖汉人之书也。《经》上下、《经说》上下，自为一种学问，不关上说下教之义。《大取》至《公输》七篇，可称墨家杂篇，其多精义一如《庄子·杂篇》之于《庄子》全书。若其教义大纲之所在，皆含于尚贤至非儒二十四篇中，据此可识墨义之宗宰矣。

　　读《墨子》书者，总觉其宗教色彩甚浓，此自是极确定之事实，然其辩证之口气有时转比儒家更近于功利主义。《墨子》辩证之方式有所谓三表者，其词曰：

　　　　子墨子言曰："有本之者，有原之者，有用之者。于何本之？上本之于古者圣王之事。于何原之？下原察百姓耳目之实。于何用之？发以为刑政，观其中国家百姓人民之利。此所谓三表也。"（《非命上》）

---

① 此文原系作者 1928 年在中山大学之讲稿，收入《傅斯年全集》第二册。

"本之"即荀子所谓"持之有故","原之"即荀子所谓"言之成理",前者举传训以为证,后者举事理以为说。至于"用之",则纯是功利论之口气,谓如此如此乃是国家百姓万人之大利也。孔子以为自古皆有死,孟子以为舍生而取义,皆有宗教家行其所是之风度,墨子乃沾沾言利,言之不已,虽其所谓利非私利,而为万民之公利,然固不似孟子之譬头痛绝此一名词也。其尤甚者,墨子以为鬼纵无有,亦必须假定其有,然后万民得利焉。

> 虽使鬼神请(诚)无,此犹可以合欢聚众,取亲于乡里。

此则俨然服而德氏之说,虽使上帝诚无,亦须假设一个上帝。此虽设辩之词,然严肃之宗教家不许如此也。甚矣中国人思想中功利主义之深固,虽墨家亦如此也。然此中亦有故,当时墨家务反孔子,而儒家自始标榜"君子喻于义,小人喻于利","喻犹晓也"。故墨子乃立小人之喻以为第三表,且于三表中辞说最多焉,墨子固以儒家此等言辞为伪善者也。孟子又务反墨说,乃并此一名词亦排斥之。此节虽小,足征晚周诸子务求相胜,甲曰日自东出,乙必曰日自西出,而为东西者作一新界说,或为方位作一新解,以成其论。识此则晚周诸子说如何相反相生,有时可得其隐微,而墨子之非命论与儒如何关系,亦可知焉。

又有一事,墨子极与孔子相反者,孔子"博学而无所成名","无可无不可",墨子则为晚周子籍中最有明白系统者。盖孔子依违调和于春秋之时代性中,墨子非儒,乃为断然的主张,积极的系统制作,其亦孔子后学激之使然耶?

墨子教义以宗教为主宰,其论人事虽以祸福利害为言,仍悉溯之于天,此与半取宗教之孔子固不同,与全舍宗教之荀子尤极端相反也。今试将墨子教义图以明之:

教义 ┃ 天志（正面说）┃ 引申
　　 ┃ 非命（背面说）┃

人伦 ┃ 兼爱（正面说）
　　 ┃ 非攻（背面说）

政治 ┃ 尚同（言体）
　　 ┃ 尚贤（言用）
　　 ┃ 节用（言戒）非乐节葬并为节用之例。

↑
证

据：明鬼

《墨子·鲁问篇》云：

> 国家昏乱，则语之尚贤，尚同。国家贫，则语之节用，节葬。国家喜音耽湎，则语之非乐，非命。国家淫僻无礼，则语之尊天，事鬼。国家务夺侵凌，则语之兼爱，非攻。（《鲁问》）

此虽若对症下药，各自成方，而寻绎其义理，实一完固之系统，如上图所形容也。墨孟荀三氏之思想皆成系统，在此点上，三家与孔子不同，而墨子之系统为最严整矣。墨义之发达全在务反儒学之道路上。当时儒家对鬼之观念，立于信不信之半途，而作不信如信之姿势，且儒家本是相对的信命定论者，墨家对此乃根本修正之。今引其说：

> 儒以人为不明，以鬼为不神，天鬼不说（问禘，答曰不知，性与天道不可得闻，皆孔子不说或罕说天鬼之证也。说读如字）。此足以丧天下。……又以命为有，贫富，寿夭，治乱，安危，有极矣，不可损益也。为上者行之，必不听治矣，为下者行之，必不从事矣，此足以丧天下。（《公孟》）

> 公孟子曰，"无鬼神"。又曰，"君子必学祭祀"（毕沅曰，祀当为礼）。子墨子曰："执无鬼而学祭礼，是犹无客而学客礼也，是犹无鱼而为鱼罟也。"（《公孟》）

立命而怠事，不可使守职。(《非儒》)

此皆难儒斥儒之词，既足以见墨义之宗旨，更足以证墨学之立场。儒家已渐将人伦与宗教离开，其天人说已渐入自然论，墨者乃一反其说，复以宗教为大本，而以其人事说为其宗教论之引申。墨家在甚多事上最富于革命性，与儒家不同，独其最本原之教义转似走上复古之道路，比之儒家，表面上为后于时代也。

　　然墨子之宗教的上天，虽抛弃儒家渐就自然论渐成全神论之趋势，而返于有意志有喜怒之人格化的上天，究非无所修正之复古与徒信帝力之大者所可比也。墨子之天实是善恶论之天神化，其上天乃一超于人力之圣人，非世俗之怪力乱神也。如许我以以色列教统相比拟，《旧约》中尚少此等完全道德化之帝天，四福音中始见此义耳。是则墨子虽以宗教意识之重，较儒家为复古，亦以其上天之充分人格化道德化，转比儒家之天道说富于创造性。盖墨子彻底检讨人伦与宗教之一切义，为之树立上下贯彻之新解，虽彼之环境使以宗教为大本，而彼之时代亦使彼为一革新的宗教家，将道德理智纳之于宗教范畴之下，其宗教之本身遂与传统者有别。墨子立论至明切，非含糊接受古昔者也。《天志》三篇为彼教义之中心，其所反复陈言者：一则以为天有志，天志为义，义自天出。二则以为天兼有天下之人，故兼爱天下之人。三则以为从天之意者必得赏，背天之意者必得罚，人为天之所欲，则天为人之所欲，人为天之所恶，则天为人之所恶。四则以为天为贵，天为智，自庶人至于天子，皆不得次己而为政，有天政之。据此，可知墨子之天，乃人格化道德化之极致，是圣人之有广大权能在苍苍上者，故与怪力乱神不可同日语也。

　　兹将墨义系统如前图所示者再解说之，以明其条贯。墨子以为天非不言而运行四时者，乃有明明赫赫之意志者，人非义不生，而义"自天出"。天意者，"上尊天，中事鬼神，下爱人"，行如此则天降之福，行不如此则天降之祸。墨子又就此义之背面以立论，设为非命之辨，以为三代之兴亡，个人之祸福，皆由自身之行事，天无固定之爱憎，即无前定之命焉，果存命定之说，万人皆怠其所务，"是覆天下之义"，而"灭天下之人矣"。今知《天志》《非命》为墨义系统中之主宰者，可取下引为证：

> 子墨子言曰："我有天志，譬如轮人之有规，匠人之有矩，轮匠执其规矩，以度天下之方圆，曰，中（读去声，下同）者是也，不中者非也。"（《天志上》）

> 故子墨子之有天之意也，上将以度天下之王公大人为刑政也，下将以量天下之万民为文学出言谈也。……故置此以为法，立此以为仪，将以量度天下之王公大人卿大夫之仁与不仁，譬之犹分黑白也。（《天志中》）

今又知墨子论人事诸义为《天志》《非命》之引申者，可取下引为证：

> 子墨子曰："天之意不欲大国之攻小国也，大家之乱小家也，强之暴寡，诈之谋愚，贵之傲贱，此天之所不欲也。不止此而已，欲人之有力相营，有道相教，有财相分也。又欲上之强听治也，下之强从事也。"（《天志中》）

> 顺天之意者兼也，反天之意者别也。兼之为道也义正，别之为道也力正。曰，义正者何若？曰，大不攻小也，强不侮弱也，众不贼寡也，诈不欺愚也，贵不傲贱也，富不骄贫也，壮不夺老也。是以天下之庶国莫以水火毒药兵刃以相害也。……曰，力正者何若？曰，大则攻小也，强则侮弱也，众则贼寡也，诈则欺愚也，贵则傲贱也，富则骄贫也，壮则夺老也。是以天

下之庶国方以水火毒药兵刃以相贼害也。(《天志下》)

据此,则兼爱非攻皆天之意向,墨子奉天以申其说。尚同则一天下人之行事以从天志,虽尚贤亦称为天之意焉。其言曰:

> 故古圣王以审以尚贤使能为政,而取法于天。虽天亦不辩贫富、贵贱、远迩、亲疏、贤者举而尚之,不肖者抑而废之。(《尚贤中》)

故天志非命为墨义系统之主宰,无可疑也。

墨子之天道观对儒家为反动者,已如上文所论,其对《周诰》中之天道论,则大体相同,虽口气有轻重,旨命则无殊也。此语骤看似不可通,盖《周诰》中历言天不可信,而墨子以天之昭昭为言,《周诰》以为修短由人,墨子以为志之在天。然疏解古籍者,应识其大义,不可墨守其名词。墨子所非之命,指命定之论而言,以祸福有前定而不可损益者也,此说亦《周诰》中所力排者也。墨子所主张之天志,乃作善天降祥,作不善天降殃之说,谓天明明昭昭,赏罚可必,皆因人之行事而定,而非于人之行事以外别有所爱憎,此说正《周诰》所力持者也。《非命》篇全是《周诰》中殷纣丧命汤武受命说之注脚,而《天志》篇虽口气有轻重,注意点有不同,其谓天赏劳动善行,罚荒佚暴政,则无异矣。《周诰》为政治论,墨义为宗教论,其作用原非一事,故词气不同,若其谓天命之祸福皆决之于人事,乃无异矣。(参看本篇第二章)

墨子之天道论固为周初以来(或不止于周初)正统天道论一脉中在东周时造成之极峰,其辞彩焕发,引喻明切,又为东周诸子所不及(希腊罗马之散文体以演说为正宗,中国之古演说体仅存于墨子。其陈义明切,辩证严明,大而不遗细,守而能攻击,固非循循讷讷之孔子,强词夺理之孟子所能比,即整严之荀子,深刻之韩子,亦非其匹,盖立义既高,而文词又胜也)。然亦有其缺陷,易为人攻陷者,即彼之福善祸淫论在证据上有时不能自完其说,其说乃"无征不信,不信民弗从"也。请证吾说。

　　有游于子墨子之门者,谓子墨子曰:"先生以鬼神为明知(智),能为祸福(据王孙二氏校),为善者富之,为暴者祸之。今吾事先生久矣,而福不至,意者先生之言有不善乎? 鬼神不明乎? 我何故不得福也?"子墨子曰:"虽子不得福,吾言何遽不善,而鬼神何遽不明? 子亦闻乎匿徒有刑乎?"(从俞校)对曰:"未之得闻也。"子墨子曰:"今有人于此,什子,子能什誉之而一自誉乎?"对曰:"不能"。"有人于此,百子,子能终身誉其善而子无一乎?"对曰:"不能。"子墨子曰:"匿一人者犹有罪,今子所匿者若此其多,将有厚罪者也,何福之求?"

　　子墨子有疾,跌鼻进而问曰:"先生以鬼神为明,能为祸福,为善者赏之为不善者罚之。今先生圣人也,何故有疾?意者先生之言有不善乎? 鬼神不明知(智)乎?"子墨子曰:"虽使我有病,(鬼神)何遽不明? 人之所得于病者多方,有得之寒暑,有得之劳苦。百门而闭一门焉,则盗何遽无从入?"(《公孟》)

此真墨说之大缺陷矣。弟子不得福,则曰汝尚未善也,若墨子有其早死之颜回,则又何说? 且勉人以善更求善,一般人之行善固有限度者,累善而终得祸,其说必为人疑矣。《旧约》记约百力行善,天降之祸,更善,更降之祸。虽以约百之善人,终不免于怨天焉。墨子自身有疾,则曰,病由寒暑劳苦也,此非得自天焉,且以一对百比天意与他故之分际,此真自降其说矣。不以天为全智全能,则天志之说决不易于动听也。夫耶稣教之颇似墨义,自清末以来多人言之,耶稣教有天堂地狱之说,谓祸福不可但论于此世,将以齐之于死后也。故善人得福在于天堂,恶人得祸在于地狱,恶人纵得间于生前,必正地火之刑于死后,至于世界末日,万类皆得平直焉。此固无可证其必有,亦无可证其必无之说,然立说如此乃成一完全之圆周,无所缺漏。如墨子之说,虽宗教意识极端发达,而不设身后荣辱说以调剂世间之不平,得意者固可风从,失意者固不肯信矣。墨家书传至现在者甚少,当年有无类于天堂地狱之说,今固不可确知,然按之墨子书,其反复陈说甚详,未尝及此也。其言明鬼,亦注重在鬼之干预世间事,未言鬼之生活也。墨子出身盖亦宋之公族(颉刚语我云,墨氏即墨夷氏,公子目夷之后。其说盖可信),后世迁居于鲁,与孔子全同,亦孔融所谓"圣人之后不得其位而亡于宋"者也。其说虽反儒家之尚学,其人贯博览群书者,言必称三代,行乃载典籍,亦士大夫阶级之人也。其立教平等,舍亲亲尊尊之义,而惟才是尚,其教也无类,未有儒家"礼不下庶人"之恶习,故其教徒中所吸收者,甚多工匠,及下层社会中人,而不限于士流,于是显然若与儒学有阶级之差异者。其人之立身自高于孔子甚远,然而其自身究是学问之士,兼为教训政治之人,非一纯粹之宗教家也。此其为人所信奉反不如张角者欤?

孟子之性善论及其性命一贯之见解[①]

墨子亟言天志,于性则阙之,是亦有故。大凡以宗教为思想之主宰者,所隆者天也,而人为藐小,故可不论。务求脱去宗教色彩之哲学家,不得不立其大本,而人适为最便于作此大本者。此虽不可一概论,然趋向如是者多矣。墨学以宗教为本,其不作人论也,固可假设以书缺有间,然墨义原始要终,今具存其旨要,辩说所及,枝叶扶疏,独不及于人论者,绝不似天人之论失其一半,盖墨子既称天而示行,则无所用乎称人以载道也。

孟子一反墨家自儒反动之路,转向儒家之本而发展之,其立场比孔子更近于全神论及自然论,即比孔子更少宗教性。夫立于全神论,则虽称天而天实空,并于自然论,则天可归之冥冥矣。此孟子不亟言天而侈论性之故欤?

孟子之言天道也,与孔子无殊,在此一界中,孟子对孔子,无所增损,此义赵岐已言之:

> 宋桓魋害孔子,孔子称"天生德于予"。鲁臧仓毁隔孟子,孟子曰:"臧氏之子,焉能使余不遇哉?"旨意合同,若此者众。

[①] 此文原系作者 1928 年在中山大学之讲稿,收入《傅斯年全集》第二册。

其谓际合成败有待于天命者如此。虽然,孔子孟子之所谓天命,非阴阳家之天命,其中虽有命定之义,亦有命正之义焉,所谓"修身以俟之","尽其道而死者正命也"(《尽心上》)。此以义为命之说,自谓述之于孔子:

> 弥子谓子路曰:"孔子主我,卫卿可得也。"子路以告。孔子曰"有命"。孔子进以礼、退以义,得之不得曰有命。而主痈疽与侍人瘠环,是无义无命也。(《万章上》)

且以为天命之降否纵一时有其不可知者,结局则必报善人:

> 苟为善,后世子孙必有王者矣。君子创业乖统,为可继也。若夫成功则天也。君如彼何哉?强为善而已矣。(《梁惠王下》)

其命正论之趋向固如是明显,然命运论之最早见于载籍者亦在《孟子》中:

> 天下之生久矣,一治一乱。
> 五百年必有王者兴,其间必有名世者。

此则微似邹衍矣。孟子固不自知其矛盾也。

今于说孟子性善论之前,先述孟子思想所发生之环境。墨翟之时,孔学鼎盛,"墨子学儒者之业,受孔子之术,以为其礼烦扰而不悦,厚葬靡财而贫民,久服伤生而害事,故背周道而用夏政"(《淮南要略》)。盖务反儒者之所为也。孟轲之时,"杨朱墨翟之言盈天下,天下之言不归杨则归墨"。孟子以为杨朱之言性(生),徒纵口耳之欲,养其一体即忘其全也,遂恶养小以失大,且以为性中有命焉。今杨义不存,孟子言之激于杨氏而出者,不可尽知,然其激于墨氏而出者,则以墨义未亡,大体可考。墨子立万民之利以为第三表,孟子则闻利字若必洗耳然,以为此字一出乎心,其后患不可收拾。其务相反如此。墨子以为上天兼有世人,兼而食之,遂兼而爱之。孟子以为"人之于身也兼所爱,兼所爱则兼所养",其受墨说影响之辞气又如此。此虽小节,然尤足证其影响之甚也。若夫孔子,以为杞宋不足征,周监于二代,乃从后王之政。墨子侈言远古,不信而征,复立仪范虞夏之义,以为第一表。孟子在墨子之后,乃不能上返之于孔子,而下迁就于墨说,从而侈谈洪荒,不自知其与彼"尽信书则不如无书"之义相违也。故孟子者,在性格,在言谈,在逻辑,皆非孔子之正传,且时与《论语》之义相背,彼虽以去圣为近,愿乐孔子,实则纯是战国风习中之人,墨学磅礴后激动以出之新儒学也。

在性论上,孟子全与孔子不同,此义宋儒明知之,而非宋儒所敢明言也。孔子之人性说,以大齐为断,以中性为解,又谓必济之以学而后可以致德行,其中绝无性善论之含义,且其劝学乃如荀子。孟子舍宗教而就伦理,罕言天志而侈言人性,墨子以为仁义自天出者,孟子皆以为自人出矣。墨孟皆道德论者,道德论者,必为道德立一大本,墨子之大本,天也,孟子之大本,人也,从天志以兼爱,与夫扩充性端以为仁义,其结构同也。是则孟子之性善说,亦反墨反宗教后应有之一种道学态度矣。

当孟子时,论人生所赋之质者不一其说,则孟子之亟言性也,亦时代之所尚,特其质言性善者是其创作耳。当时告子以为"性无善无不善",此邻于道家之说。又或以为"性可以为善,可以为不善,是故文武兴则民好善,幽厉兴则民好暴",此似同于孔子之本说。又或以为"有性善,有性不善,是故以尧为君而有象,以瞽瞍为父而有舜",此则孔子所指上智下愚不移之例外也(以上或说皆见《告子篇上》)。今孟子皆非之,与孔子迥不侔矣。

《告子》性超善恶之说，以为仁义自外习成，非生之所其，欲人之仁义，必矫揉之然后可。孟子性善之说，以为仁义礼智皆出于内心，即皆生来之禀赋，故以性为善，其为恶者人为也，《孟子》书中立此义者多，引其辨析微妙者一章：

> 孟季子问于公都子曰："何以为义内也?"曰："行吾敬，故谓之内也。"
>
> "乡人长于伯兄一岁。则谁敬?"曰："敬兄。"
>
> "酌则谁先?"曰："酌乡人。"
>
> "所敬在此，所长在彼，果在外非由内也。"
>
> 公都子不能答，以告孟子。孟子曰："敬叔父乎，敬弟乎?彼将曰敬叔父。曰，弟为尸则谁敬?彼将曰敬弟。子曰，恶在其敬叔父也。彼将曰，在位故也。子亦曰，在位故也。庸敬在兄，斯须之敬在乡人。"
>
> 季子闻之，曰："敬叔父则敬，敬弟则敬，果在外非由内也。"
>
> 公都子曰："冬日则饮汤，夏日则饮水，然则饮食亦在外也。"

义者，是非之辩，所以论于行事者也，孟季子重言行事之本身，以为因外界之等差而异其义方，故认为义外，孟子重言其动机，以为虽外迹不齐，而其本自我，故认为义内。自今日视之，此等议论，皆字面之辩耳。虽然，欧洲哲学家免于字面之辩者又几人乎?

今更引孟子论性各章中最能代表其立说者之一章：

> 孟子曰："乃若其情，则可以为善矣，乃所谓善也。若夫为不善，非才之罪也。"
>
> "恻隐之心，人皆有之，羞恶之心，人皆有之，恭敬之心，人皆有之，是非之心，人皆有之。恻隐之心，仁也，羞恶之心，义

也,恭敬之心,礼也,是非之心,智也。仁、义、礼、智、非由外铄我也,我固有之也。弗思耳矣。故曰,求则得之,舍则失之,或相倍蓰而无算者,不能尽其材者也。"(《告子上》)

夫曰"可以为善",即等于说不必定为善也,其可以为善者,仁义礼智之端皆具于内,扩而充之斯善矣,其不为善者,由于不知扩充本心,外物诱之,遂陷于不义,所谓不能尽其材也。此说以善为内,以恶为外,俨然后世心学一派之说,而与李习之复性之说至近矣。孟子既以人之为善之动机具于内,乃必有良知良能论:

孟子曰:"人之所不学而能者,其良能也,所不虑而知者,其良知也。孩提之童,无不知爱其亲也,及其长也,无不知敬其兄也,亲亲,仁也,敬长,义也。无他,达之天下也。"

而此良知良能又是尽人所有者,人之生性本无不同也。

孟子曰:富岁子弟多赖,凶岁子弟多暴,非天之降才尔殊也,其所以陷溺其心者然也。

今夫麰麦,播种而耰之,其地同,树之时又同,勃然而生,至于日至之时皆熟矣。虽有不同,则地有肥硗,雨露之养,人事之不齐也。

故凡同类者举相似也,何独至于人而疑之?圣人与我同类者。故龙子曰:"不知足而为屦,我知其不为蒉也。"屦之相似,是天下之足同也。

故曰,口之于味也,有同耆焉,耳之于声也,有同听焉,目之于色也,有同美焉,于心独无所同然乎?

心之所同然者何也,谓理也,义也。故义理之悦我心,犹刍豢之悦我口。

既以为天下之人心同，又以为万物皆备于我。以为万物皆备于我，而孟子之性善论造最高峰矣。

> 孟子曰："万物皆备于我矣。返身而诚，乐莫大焉。强恕而行，求仁莫近焉。"

古无真字，后世所谓真，古人所谓诚也。

至于为恶之端，孟子皆归之于外物：

> 孟子曰："牛由之木尝美矣，以其郊于大国也，斧斤伐之，可以为美乎？是其日夜之所息，雨露之所润，非无萌蘖之生焉，牛羊又从而牧之，是以若彼濯濯也。人见其濯濯也，以为未尝有材焉，此岂山之性也哉？虽存乎入者，岂无仁义之心哉？其所以放其良心者，亦犹斧斤之于木也。旦旦而伐之，可以为美乎？其日夜之所息，平旦之气，其好恶与人相近也者几希。则其旦昼之所为，有梏亡之矣。梏之反复，则其夜气不足以存。夜气不足以存，则其违禽兽不远矣。人见其禽兽也，而以为未尝有才焉者，是岂人之情也哉？故苟得其养，无物不长，苟失其义养，无物不消。孔子曰，操则存，舍则亡，出入无时，莫知其乡。"惟心之谓与！

孟子既以善为内，以恶为外，故其教育论在乎养心放心，而不重视力学，其言学问亦仅谓"求其放心而已矣"。此亦性善说之所必至，犹之劝学为性恶论者之所必取也。

孟子之论性如此，自必有尽心之教育说，养生之社会论，民贵之政治论，此三事似不相干，实为一贯，盖有性善之假定，三义方可树立也。不观乎《厄米尔》之作者与《民约论》之作者在欧洲亦为一人乎？

孟子之性命一贯见解

依本书上卷字篇所求索,命字之古本训为天之所令,性字之古本训为天之所生。远古之人,宗教意识超过其他意识,故以天令为谆谆然命之,复以人之生为天实主之,故天命人性二观念,在其演进之初,本属同一范域。虽其后重言宗教者或寡言人性,求摆脱宗教神力者或重言人性,似二事不为一物然,然在不全弃宗教,而又走上全神论自然论之道路之儒家,如不求其思想成一条贯则已,如一求之,必将二事作为一系,此自然之理也。孟子以前书缺不可知,孟子之将二事合为一论者今犹可征也。

> 孟子曰:"口之于味也,目之于色也,耳之于声也,鼻之于臭也,四肢之于安佚也,性也。有命焉,君子不谓性也。"

> "仁之于父子也,义之于君臣也,礼之于宾主也,知之于贤者也,圣人之于天道也,命也。有性焉,君子不谓命也。"

此章明明以性命二字相对相连为言,故自始为说性理者所注意。然赵岐(《孟子注》)、朱子(《孟子章句》或问语类)、戴震(《孟子字义疏证》第二十八条)、程瑶田(《论学小记》)诸氏所解,虽亦或有精义,究不能使人感觉恰然理顺者,则以诸氏或不解或不注意此处之性字乃生字之本训,一如告子所谓"生之为性"之性(孟子在此一句上并不驳告之,阮氏已详言之矣),此处之命字乃天令之引申义,一如《左传》所称邾子"知命"之命,故反复不得其解也。此一章之解,程朱较是,而赵氏戴震转误。程氏最近,又以不敢信孔孟性说之异,遂昧于宋儒分辨气质义理二性之故。兹疏此章之义如下。

孟子之亟言性善,非一人独提性之问题而谓之善,乃世人已侈谈此题,而孟子独谓之善以辟群说也。告子之说,盖亦当时流行性说之一也。其言以为"生之谓性"，孟子只可訾其无着落，不能谓此语之非是，此语固当时约定俗成之字义也（如墨子訾儒之"乐以为乐"，谓之说等于不说则可谓之非是则不可）。故孟子之言性，亦每为生字之本训，荀子尤甚。

孟子之言命，字面固为天命，其内含则为义，为则，不尽为命定之训也。其为义者，"孔子进以礼，退以义，得之不得曰有命，而主痈疽与侍人瘠环，是无义无命也"。此虽联义与命言，亦正明其相关为一事也。其为则者，孟子引诗，"天生蒸民有物有则"，而托孔子语以释之曰，"有物必有则"。《孟子》之"物"则二解皆非本训（物之本训为大物，今所谓图腾也。则之本训为法宪，今所谓威权也，说别详），然既以为天降物与则，是谓命中有则也，故谓"尽其道而死者正命也"。

字义既定，今疏此一章曰，口之好美味，目之好好色，耳之乐音声，鼻之恶恶臭，四肢之欲安佚，皆生而具焉者也，告子所谓"食色性也"。然此亦得之于天者。"天生蒸民，有物有则，民之秉彝，好是懿德"（均从孟子所解之义）。天命固有其正则焉，故君子不徒归口、耳等于生之禀赋中，故不言"食色性也"。仁者得以恩爱施于父子，义者得以义理施于君臣，好礼者得以礼敬施于宾主，圣者得以智慧明于天道，此固世所谓天命之正则也，然世人之能行此也，亦必由于生而有此禀，否则何所本而行此？"仁、义、礼、智，非由外铄我也，我固有之也。"故君子不取义外之说，不徒言"义自天出"（墨义），而忘其亦自人出也。

故此一章亦是孟子与墨家及告子及他人争论中之要义，而非凭空掉换字而以成玄渺之说。识性命二字之本训，合孟子他章而观之，其义至显矣。此处孟子合言性命，而示其一贯，无异乎谓性中有命，命中有性，犹言天道人道一也，内外之辨妄也（孟子云："尽其心者，知其性也，知其性则知天矣。存其心，养其性，所以事天也。天寿不贰，修身以俟之，所以立命也。"亦言天道人道为一物一事之义者。口之于味一章既识其义，此章可不解而明矣）。西汉博士所著之《中庸》云，"天命之谓性"，盖孟子后儒家合言天人者已多，而西京儒学于此为盛焉。

古宗教立天以制人，墨子之进步的宗教，则将人所谓义者归之于天，再称天以制人。孟子之全神论的、半自然论的人本主义，复以人道解天道，而谓其为一物一则一体，儒家之思想进至此一步，人本之论成矣。

附论赵岐注

赵岐解此章，阮芸台盛称之，然赵氏释命字作命定之义，遂全不可通。赵云：

> ……此（口、耳等）皆人性之所欲也。得居此乐者，有命禄，人不能皆如其愿也。凡人则触情从欲而求可乐，君子之道则以仁义为先，礼节为制，不以性欲故而苟求之也。故君子不谓性也。
>
> ……皆（仁义等）命禄遭遇，乃得居而行之，不遇者不得施行。然亦才性有之，故可用也（按此语不误）。凡人则归之命禄，任天而已，不复谓性，以君子之道，则修仁、行义、修礼、学知，庶几圣人亹亹不倦，不但坐而听命。故曰君子不谓命也。
>
> 〔章指〕尊德乐道，不任佚性。治性勤礼，不专委命。君子所能，小人所病。

此真汉儒之陋说，于孟子所用性命二字全昧其义。至以性为"性欲"，且曰"治性""佚性"，岂孟子道性善者之义乎？汉儒纯以其时代的陋解解古籍，其性论之本全在性善情恶之二元论（详下卷）。而阮氏以为古训如此，门户之见存也。

荀子之性恶论及其天道观[①]

以荀卿韩非之言为证，孟子之言，彼时盖盈天下矣。荀子起于诸儒间，争儒氏正统，在战国风尚中，非有新义不足以上说下教，自易于务反孟子之论，以立其说。若返之于孔子之旧谊，尽弃孟氏之新说，在理为直截之路，然荀子去孔子数百年，时代之变已大，有不可以尽返者。且荀卿赵人，诸儒名家，自子游而外，大略为邹鲁之士，其为齐卫人者不多见，若三晋，则自昔有其独立之学风（魏在三晋中，较能接受东方学风），乃法家之宗邦，而非儒术之灵土。荀卿生长于是邦，曾西游秦，南仕楚，皆非儒术炽盛之地，其游学于齐年已五十，虽其响慕儒学必有直接或间接之邹鲁师承，而其早岁环境之影响终不能无所显露。今观《荀子·陈义》，其最引人注意者为援法入儒。荀氏以隆礼为立身施政之第一要义，彼所谓礼实包括法家所谓法（《修身》篇："礼者，法之大分，类之纪纲也。"如此界说礼字，在儒家全为新说），彼所取术亦综核名实，其道肃然，欲一天下于一政权一思想也。其弟子有韩非李斯之伦者，是应然，非偶然。今知荀子之学，一面直返于孔子之旧，一面援法而入以成儒家之新，则于荀子之天人论，可观其窍妙矣。荀子以性恶论著闻，昔

---

① 此文原系作者 1928 年在中山大学之讲稿，收入《傅斯年全集》第二册。

人以不解荀子所谓"人性恶，其为善者伪也"之字义，遂多所误会。关于"伪"字者，清代汉学家已矫正杨注之失，郝懿行以为即是"为"字，其说无以易矣，而《性恶》《天论》两篇中之性字应是生字，前人尚无言之者，故荀子所以对言性伪之故犹不显，其语意犹未澈也。今将两篇中之性字一齐作生字读，则义理顺而显矣。

荀子以为人之生也本恶，其能为善者，人为之功也，从人生来所禀赋，则为恶，法圣王之制作以矫揉生质，则为善。其言曰（文中一切性字皆应读如生字，一切伪字皆应读如为字，荀子原本必如此）：

人之性（生）恶，其善者伪（为）也。今人之性（生），生而有好利焉，顺是，故争夺生而辞让亡焉。生而有疾恶焉，顺是，故残贼生而忠信亡焉。生而有耳目之欲，好声色焉（好上原衍生字据王先谦说删），顺是，故淫乱生而礼义文理亡焉。然则从人之性（生），顺人之情，必出于争夺，合于犯分乱理而归于暴。故必将有师法之化，礼义之道，然后出于辞让，合于文理而归于治。用此观之，然则人之性（生）恶明矣，其善者伪（为）也。故枸木必将待隐括烝矫然后直，钝金必将待砻厉然后利。今人之性（生）恶，必将待师法然后正，得礼义然后治。

孟子曰："人之学者其性（生）善。"曰，是不然，是不及知人之性（生），而不察乎人之性（生）伪（为）之分者也。凡性（生）者，天之就也，不可学，不可事。礼义者，圣人之所生也，人之所学而能，所事而成者也。不可学，不可事，而在人者，谓之性（生），可学而能，可事而成之在人者，谓之伪（为），是性（生）伪（为）之分也。……问者曰，人之性（生）恶，则礼义恶生？应之曰，凡礼义者是生于圣人之伪（为），非故生于人之性（生）

也。故陶人埏埴而为器，然则器生于工人之伪（为），非故生于陶（据王念孙说补陶字）人之性（生）也。故工人断木而成器，然则器生于工人之伪（为），非故生于工（据王念孙说补工字）人之性（生）也。圣人积思虑，习伪（为）故，以生礼义，而起法度，然则礼义法度者，是生于圣人之伪（为），非故生于人之性（生）也。若夫目好色，耳好声，口好味，心好利，骨体理肤好愉佚，是皆生于人之情性（生）者也，感而自然，不待事而后生之者也。夫感而不能然，必且待事而后然者，谓之（之下"生于"二字据王说删）伪（为）。是性（生）伪（为）之所生，其不同之征。故圣人化性（生）而起伪（为）。伪（为）起而生礼义，礼义生而制法度。则然礼义法度者，是圣人之所生也。故圣人之所以同于众，其不异于众者，性（生）也，所以异而过众者伪（为）也。……凡人之欲为善者为性（生）恶也。……故性（生）善则去圣王，息礼义矣，性（生）恶，则与圣王，贵礼义矣。故隐栝之生，为枸木也，绳墨之起，为不直也，立君上，明礼义，为性（生）恶也。……《性恶》篇，篇中若干性字尽读为生字，固似勉强，然若一律作名词看，则无不可矣。说详上卷）

既知荀子书中之性字本写作生字，其伪字本写作为字，则其性恶论所发挥者，义显而理充。如荀子之说，人之生也其本质为恶，故必待人工始可就于礼义，如以为人之生也善，则可不待人工而自善，犹之乎木不待矫揉而自直，不需乎圣王之制礼义，不取乎学问以修身也，固无是理也。无是理，则生来本恶明矣。彼以"生""为"为对待，以恶归之天生，以善归之人为。若以后代语言达其意，则荀子盖以为人之所以为善者，人工之力，历代圣人之积累，以学问得之，以力行致之，若从其本生之自然，则但可趋于恶而不能趋于善也。

此义有其实理,在西方若干宗教若干哲学有与此近似之大假定。近代论人之学,或分自然与文化为两个范畴(此为德国之习用名词),其以文化为扩充自然者,近于放性主义,其以文化为克服自然者,近于制性主义也。

孟子曰:"乃若其情,则可以为善矣,若夫为不善,非才之罪也。"如反其词以质孟子曰:"乃若其情,则可以为恶矣,若夫不为恶,非才之功也。"孟子将何以答之乎?夫曰"可以",则等于说"非定",谓"定"则事实无证,谓"非定",则性善之论自摇矣。此等语气,皆孟子之逻辑工夫远不如荀子处。孟子之词,放而无律,今若为卢前王后之班,则孟子之词,宜在淳于髡之上,荀卿之下也。

其实荀子之说,今日观之亦有其过度处。设若诘荀子云,人之生质中若无为善之可能,则虽有充分之人工又焉能为善?木固待矫揉然后可以为直,金固待冶者然后可以为兵,然而木固有其可以矫揉以成直之性,金固有其可以冶锻以成利器之性,木虽矫揉不能成利器,金虽有良冶不能成珠玉也。夫以为性善,是忘其可以为恶,以为性恶,是忘其可以为善矣。吾不知荀子如何答此难也。荀子之致此缺陷,亦有其故,荀子掊击之对象,孟子之性善说,非性无善无不善之说也,设如荀子与道家辩论,或变其战争之焦点,而稍修改其词,亦未可知也。此亦论生于反之例也(《礼论》篇云:"性者本始材朴也,伪者文理隆盛也。无性则伪之无所加,无伪则性不能自美。……性伪合而天下治。"已与性恶论微不同)。自今日论之,生质者,自然界之事实,善恶者,人伦中之取舍也。自然在先,人伦在后,今以人之伦义倒名自然事实,是以后事定前事矣。人为人之需要而别善恶,天不为人之需要而生人,故善恶非所以名生质者也。且善恶因时因地因等因人而变,人性之变则非如此之速而无定也。虽然,自自然人变为文化人,需要累世之积业,无限之努力,多方之影响，故放心之事少，克己之端多，以大体言，荀说自近于实在，今人固不当泥执当时之词名而忽其大义也。

有荀子之性恶论，自必有荀子之劝学说。性善则"求其放心"斯为学问之全道，性恶则非有外工克服一身之自然趋势不可也。孟荀二氏之性论为极端相反者，其修身论遂亦极端相反，其学问之对象遂亦极端相反。此皆系统哲学家所必然，不然，则为自身矛盾矣。

寻荀子之教育说，皆在用外功克服生质，其书即以劝学为首（此虽后人编定，亦缘后人知荀学之首重在此）。

此劝学之一篇在荀书中最有严整组织，首尾历陈四义。其一义曰，善假于物而慎其所立：

> 于越夷貉之子，生而同声，长而异俗，教使之然也……吾尝终日而思矣，不如须臾之所学也（此述孔子语）。吾尝跂而望矣，不如登高之博见也。登高而招，臂非加长也，而见者远，顺风而呼，声非加疾也，而闻者彰。假舆马者，非利足也，而致千里，假舟楫者，非能水也，而绝江河。君子生非异也，善假于物也。（《性恶》篇云："尧舜之与桀跖，其性一也，君子之与小人，其性一也。"）……西方有木焉，名曰射干，茎长四寸，生于高山之上，而临百仞之渊，木茎非能长也，所立者然也。……故君子居必择乡（《论语》，"里仁为美"），游必就士（此亦孔子损友益友之说），所以防邪僻而近中正也。……平地若一，水就湿也，草木畴生，禽兽群焉，物各从其类也。……君子慎其所立乎？

此言必凭借往事之成绩，方可后来居上，必立身于身好之环境，方可就善远恶。其二义曰，用心必专一，此言治学之方也。

锲而舍之，朽木不折，锲而不舍，金石可镂。蚓无爪牙之利，筋骨之强，上食埃土，下饮黄泉，用心一也。蟹六跪而二螯，非蛇蟺之穴无可寄托者，用心躁也。是故无冥冥之志者，无昭昭之明，无惛惛之道者，无赫赫之功。……目不能两视而明，耳不能两听而聪。……故君子结于一也。

其三义曰隆礼，此言治学之对象也。

学恶乎始，恶乎终？曰，其数则始乎诵经，终乎读礼，其义则始乎为士，终乎为圣人。真积力久则入学，至乎没而后止也。……礼者，法之大分，类之纲纪也，学至乎礼而止矣。……将原先王，本仁义，则礼正其经纬蹊径也。……不道（王念孙曰："道者由也。"）礼宪，以诗书为之，譬之犹以指测河也，以戈春黍也，以锥飧壶也，不可以得之矣。故隆礼虽未明，法士也，不隆礼虽察辩，散儒也。

其四义曰贵全，贵全者，谓不为一曲之儒，且必一贯以求其无矛盾，此言所以示大儒之标准也。

君子知夫不全不粹之不足以为美也，故诵数以贯之，思索以通之，为其人以处之，除其害者以持养之。使目非是无欲见也，使耳非是无欲闻也，使口非是无欲言也，使心非是无欲虑也。……是故权利不能倾也，群众不能移也，天下不能荡也。生由乎是，死由乎是，夫是之谓德操。德操然后能定，能定然后能应，能定能应夫是之谓成人。天见其明，地见其光，君子贵其全也。

此虽仅示大儒之标准，其词义乃为约律主义所充满，足征荀子之教育论，乃全为外物主义，绝不取内心论者任何一端以为说。

荀子既言学不可以已，非外功不足以成善人，此与尽心率性之说已极相反，至于所学之对象，孟子以为求其放心，荀子则以为隆礼，亦极端相反。荀子所谓礼者兼括当时人所谓法（《修身》篇曰，"故学也者，礼法也"，又曰，"故非礼是无法也"），凡先圣之遗训，后王之明教，人事之条理，事节之平正，皆荀子所谓礼也（参见《修身》《正名》《礼论》各篇）。故荀子之学礼，外学而非内也，节目之学而非笼统之义也。孟子"反身而观，乐莫大焉"，荀子及逐物而一一求其情理平直，成为一贯，以为学问之资（在此义上，程朱之格物说与荀子为近）。至其论学问之用于身也，无处不见约律主义，无处不是"克己复礼"之气象，与孟子诚如冰炭矣。

荀子之论学，虽与孟子相违，然并非超脱于儒家之外，而实为孔子之正传，盖孟子别走新路，荀子又返其本源也。自孔子"克己复礼"之说引申之到极端，必有以性伪分善恶之论。自"非生而知之好古敏以求之"之说发挥之，其义将如《劝学》之篇。颜渊曰："夫子博我以文，约我以礼。"此固荀子言学之方也（参见《劝学》《修身》等篇）。若夫"非礼勿视，非礼勿听，非礼勿言，非礼勿动"，以及好仁不好学其蔽也愚，好知不好学其蔽也荡等语，皆是荀学之根本。孟子尊孔子为集大成，然引其说者盖鲜，其义尤多不相干，若荀子，则为《论语》注脚者多篇矣。虽荀子严肃庄厉之气象非如孔子之和易，其立说之本质则一系相承者颇多耳。

言学言教，孔荀所同，言性则孔荀表面上颇似不类。若考其实在，两者有不相干，无相违也。孔子以为性相近，而习相远，此亦荀子所其言也。孔子别上智下愚，中人而上中人而下，此非谓生质有善恶也，言其材有差别也。盖孔子时尚无性善性不善之问题，孔子之学论固重人事工夫，其设教之本仍立天道之范畴，以义归之于天，斯无需乎以善归之于性，故孔子时当无此一争端也。迨宗教之义既衰,学者乃舍天道而争人性,不得不为义之为物言其本源,不能不为善之为体标其所出,于是乃有性善性恶之争。言性善则孟子以义以善归于人之生质,言性恶则荀子以义以善归之先王后圣之明表。孔子时既无此题,其立说亦无设此题之需要。故孔荀在此一事上是不相干而不可谓相违也。若其克己复礼之说,极度引申可到性恶论,则亦甚有联系矣。

荀子之天道观

荀子之性论,舍孟子之新路而返孔子之旧域,已如上文所述,其天道论则直向新径,不守孔丘孟轲之故步,盖启战国诸子中积极人生观者最新派之天道论,已走尽全神论之道路,直入于无神论矣。请证吾说。早年儒家者,于天道半信半疑者也,已入纯伦理学之异域,犹不肯舍其宗教外壳者也。孔子信天较笃,其论事则不脱人间之世,盖其心中之天道已渐如后世所谓“象”者,非谆谆然之天命也。孟子更罕言天,然其决意扫尽一切功用主义,舍利害生死之系念,一以是非为正而毫无犹疑,尤见其宗教的涵养,彼或不自知,而事实如此。自孟子至于荀子,中经半世纪,其时适为各派方术家备极发展之世。儒家之外,如老子庄周,后世强合为一,称之曰道家者,其天道论之发展乃在自然论之道路上疾行剧趋。老子宗天曰自然,庄子更归天于茫茫冥冥。荀子后起,不免感之而变,激之而厉,于是荀子之天道论大异于早年儒家矣。其言曰:

> 天行有常,不为尧存,不为桀亡。应之以治则吉,应之以乱则凶。强本而节用,则天不能贫,养备而动时,则天不能病,循道而不二,则天不能祸。故水旱不能使之饥渴,寒暑不能使

之疾，妖怪不能使之凶。本荒而用侈，则天不能使之富，养略而动罕，则天不能使之全，信道而妄行，则天不能使之吉。……惟圣人为不求知天。……

故君子敬其在己者而不慕其在天者，小人错其在己者而慕其在天者。君子敬其任己者而不慕其在天者，是以日进也。小人错其在己者而慕其在天者，是以日退也。

雩而雨，何也？曰，无何也，犹不雩而雨也。日月食而救之，天旱而雩，卜筮然后决大事，非以为得求也，以文之也。故君子以为文，而百姓以为神。以为文则吉，以为神则凶也。……

大天而思之，孰与物畜而裁之？从天而颂之，孰与制大命而用之？望时而待之，孰与应时而使之？（《天论》）

读此论，使人觉荀子心中所信当是无神论，夫老子犹曰"天道好还"，"天道无亲常与善人"，此所言比之老子更为贬损天道矣。

虽然，荀子固儒家之后劲，以法孔子自命，若于天道一字不提，口号殊有不便，于是尽去其实而犹存其名，以为天与人分职，复立天情、天君、天官、天养、天政等名词。此所谓天，皆自然现象也。荀子竟以自然界事实为天，天之为天者乃一扫而空矣。

荀子天道论立说既如此，斯遭遇甚大之困难。夫荀子者，犹是积极道德论中人，在庄子"舍是与非"，固可乐其冥冥之天，在荀子则既将天之威灵一笔勾销矣，所谓礼义者又何所出乎？凡积极道德论者，不能不为善之一谊定其所自，墨子以为善自天出，孟子以为善自人之生质出，荀子既堕天而恶性，何以为善立其大本乎？

于是荀子立先王之遗训，圣人之典型，以为善之大本，其教育法即是学圣人以克服己躬之恶。如以近代词调形容之，荀子盖以为人类之所以自草昧而进于开明，自恶而进于善者，乃历代圣人之合力，古今明王之积功，德义之成，纯由人事之层累。故遗训自尧舜，典型在后圣，后圣行迹具存，其仪范粲然明白而不诬也（耶稣教亦性恶论者之一种，其称道"先天孽"，是性恶论之极致。然耶教信天帝，归善于天帝，故无荀子所遭逢之困难也）。

文学革新申义[①]

中国文学之革新，酝酿已十余年。去冬胡适之先生草具其旨，揭于《新青年》，而陈独秀先生和之。时会所演，从风者多矣。蒙以为此个问题，含有两面。其一，对于过去文学之信仰心，加以破坏。其二，对于未来文学之建设加以精密之研究。过去文学，乃历史上之出产品。其不全容于今日，自不待智者而后明。故破坏一端，在今日似成过去，但于建设上讨论而已。然以愚近中所接触者言之，国人于此抱怀疑之念者至多。恶之深者，斥为邪说，稍能容者，亦以为异说高论，而不知其为时势所造成之必然事实。国人狃于习俗，此类恒情，原无足怪。然欲求新说之推行，自必于旧者之不合时宜处，重申详绎，方可奏功。然则破坏一端，尚未完全过去。此篇所说，原无宏旨，不过反复言之，期于共喻而已。

本篇所陈，纷杂无次，综其大旨，不外三端。一为理论上之研究。就文学性质上以立论，而证其本为不佳者。二为历史上之研究。泛察中国文学升降之历史，而知变古者恒居上乘，循古者必成文弊。三为时势之研究。今日时势，异乎往昔。文学一道，亦应有新陈代谢作用为时势所促，生于兹时也。此外偶有所涉，皆为附属之义。

---

① 此文原载《新青年》第 4 卷第 1 号，1918 年 1 月。

今试作文学之界说曰，"文学者，群类精神上之出产品，而表以文字者也"。此界说中有"群类精神上出产品"之总（genus）与"表以文字"之差（difference），历以论理形式，尚无舛谬，文学之内情本为精神上之出产品，其寄托之外形本为文字。故就质料言之，此界说亦能成立。既认此界说为成立，则文学之宜革不宜守，不待深思而解矣。文学特精神上出产品之一耳（genus必为复数）。他若政治、社会、风俗、学术等，皆群类精神上出产品也。以群类精神为总纲，而文学与政治、社会、风俗、学术等为其支流。以群类精神为原因而文学与政治、社会、风俗、学术等为其结果。文学既与政治、社会、风俗、学术等同探本于一源，则文学必与政治、社会、风俗、学术等交互之间有相联之关系。易言之，即政治、社会、风俗、学术等之性质皆为可变者，文学亦应为可变者。政治、社会、风俗、学术等为时势所迫概行变迁，则文学亦应随之以变迁，不容独自保守也。今知政治、社会、风俗、学术等性本为变迁者，则文学可因旁证以审其必为变迁者。今日中国之政治、社会、风俗、学术等皆为时势所挟大经变化，则文学一物，不容不变。更就具体方面举例言之，中国今日革君主而定共和，则昔日文学中与君主政体有关系之点，若颂扬铺陈之类，理宜废除。中国今日除闭关而取开放，欧洲文化输入东土，则欧洲文学中优点为中土所无者，理宜采纳。中国今日理古的学术已成过去，开后的文学将次发，则于重记忆的古典文字（学），理宜洗濯，尚思想的益智文学，理应孳衍。且文学之用，在所以宣达心意。心意者，一人对于政治、社会、风俗、学术等一切心外景象所起之心识作用也。政治、社会、风俗、学术等一切心外景象俱随时变迁，则今人之心意，自不能与古人同，而以古人之文学达之，其应必至于穷。无可疑者，知政治、社会、风俗、学术等应为今日的而非历史的，则文学亦应为今日的而非历史的。晚周有晚周特有之政俗,遂有晚周特殊之文学;两汉有两汉特殊之政俗,遂有两汉特殊之文学;南朝有南朝特殊之政俗,遂有南朝特殊之文学。降及后代,莫不如此。此理至明也。

且精神上之出产品,不一其类,而皆为可变者。固由其所从出之精神,性质变动,迁流不居。子生于母自应具其特质。精神生活本有创造之力。故其现于文学而为文学之精神也,则为不居的而非常住的,无尽的而非有止的,创造的而非继续的。今吾党所以深信文学之必趋革新,而又极望其革新者,正所以尊崇吾国之文学,爱护吾国之文学,推本文学之性质,可冀其辉光日新也。或者竟欲保持旧观,以往古之文学,达今日之政俗学问。一闻革新之论,实不能容。揆彼心理,诚谓今日以往之文学,造乎其极,蔑以加矣。夫造乎其极,蔑以加者,止境也,即死境也。口持保存国粹之言,乃竟以文学末日待之。何不肖不祥至于斯也。保存国粹之念,谁则让人。惟其有保存国粹之念,而思所以保存之道,然后有文学革新之谈。犹之欲保存中国,然后扑清政府而建共和耳。

中夏文学之殷盛,肇自六诗,踬于楚辞(此就屈宋景言,不包汉世楚辞)。全本性情,直抒胸臆,不为词限,不因物拘。虽敷陈政教,褒刺有殊,悲时悯身,大小有异。要皆"因情生文",而情不为文制也。惟其以感慨为主,不牵词句,不矜事类,故能吐辞天成,情意备至。而屈宋之文,遂能"决乎若翔风之运轻赪,洒乎若元泉之出乎蓬莱而注渤澥"。降及汉世,政教失而学术息,章句兴而性灵蔽。武功方张,吐辞流于夸诞。小学深修,奇字多入赋篇。独夫在上,谀声大作。心灵不起,浮泛成文。故能义贫而词富,性寡而文繁,炫耀博学,夸张声势,大而无当,放而无归,瓠落而无所容。于是六义大国,夷为三仓附庸,抒情之文,变作隶胥之录。相如唱之,杨雄和之,犹然天下从风,斯文敝之始也。东京以还,此道更盛。京都之制，全无性灵。堆积为工，诞夸成性。而性灵亦为文词所拘，末由发展。建安黄初之间，曹王特出。子建之诗，直追枚李。仲宣之赋，大革汉风。浮词去而气质尚，上跻乎变风变雅之间，非舍本逐末之赋家所能比拟。诚文学界中一大革新，亦是文学一大进化。无如狂澜方挽，迷涂又生。渡江而后，"诗必柱下之旨归，赋乃漆园之义疏"。文学依附玄家，不能自立。谢容易以光景之文，斯足美矣。而乃"启心闲绎，托词华瞻，巧倚迂回"，"晦涩费解"。以贵族之习气，合山林之幽阻，不谓为文弊不可也。则有吟咏性情反贵用事。天才短谢，物类乃崇。"崎岖牵引"，"拘挛补衲"，"唯睹事类，顿失精采"，"大明太始中，文章殆同书案"矣。又如沈约制韵，"使文徒多拘忌，伤其真美"。性灵汩没，不知其几何也。简文变古，淫艳当途。声色使人目眩，荡情致人心乱。岂仅害于文章，亦大伤于世道。徐庾承其流化，辞重情轻之倒置，积重难返矣。其于六代之中，"前不见古人，后不见来者"，独辟致远之境，不染斫辞之病，起江东之独秀者，则陶潜其人也（以上略本钟嵘刘勰二家言及五代诸史传论）。隋唐之间，清风乃振。炀帝太宗皆有变古之才。而开元之间，李杜挺起，除六朝之文弊，启文圃之封疆，性灵大宏矣。降及元和，微之宫词，妇人能解，香山乐府，全写民情。革险阻而趋平易，舍小己以入群伦。又有昌黎柳州，作范其间，除人造之俪辞，反天然之散体。论其造诣所及，柳则大启后世小说家刺时之旨（唐代小说本盛，然柳州之旨，却与当时芜滥卑劣者不同），又为持论者示精确之准的。韩则论文论学，皆启有宋一代风化（别有详论）。于骈体横被一世之际，独不惜人之"大怪"。于是开元元和之间，诗文俱革旧观。言乎文情，靡靡者易为积健，拘文者易为直抒，辞重者易为情重。体渐通俗，市语入文。况述社会，略见端倪。言乎文体，又多有创作。七言长风，至李杜始成体制，至香山乃能纪事。

七律排律虽不始于此时，而创作奇格，实出杜公。太白古乐府，尤复一篇一格，句法长短参差，竟空前而绝后。又汉乐府之遗意，久已乖亡。晋宋以降，庙堂之制，则摹古不通，燕寝之作，则轻艳浮浅。唐世词张而乐离，乐府之为用已不可存。太白香山独创新声以应之，后世名之曰词，遂成宋金元明新文学之前驱，斯又足贵也。然则开元元和之间，又为文学界中一大革新，亦是文学一大进化。旷观此千年中，变古者大开风流，循旧者每况愈下。文学不贵师古，不难一言断定也。历观楚汉至今二千年中文学升降之迹，则有因循前修，逐其末流，而变本加厉者。若扬马之承屈景，南朝之承魏晋，北宋吴蜀六士之承韩公。皆于古人已具之病，益之使深，终以成文弊。又有不辟新境，全摹古人，若明清二代诸家之复古，极其能事，不过"优孟衣冠"，而其自身已无存在之价值，更何论乎性情之发展。别有挟古人之糟粕，当风化之已沫，断成新体，专刻皮鞯。如樊南之四六，欧王之宋骈，内心疲茶不存，岂有不枯薄者耶。至为曹王变古，独开宗风。李杜韩柳，俱启新境。宋词元曲，尤多作之自我。惟其不袭古人，故能独标后代也。凡此四格，因革各异，良劣有殊。弘治嘉靖复古之风，至今未斩。虽所托因人不同，其舍己则一。不以摹拟为门径，竟以摹拟为归宿，纵能希抗古人，亦仅为其奴隶（词曲本宋元新文学，自明清复古家作之，亦复同流合污），斯乘之最下者也。若夫刻其皮鞯，逐其末流，一则徒辨乎体貌，一则流连而忘归，亦非宏宝之涂也。此三者均未脱离古人，其能附骥尾而行以传于后者，幸也。明清复古之文。尤少谈之者。既无特殊之点，更无特殊之位置，而今之惑人犹复以趋古人为名高，岂非大左乎。革新诸家，亦多诡词复古。故太白则曰"圣代复远古，垂衣贵清真"。昌黎则曰"非两汉之书不敢观"。词曲不袭前人矣，犹装其门面曰"古乐府之遗"。斯由贵古贱今，华人恒性。语人自作古始,听者将掩耳而走,何如因利乘便,诡辞以为名高乎。且所谓变古者,非继祖龙以肆虐,束文籍而不观。贤者识其大者,不贤者识其小者。尽可取为我用。但能以"我"为本,而用古人,终不为古人所用,则正义几矣。《易》曰"革之时义大矣哉",变动不居,推陈出新。今虽无人提倡文学革命,而时势要求,终不能自己也。

古典文学所由成立之历史,殊不足观也。周秦诸子动引古人,凡所持论,必谓古之道术有在于是者。此则求征以信人,取喻以足理,庄子所谓重言与后世之古典文学渺不相涉者也。自西汉景武以降,辞赋家盛起。虽具环玮之才,而乏精密之思。欲为无尽之言,必敷枝叶之辞。义少文多,自当取贵于事类。事类客也,今则变为主。所以足言也,今则言足犹取事类。臃肿不治尾大不掉之病,此其肇端也。又辞赋家之意旨,原不剀切。取用于质言,将每至于词穷,幸能免于词穷,亦未足以动人。故利用事类之含糊,以为进退伸缩之地,利用事类之炜烨,以为引人入迷之方。此古典文学所由成立之第一因也。两汉章句之儒,博于记诵,贫于性情。发为文章,自必炫其所长,藏其所短,引古人之言以为重,取古人之事以相成,当其能事于事古,其流乃成堆砌之体。斯风流传,久而不沫。于是书案之文,字林之赋,充斥于文苑。京都之作,人且以方物志待之矣,此古典文学所由成立之第二因也。魏晋以降,浮夸流为妄言。禹域未一,而曰"肃慎贡矢,夜郎请职"。克敌未竟,而曰"斩俘部众,以万万计"。但取材于成言,初无顾于事实。则直为古人所用,而不能用古人矣。斯习所被,遂成不作直言,全以古事代替之风。此古典文学所由成立之第三因也。降及齐梁,声律对偶,刻削至严。取事取类,工细已深。概以故事代今事。不容质说。古典文学之体于是大定。自斯而后,众家体制,为古典主义所范者多矣,寻其流弊,则意恉为古典所限,而莫能尽情;文辞为古典所蔽,而莫由得真;发展性灵之力,为古典所夺,而莫能尽性,文以足言之用,全失其效,且反为言害矣。故综此四端,可一言以蔽之,曰,舍本逐末而已。今文学所以亟待改革者,正求置末务本。于此舍本逐末之古典文学,理宜加以掊击。然用古典能得足志足言之效者,即不可与古典文学同在废置之例。古典原非绝对不可用,所恶于古典文学者,为其专用古典而忘本也。陈仲甫先生曰:"行文本不必禁止用典,惟彼古典主义,乃为典所用,而非用典也,是以薄之耳。"诚深得其情之言也。

欲知今后文言之宜合,当知上古文言何由分判。太古文言,固合而不离也。周诰殷盘,诘屈聱牙,正由以语入文,古今语异,乃不可解耳(今人恶白话以为不古,而中国第一部书即以白话为之。托词名高者,其可以已乎)。古人竹简繁重,流传端赖口耳。欲口耳之易传,必巧饰其词,杂以骈句,润以声节。浸成修整之文,渐远天然之语。不观《尚书》之多韵语偶辞乎,斯文言分离第一步也。周承二代之后,郁乎其文。大夫行人,多闻博古,自能吐辞温润,动引故言。孔子谓诵《诗》可以专对,专对之尚文可知也。《左传》载行人之语多有雷同者,其刻画可知也。士夫之言日美,遂为文章之宗,农牧之言仍质,乃成市语之体。斯文言分离第二步也。秦汉以还,动多师古,不敢如晚周之世,以当时语言为文章(诸子之中,自荀子等数家外,多用当时通用之语著之竹帛,即《论语》亦然也)。而文言分离之象大定。斯其第三步也。然汉魏六朝之文,内情终不远离于语言。史语汉书,多载彼时市语,学者诂经,好引当代方言。二陆往来之书,竟通篇为白话焉。魏晋以降,文章典丽,语言称是。《晋书》《博物志》《世说新语》等所载当时口语,少因笔削,概由直录。齐梁韵学入文,亦入于语。周颙之徒,双声叠韵,铿锵其话言。至于隋唐,此风不替。李密隔河数宇文化及罪,化及不解,曰"何须作书语耶"。化及粗顽，自不解书语，然密既腾诸口说，必彼时上流用之也。循上所言事实以观察之，可得四间。第一，中国语文之分离，强半为贵族政体所造成。贵族之性，端好修饰，吐辞成章，亦复如是。今苟不以高华典贵为文章之正宗，即应多取质言。且贵族之政，学不下庶人，文言分离，无害于事也。今等差已泯，群政艾兴。既有文言通用于士流，复有俗语传行于市民，俗语著之纸墨，别为白话文体。于是一群之中，差异其词。言语文章之用，固所以宣情，今则反为隔阂情意之具。与其樊然淆乱，难知其辨，何若取而齐之，以归于一乎。第二，语文体貌虽异，而性情相关。一代文辞之风气，必随一代语言以为转变。今世有今世之语，自应有今世之文以应之，不容借用古者。与其于今世语言之外，别造今世之文辞，劳而无功，又为普及智慧之阻，何如即以今世语言为本，加以改良，而成文言合一之器乎。第三，《论语》所用虚字，全与《尚书》违。屈景所用，若"羌""些"者，又为他国所无。彼所以勇于作古者，良由声气之宣，非已死虚字所能为。故不以时语为俚，不以方言为狭。惟其用当时之活虚字，乃能曲肖神情，此白话优于文言一点也。第四，《史记》《汉书》以下，何以必杂当代白话，二陆书简，何以必用市语。岂非由白话近真，文言易于失旨乎。《史记》云，诸君必以为便国家，《汉书》易为文言，朵气极矣。且宋人语录，全以白话为之。议者将曰，理学家不重文章也，从事文辞，劳费精神，有妨于研理也，玩物而丧志也。此皆浅言也。文不尽言，言不尽意。言语本为思想之利器，用之以宣达者。无如思想之体，原无涯略，言语之用，时有闲穷。自思想转为言语，经一度之翻译，思想之失者，不知其几何矣。文辞本以代言语，其用乃不能恰如言语之情。自言语转为文辞，经二度之翻译，思想之失者，更不知其几何矣。苟以存真为贵，即应以言代文。一转所失犹少，再转所失遂巨也。且唐宋诗人，多用市语，词曲之体，几尽白话，固为其切合人情。以之形容，恰得其宜，以之达意，毕肖心情。今犹有鄙视白话者，岂非大惑乎。

今世流行之文派，得失可略得言。桐城家者，最不足观，循其义法，无适而可。言理则但见其庸讷而不畅微恉也，达情则但见其陈死而不移人情也，纪事则故意颠倒天然之次叙，以为波澜，匿其实相，造作虚辞，曰，不如是不足以动人也。故析理之文，桐城家不能为，则饰之曰，文学家固有异夫理学也。疏证之文，桐城家不能为，则饰之曰，文章家固有异夫朴学也。抒感之文桐城家不能为，则饰之曰，古文家固有异夫骈体也。举文学范围内事，皆不能为，而忝颜曰文学家。其所谓文学之价值，可想而知。故学人一经瓣香桐城，富于思想者，思力不可见；博于学问者，学问无由彰；长于情感者，情感无所用；精于条理者，条理不能常。由桐城家之言，则奇思不可为训，学问反足为累。不崇思力，而性灵终归泯灭。不尚学问，而智识日益空疏。托词曰，"庸言之谨"，实则戕贼性灵以为文章耳。桐城嫡派无论矣，若其别支，则恽子居异才，曾涤生宏才，所成就者如此其微，固由于桎梏拘束，莫由自拔。钱玄同先生以为"谬种"，盖非过情之言也。世有为桐城辨者，谓桐城义法，去泰去甚。明季末流文弊，一括而去之。余则应之曰，桐城遵循矩矱，自非张狂纷乱者所可呵责。然吾不知桐城之矩矱果何矩矱也。其为荡荡平平之矩矱，后人当遵之弗畔。若其为桎梏心灵戕贼性情之矩矱，岂不宜首先斩除乎。

中国本为单音之语文，故独有骈文之出产品。论其外观，修饰华丽，精美绝伦。用为流连光景，凭吊物情之具，未尝无独到之长也。然此种文章，实难能而非可贵，又不适用于社会。将来文学趋势大迁，只有退居于"历史上艺术"之地位，等于鼎彝，供人玩好而已。且骈文有一大病根存，即导人伪言是也。模棱之词，含糊之言，以骈文达之，恰充其量。告言之文，多用骈体，利其情之易于伸缩，进退皆可也。今新文学之伟大精神，即在篇篇有明确之思想，句句有明确之意蕴，字字有明确之概念，明确而非含糊，即与骈文根本上不能相容。尚旨而不缛辞，又与骈文性质上渺不相涉。况含糊模棱，无信之词也。专用譬况，遁词之常也。骈文之于人也，教之矜伐，诲之严饰，启其意气，泯其懿德。学之而情为所移，便将与鸟兽草木虫鱼为群，而不与斯人之徒相与。欲其有济于民生，作辅于社会，诚万不可能之事。而况六朝文人，多是薄行，鲜有令终。诵其诗，读其文，与之俱化。上焉者，发为游仙之想，中焉者，流成颓唐之气，下焉者，浸变淫哇之风。今欲崇诚信而益民德，写人生以济群类，将何用此骈体为也。

龚定庵久与汪容甫、魏默深号称三家，今更磅礴海内，寻其独立不羁，自作古始，曷尝不堪服膺。生逢桐城滑泽文学盛行之日，又当试帖四六混合体之骈文家角立之时，独能希抗诸子，高振风骨，可以为难矣。然而佶屈聱牙，不堪入口，既乖"字妖"之条，又违"易造难识"之戒。故为惊众之言，实非高人之论，多施僻隐之字，又岂达者之为。用词含糊，等于骈体，庞然自大，类然古文。文章本以宣意，何必深其壁垒乎。张皋文等好作难解之文，固可与龚氏齐视。余尝读其赋钞序黄山赋诸篇，几乎不能句读。穷日夜力以释之，及乎既解，则又卑之无甚高论，果何用此貌似深奥者为也。故龚氏之变当时文体则是矣，惜其所变者未当。彼龚氏者，文学界中不中用之怪杰也。

自汪容甫、李申耆标举三国晋宋之文，创造骈散交错之体，流风所及，于今为盛。章太炎先生其挺出者也。盖汉人制文，每牵于章句。梁后俪体，专务乎雕琢。唐宋不免于粗犷。清代尽附于科举(散文与八比合,骈文与试帖诗赋合)。以三国晋宋疏通致远之文当之,则皆望风不及。苟非物换时移,以成今日之世代者,虽持而勿坠可也。无若时势之要求,风化之浸变,陈词故谊,将不致用于今日。魏晋持论,固多精审,然以视西土逻辑家言,尚嫌牵滞句文,差有浮辞。其达情之文,专尚"风容色泽放旷精清",以视西土表象写实之文,更觉舍本务末,不切群情。故论其精神,则"意度格力,固无取焉"。论其体式,则"简慢舒徐,斯为病矣"。况文学本逐风尚为转移,今不能以世说新语为今后之风俗史,即不能以三国晋宋文体为今后之正宗,理至显也。

西方学者有言,"科学盛而文学衰"。此所谓文学者,古典文学也。人之精力有限,既用其精力于科学,又焉能分神于古典,故科学盛而文学衰者,势也。今后文学既非古典主义,则不但不与科学作反比例,且可与科学作同一方向之消长焉。写实表象诸派,每利用科学之理,以造其文学,故其精神上之价值有迥非古典文学所能望其肩背者。方今科学输入中国,违反科学之文学,势不能容,利用科学之文学,理必孳育。此则天演公理,非人力所能逆从者矣。

平情论之,纵使今日中国犹在闭关之时,欧土文化犹未输入,民俗未丕变,政体未革新。而乡愿之桐城,淫哇之南社,死灰之闽派,横塞域中。独不当起而翦除,为末流文弊进一解乎。而况文体革迁,已十余年,辛壬之间,风气大变。此酝酿已久之文学革命主义,一经有人道破,当无有间言。此本时势迫而出之,非空前之发明,非惊天之创作。始为文学革命论者,苟不能制作模范,发为新文,仅至于持论而止,则其本身亦无何等重大价值,而吾辈之闻风斯起者,更无论焉。若于此犹存怀疑,非拘墟于情感,即阙乏于长识。此篇所言,全无妙义,又多盈辞,实已等于赘旒。今后但当从建设的方面有所抒写。至于破坏既往,已成定论,不待烦言矣。

文言合一草议①

　　文辞远违人情，语言切中事隐，月前著文，抒其梗概，今即不复赘言。废文词而用白话，余所深信而不疑也。虽然，废文词者，非举文词之用一括而尽之谓也。用白话者，非即以当今市语为已足，不加修饰，率尔用之也。文言分离之后，文词经二千年之进化，虽深芜庞杂，已成陈死，要不可谓所容不富。白话经二千年之退化，虽行于当世，恰合人情，要不可谓所蓄非贫。以白话为本，而取文词所特有者，补苴罅漏，以成统一之器，乃吾所谓用白话也。正其名实，与其谓"废文词用白话"，毋宁谓"文言合一"，较为惬允。

　　文言果由何道以合一乎？欲答此题，宜先辨文词与言语之特质，即其特质，别为优劣，取其优而弃其劣，夫然后归于合一也。切合今世，语言（下文或作语言，或作白话，或作俗语，同是一词）之优点，其劣点乃在用时有不足之感。富满充盈，文词之优点，其劣点乃在已成过往。故取材于语言者，取其质，取其简，取其切合近世人情，取其活泼饶有生趣。取材于文词者，取其文，取其繁，取其名词剖析毫厘，取其静状充盈物量。本此原则，制为若干规条，将来制作文言合一之文，应用此规条而弗畔，庶几预于事前，不全陷咎

---

　　① 此文原载《新青年》第4卷第2号，1918年2月。

于事后也。

难者曰：文言合一，自然之趋向，不需人为的指导，尤不待人为的拘束。故作为文言合一之词，但存心乎以白话为素质，而以文词上之名词等补其阙失，斯已足矣。制为规条，诚无所用之也。予告之曰：文言合一之业，前此所未有，是创作也。凡创作者，必慎之于事前。率尔操觚，动辄得咎。苟先有成算，则取舍有方，斯不至于取文词所不当取，而舍其不当舍，舍白话所不当舍，而取其不当取。文言合一，亦不易言矣。何取何舍，未可一言断定。与其浑然不辨，孰若详制规条，俾取舍有所遵率。精于昉者成于终，易于始者蹶于后。谓此类规条为无用，犹之斥世间不应有修辞业也。

此类规条，说之良非易易。以蒙孤陋，于此安所容喙。虽然，一得之愚，容有一二可采，姑拉杂写成一时所见到者，求正于高明也。

（一）代名词全用白话。"吾""尔""汝""若"等字，今人口中不用为常言。行于文章，自不若"你""我""他"等之亲切，此不待烦言者也。

（二）介词位词全用白话。此类字在白话中无不足之感（代词亦然），自不当舍活字而用死字。

（三）感叹词宜全取白话，此类原用以宣达心情与代表语气。一个感叹词，重量乃等于一句或数句。以古人之词，表今人之心情与语气，隔膜至多，必至不能充满其量，而感叹之效用，于以丧失。曰"呜呼"，不学者不解其何谓也，学者解之，要不亲切。不能直宣语气，犹待翻译，效用失矣。"哀呀"虽不可与道古，用于当今，差胜"呜呼"。一切感词，皆如是观，不待一一举例。

（四）助词全取白话。盖助词所以宣声气，犹之感叹。以宣古人语气者宣今人，必不切合。"焉""哉""乎""也"等，全应废弃，宜以"啦""了""么""呀"等字代之。

（五）一切名静动状，以白话达之，质量未减，亦未增者，即用白话。曰"食"不如曰"吃"，曰"饮"不如曰"喝"，曰"嬉"不如曰"玩"也。俗语少小所习，入人者深。文辞后来所益，入人者浅。故吾人聆一俗语，较之聆一同义之文言，心象中较为清楚。谈书时不能得明确之意象，聆人言语即不然，亦此理也。此语言之特长，应保持勿失者也。

（六）文词所独具，白话所未有，文词能分别，白话所含混者，即不能曲徇白话，不采文言。"今言道义，其旨固殊也。农牧之言'道'（即白话）则曰'道理'，其言'义'亦曰'道理'。今言'仁人''善人'，其旨亦有辨也。农牧之言'仁人'则曰'好人'，其言'善人'亦曰'好人'。更文籍而从之，当何以为别。里闾恒言，大体不具也。"（章太炎先生訄书"正名杂义"）

世有执"大体不具"之说，菲薄白话者。白话之不足应用，何能讳言。不思所以补苴，并其优点亦悍然斥废，因噎废食之方耳。文言合一，所以优于专用白话者，即在能以文词之长，补白话之缺。缺原可补。又焉能执其缺以为废弃之口实也。

（七）白话之不足用，在于名词，前条举其例矣。至于动静疏状，亦复有然。不足，斯以文词益之，无待踌躇也。例如状况物象之词，用文词较用俗语为有力者，便用文词。如"高明""博大""庄严"等，倘用俗语以待之，意蕴所存，必然锐减。盖中国今日之白话，朴实已极。此类状况之词，必含美或高之德性，非素质者所蓄有。一经俗语代替，便大减色也。

（八）在白话用一字，而文词用二字者，从文词。在文词用一字，白话用二字者，从白话。但引用成语，不拘此例。

中国文字，一字一音，一音一义，而同音之字又多，同音多者，几达百数。因同音字多之故，口说出来，每不易于领会，更加一字以助之，听者易解矣。如唐曰"有唐"，夏曰"有夏"，邾曰"邾娄"，吴曰"句吴"，皆以虚字助之，使听者易解也。三代秦汉，多用双声叠韵之字，又有重词，骈词。尽可以一字表之，乃必析为二者，独音故也。然则复词之多，单词之少，出于自然，不因人之好恶。今糅合白话文词，以为一体，因求于口说手写两方，尽属便利。易词言之，手写出来而人能解，口说出来而人能会。如此，则单词必求其少，复词必求其多，方能于诵说之时，使人分晓。故白话用一字，文词用二字者，从文词，白话用二字，文词用一字者，从白话。如文词曰"今"，白话曰"现在"，舍"今"而用"现在"。文词曰"往"，白话曰"过去"，舍"往"而用"过去"。"今""往"一音之字，听者易混。"现在""过去"二音之词，听者难淆。此孙卿所谓"单不足以喻则兼"也。然引用成语，不拘此例。如曰"往事已非"，不必改"往"以就"过去"，既是成语，听者夙知，又有他字助之，更不易淆也。

（九）凡直肖物情之俗语，宜尽量收容。此种词最能肖物，故最有力量。文心雕龙云，"灼灼状桃花之鲜，依依尽杨柳之貌，杲杲为出日之容，瀌瀌拟雨雪之状，喈喈逐黄鸟之声，喓喓学草虫之韵，皎日嘒星，一言穷理，参差沃若，两字穷形"。此均直有物情之字。诗经之文所以独贵者，善用斯品即其一因。"灼灼"等字在今日为文言，在彼时为白话，以古例今，凡俗语中具此性质者，宜不避俚倍，一概收容。例如"乒乓""叮当""飘飘""遥遥"之类，无论雅俗，皆不可捐。又如"软""硬""快""慢""粗""细"等，其声亦有物情。"软"字发声较柔，"硬"字发声较刚，"快"字发声疾，"慢"字发声迟，"粗"字发声粗，"细"字发声微，此种直效物情之字，最为精美（此所举例数字，以言语文字学之眼光观其变迁之迹，各有其转化之历史。今俱存而不论，但就今人口中发音之情形论之，毋庸执诂训以衡吾言也）。万不可以相当之文言代之。若"依依"等字，今世俗言虽已不用，而酷肖物情，蔑以复加，偶一采纳，固不患人之不解也。

（十）文繁话简，而量无殊者，即用白话。文词白话文法有殊者，即从白话。出词贵简，简则听者读者用力少，用力少故生效大。又贵次叙天然，次叙天然则听者或读者用力少，用力少故生效大。人心之力用于聆读时，为量有限。先之以繁言紊叙，彼将用其心于解释文句，又焉能分费精神，会其概观。文简语繁之时，何所取舍，此条中姑不置论。若当文繁语简之际，自宜从语会文。又文词中之文法，在古人原为自然，在今人已成过去，反似人造，不如语言中之文法，切合今世人情。故舍彼就此。

以上所举乃一时率尔想到。不尽不详，尤恐不当，更不合论理的排列。将来续有所悟，再补益之也。

凡各条例，原本于一，即取白话为素质，而以文词所特有者补其未有，是也。此语言之极易，行之甚难。本篇略举数端，以见百一。苟为条贯之研究，充盈其量，可成一部文言合一的修辞学。

此外尚有八事，愿与谈文言合一与制定国语者一商榷之。

第一，文言合一，趋向由于天成，设施亦缘人力。故将来合一后之语文，与其称之曰天然，毋宁号之以人造也。有人造之迹，斯不妨以最近修辞学言语学上所发明要理加之使入，以成意匠之文。夫然后有尚之价值，视今之文辞白话二端，均有特出者（此言其可加入。若有与中国文法不能相容之处，不可勉强以成文离之象）。

第二，文言合一者，归于同之谓也，同中而异寓焉。作为论学论理之文，不能与小说戏曲同其糅合文词白话之量。易词言之，论学论理，取资于白话者较多，小说戏曲较少。有其异，不害其为同；有其同，不应泯其异。然则合一后遣词之方，亦应随其文体以制宜。论者似未可执一道而强合之也。

第三，钱玄同先生认为，"选字皆取普通常用者，约以五千字为度"。所谓选字，蒙意以为似不紧要。逐一选择，其道至难。纵使竟成，作者未必尽量率由，不或离畔，是用力多，生效少也。但求行文之时，不从僻，不好奇，不徇古。悬之以为严规，万无违于通俗之理。陈其方而已，无待举数也。

第四，采用各地语言，制成标准之国语，宜取决于多数。如少者优于劣者，亦不妨稍加变通，要须以言语学修辞学上之原则为断，不容稍加感情于其间。

第五，将来制定标准国语，宜避殊方所用之习语成辞。今所通行之官话，无论北京杭州，优点均在逐字逐句之连成，全凭心意上自由结合，绝少固定之习语成词掺杂其间。反观方言，习语最多，其弊有四。学之甚难，一也。难者不能求其迅速普及，二也。各地有其成词习语，不能相下，三也。思想为成语所限，宣达不易自由，较之为古典故事与一切文学上之习用辞所限制者，厥弊惟均，四也。广东人到北京，学语三四个月，便可上口。北人至广东虽三四年不能言也。此盖社会上通用之官话（此与通行于北京土著之北京语有别。北京语仍是方言，多用习语，吾等自外省来北京，于此不刻意模仿。另操一种南北可以互喻之语。此种互喻之语，不专取材一城一市，乃杂合各地平易之语以成。虽有偏重北方之质，要其混合的性质可采。此吾所谓社会上通用之官话。"其性质另有详论"），原为各省人士混合以成。乃言语之粉地，绝少习语成词，故学之甚易。此为统一行远语言之特质，将来制为国语，此点不可忽也。

第六，制定国语之先，制定音读，尤为重要。音读一经统一，自有统一之国语发生，初不劳大费精神。今使荆蜀滇黔之士，操其普通用语与北人谈，有可喻者，有不可喻者，令其写出，无不解会。可知殊方言语之殊,殊在质料者极少,殊在音读者转多(闽粤等当别论)。又音读划一,稍事取舍,便成统一之国语。又制定统一音读,尚非至难。所应集思筹策者,将由何法使殊方之人,弃其旧贯,而遵此人为之统一音读也。

第七,统一音读,只论今世,不可与沿革上之时音读混为一谈。顾亭林云,"圣人复起,必举今日之音而反之淳古"。是岂可行之事。章太炎先生谓"统一语言,于'侵''谈'闭口音,宜取广东音补苴之"。此种闭口音,自广东外,无能发者。令廿一省人徇一省,无论理有未惬,即于势亦有所不能行。故在古人为正音,在今人为方音者,宜径以为方音,不以入为国语。

第八,较易统一者,国语之质料耳(即有形象辞之语)。若夫国语之音态(即无形象之声气),全随民俗心理为转移,樊然淆乱,差异尤甚于质料,一难也。质料制定,尚易遵循,至于语气,出于自然,虽加人为的限制,即不易得人为的齐一,二难也。就现在异地方言之意态论之,蓟北(北京永平以东)语气锐利,其弊哀嘶。中原(直隶南部,及黄河沿岸)语气凝重,其弊钝迟。吴会风气流丽,其弊靡弱。闽粤语气复繁,其弊佶屈。此不过略举数端,悉言乃不可胜数。今强之趋于一统,理势恐有未能。即其未能而安之,则作为文词,所用虚字,随方而异,又与统一国语之原旨违矣。果由何道生其殊点,愿持制作标准语之论者加之意也。

上来所说,乃一时兴到之言,率尔草就于一夜。咎谬良多,更何待言。尚祈明达进而教之。

白话文学与心理的改革①

自从去年秋天,我心里有一种怀疑,觉得这白话文学的主义,不久定要风行,然而这白话文学主义的真价值,或者为着速效弄糟了——这真可虑得很。凡是一种新主义、新事业,在西洋人手里,胜利未必很快,成功却不是糊里糊涂;一到中国人手里,总是登时结个不熟的果子,登时落了。所以这白话文学发展得越快,我越替他的前途担心。这不是我一人的私虑,别人也有如此想的。《每周评论》的第十一号里,有仲密先生的一篇思想革命,我看了很受点感动,觉得他所说的都是我心里的话。现在把他抄在下面——

> 近年来文学革命的运动渐见功效……颇有人认为正当。……白话在社会上的势力日见盛大,这是很可乐观的事。但我想文学这事,原本合文字与思想两者而成。表现思想的文字不良,固然可以阻碍文字的发达,若思想本质不良,徒有文字,也有什么用处呢?我们反对古文,大半原为他晦涩难解,养成国民笼统的心思,使得表现力与理解力都不发达;但别一方面,实又因为他内中的思想荒谬,于人有害的缘故。这宗儒道合成的不自然的思想,寄寓在古文中间,几千年来,根

---

① 此文原载《新潮》第 1 卷第 5 号,1919 年 5 月。

深蒂固，没有经过廓清，所以这荒谬的思想，与晦涩的古文，几乎容合为一，不能分离。我们随手翻开古文一看，大抵总有一种荒谬的思想出现。便是现代的人做一篇古文，既然免不了用几个古典熟语，那种荒谬思想已经渗透了文字里面去了，自然也随着出现。……如今废去古文，将这表现荒谬思想的专用器具撤去，也是一种有效的办法。但他们心里的思想恐怕终于不能一时变将过来，老瘾发时，仍旧胡说乱道的写了出来，不过从前是用古文，此刻用了白话罢了。话虽容易懂了，思想却仍然荒谬，仍然有害。

……中国人如不真是革面洗心的改悔，将旧有的荒谬思想弃去，无论用古文或白话文，都说不出好东西来。就是改学了德文或世界语，也未尝不可以拿来做黑幕，讲忠孝节烈，发表他们的荒谬思想。……从前的荒谬思想尚是寄寓在晦涩的古文中间，看了中毒的人还是少数，若变成白话，便通行更广，流毒无穷了。所以我说文学革命上，文学改革是第一步，思想改革是第二步，却比第一步更为重要。我们不可对于文字一方面过于乐观了，闲却了这一面的重大问题。

这篇文章我读过之后，起了若干想念；现在我所做的这文，正所谓有感而作。平情而论，现在的社会里，居然有人相信白话，肯用白话，真所谓难能可贵、不溺流俗的人，我们欢迎之不暇，何必作求全的责备。又一转念中国人在进化的决赛场上太落后了，我们不得不着急；大家快快地再跳上一步——从白话文学的介壳跳到白话文学的内心，用白话文学的内心造就那个未来的真中华民国。

白话文学的介壳，就是那些"什么""那个""月亮""太阳"的字眼儿，连在一起的，就是口里的话写在纸上的。这个的前途定然发展得很宽，成功得很快。白话文学的内心是人生的深切而又著明的表现，是向上生活的兴奋剂，这个的前途就不容乐观了。

现在并白话的介壳而亦反对的人，大概可以分作两类：一类是迷顽可怜的老朽，一类是新旧未定家。迷顽可怜的老朽反对我们不会有甚么效果：因为有自然先生帮助我们打他们，他们垂老的命运早已判决了。况且他的气力是萎靡的，胆子是老鼠似的，最怕的是势力（这里是说怕势力，不是说崇拜势力，因为崇拜势力，他还不配呢），最爱的是金钱，最发达的是肉欲，最讲究的是门面话；因而最不健全的是他的作为，最没效果的是他的反抗。况且这些人说不懂得道理，却还懂得"趋时"，若用真理征服他，他便以化外自豪，若到大家成了风气之后，他也决不为采薇而食的顽民。况且单就白话的介壳而论，未必有所谓离经叛道的东西；好在他们也是会说白话的，乃祖乃宗也曾读过白话的高头讲章的；苟不至于如林纾一样，怕白话文风行了，他那古文的小说卖不动了，因而发生饭碗问题，断不至于发恨"拼此残年"反对白话。所以我们爽性不必理他，他久而久之总会变的。至于我所谓新旧未定家，就是唐俟先生所谓"理想经验双全家，理想经验未定家"。这都是识时务的俊杰！他们既不会拼命发挥自己的主义，也决不会拼命反对别人的主义——只会看风使舵。他们都是时势造就的儿子，没有一个是造就时势的老子；都是被群众征服过的俘虏，没有一个是征服群众的将军。见理不明，因而没主义可说；志行薄弱，因而没宗派可指，再加上个"唯吃饭主义"，就决定他的飘萍转蓬的终身了。这不仅少数人如此，实在中国的大多数是这般。民国元年，遍天下都是革命党，到了四年，遍天下都是官僚派；这类滑稽的风气迁流，确是中国人易于改变的征验。又如袁世凯篡国的时代，有位大人先生上表劝进说，"赖大皇帝之威灵，军未浃旬，而江表戡定"。转眼之间，帝制取消，他又劝退，劈头便是"慰庭先生阁下"。这不是举个二端的例，少数的例，实在可以形容中国人的普通而又普通的心理啊！所以我平日总以为在中国提倡一种新主义的精神很难得好——因为中国人遗传性上有问题——然而提倡一种新主义的皮毛没有不速成的，因为中国人都以"识时务"为应世上策。由此看来，白话文介壳的发展，顺着时势的迁流，几年以内总会有点小成绩，可以无疑了。

然而白话文学内心的命运却很有问题。白话文学的内心应当是，人生的深切而又著明的表现，向上生活的兴奋剂（近来看见《新青年》五卷一号里一篇文章，叫作《人的文学》，我真佩服到极点了。我所谓白话文学内心，就以他所说的人道主义为本）。这真难办到！第一层，我们的祖先差不多对于人生都没有透彻的见解，会说什么"圣贤"话，"大人"话，"小人"话，"求容"话，"骄人"话，"妖精"话，"混沌"话，"仙佛侠鬼"话，最不会的是说"人"话，因为他们最不懂的是"人"，最不要求的是人生的向上。第二层，我们所居的社会，又是这般，大家醉生梦死，少数人也难得觉悟。受那样恶浊历史的压迫，被这样恶浊空气的包围，想把向上的生活当作文章的本旨——"去开辟人荒"——真是"难于上青天"的事。老实话，一千年来中国人的思想，总算经过无数的变化了，然而脾胃的本质依然如故。唐朝诗赋是时尚的，他们就拼命弄诗赋；宋朝制艺是时尚的，他们就拼命弄制艺；明朝八股是时尚的，他们就拼命弄八股；现在英文是时尚的，他们就拼命弄英文。现在的学生学英文，和当年的童生学八股，其心理乃毫无二致。他们对于文学的观念只有两层，一层是用来满足他的肉欲，一层是用来发挥他的肉欲。由前一层，才有非奴隶而似奴隶，非囚犯而似囚犯的献谀文、科场文；由后一层，才有非妓女而似妓女，非娈童而似娈童的感慨文。所以用

"曾子曰吾日三省吾身"做题目去作八股,和用"怎当他临去秋波那一转"做题目去作八股是一种性情的两面,其脾胃乃毫无二致。他们正在那里经营猎取名利的妙用,研究乘兴遣怀的韵事,你偏引着他们去开辟成败祸福未可知的"人荒",他们如何情愿呢? 苟不至于革面洗心的地步,必超不过"高头讲章白话文"的境界。然则白话文内心的成功,颇有点不可期了。

但是把白话文学分作内外两面也是不通的办法。所谓真白话文学,必须包含三种素质: 第一,用白话做材料;第二,有精工的技术;第三,有公正的主义。三者缺一不可。美术派的主张,早经失败了,现在文学上的正宗是为人生的缘故的文学。譬之于人物: 人物所以成是两面的,一、才具;二、德行。加特林、拿破仑、叶赫那拉氏、袁世凯未尝无才具,然而总不能说他是人,人物更不必论了。易卜生是近代戏剧的革命家,一半由于他革戏剧的艺术,一半由于他革人生的观念(参看 Bernard Shaw's The Quintessence of Ibsenism)。俄国在近代文学界中放了个大异彩,一半由于他的艺术,一半由于他的主义。所谓世界的文学出产品者,何尝不是用一种特殊的语言写出的呢? 但是经过各国翻译之后,艺术上的作用,丧失十之六七了,依然据有第一等的位置,只为他有不朽主义的缘故。我们为什么爱读《孔雀东南飞》呢? 因为他也对于人生做了个可怕的描写。为什么爱读杜甫的《石壕吏》《兵车行》呢? 因为他也对于人生做了个可怕的描写。为什么重视王粲的《七哀诗》而轻王粲的《登楼赋》呢? 因为《七哀诗》是悲悯人生的,《登楼赋》便不相干了。林纾揣度现在主张白话的人必认为"《水浒》《红楼梦》不可思议",真是妄以小人之心度人的话: 我们固不能说《红楼梦》《水浒》不是文学,然亦不成其为真有价值的文学,固不能不承认《红楼梦》《水浒》的价值,然亦断断乎不能不否认他们的主旨。艺术而外无可取，就是我们应当排斥的文学。平情而论，中国人用白话做文章已经好几百年了，然而所出产的都是二、三等以下的事物，这都由于没有真主义的缘故。现在大家所谈的文学革命，当然不专就艺术一方面而论，若是就艺术一方面而论，原不必费此神力，当然更要注重主义一方面。文学革命第一声炮放去，其中就有一种声浪说道：灭信仰、造信仰、灭道德、造道德、灭生活、造生活。所以据我看来胡适之先生的《易卜生主义》，周启孟先生的《人的文学》，和《文学革命论》建设的文学革命论等，同是文学革命的宣言书。我现在看到许多不长进的白话，如我所作的，真是不能乐观；如此办下去，势必有"骈文主义的白话""八股主义的白话"，白话的墓志铭、神道碑。我们须得认清楚白话文学的材料和主义不能相离，去创造内外相称、灵魂和体壳一贯的真白话文学！

所以我们现在为文学革命的缘故，最要注意的是思想的改变。至于这文学革命里头应当有的思想是什么思想，人的文学中早已说得正确而又透彻，现在无须抄写了。

但是单说思想革命，似乎不如说心理改换包括些，因为思想之外还有感情，思想的革命之外还有感情的发展。合感情与思想，文学的内心才有所凭托，所以泛称心理改换，较为普遍了（思想原有广狭两层意思，狭义的就是心理学上所谓"思想"，广义的就是心理的总称。思想革命一篇里所谓思想，当然不是狭义的。我现在不是格外立异，是为说明的方便起见，分别讲去，免大家误会）。思想一种心理作用，发达最后，因而力量比较的薄弱。必有别种动机，然后有思想，而思想所得，又不多能见诸行事。思想固然有一部分创造的力量，然而不如感情更有创造的力量；感情主宰思想，感情决定行事，感情造成意志。感情是动力，因而影响一切的效果很大——这是思想所不及的。我们与其说中国人缺乏"人"的思想，不如说他缺乏"人"的感情；我们与其说俄国近代文学中富有"人"的思想，不如说他富有"人"的感情。思想尽管高明，文章尽管卑劣，一旦有深沉挚爱的感情发动，自然如圣灵启示一般，欲罢不能（宗教徒所谓圣灵启示，就是感情的大发动）。中国人是个感情薄弱的民族，所以从古以来很少伟大的文学出产。现在希望一种有价值的新文学发生，自必发挥我们大家的人的感情，受一件不良社会的刺激，便把这刺激保持住，来广大起来，研究起来，表现出来，解决了来——于是乎有正义的文学。

我现在有一种怪感想：我以为未来的真正中华民国，还须借着文学革命的力量造成。现在所谓中华民国者，真是滑稽的组织；到了今日，政治上已成"水穷山尽"的地步了。其所以"水穷山尽"的缘故，想由于思想不变，政体变了。以旧思想运用新政体，自然弄得不成一件事。……我仿佛记得孙中山在《民报》上拿唐太宗比自己，章太炎在《訄书》上居然有"后王者起"的话头。唐太宗是什么人，还不是杨广一流的人才而又败类的吗？章太炎在当年并不主张共和，是大家知道的。至于有人竟自把"饮冰内热""一卧沧江惊岁晚，几回青锁点朝班"两个典故当作名字，去鼓吹"开明专制万能"的主义，更全是旧思想了。革命的主动人物即已如此，被鼓吹的人也就可想而知。学者的心里忘不了"九世之仇"，一般人的心理又要借着机会躁进，所谓民主主义，只好当幌子罢了。所以民国元二年间像唐花一般的"怒发"，和民国三四年间像冰雹一般的摧残，都是专制思想的表现，都是受历史上遗传思想的支配，都是用"英雄""豪杰""宦达""攀权"的人生观弄出来的。想"宦达"要"攀权"的人固不足深责，至于"英雄""豪杰"又何尝不是民贼的绰号呢？用这种精神去造民国，不用平民的精神去造民国，岂有弄成不政治昏乱、四方割据的呢？到了现在，大大应该有一种根本的觉悟了：形式的革新——就是政治的革新——是不中用的了，须得有精神上的革新——就是运用政治的思想的革新——去支配一切。物质的革命失败了，政治的革命失败了，现在有思想革命的萌芽了。现在的时代恰和光绪末年的时代有几分近似，彼时是政治革命的萌芽期，现在是思想革命的萌芽期。想把这思想革命运用成功，必须以新思想夹在新文学里，刺激大家，感动大家，因而使大家恍然大悟；徒使大家理解是枉然的，必须唤起大家的感情；徒用言说晓喻是无甚效力的，必须用文学的感动力。未来的真正中华民国靠着新思想，新思想不能不夹在新文学里；犹之乎俄国的革命是以文人做肥料去培养的。我们须得认清楚我们的时代，认清楚了，须得善用我们的时代。

二十年里的各种改革，弄到结果，总是"葫芦题"；这都源于不是根本改革。放开思想去改革政治，自然是以暴易暴，没有丝毫长进。若是以思想的力量改造社会，再以社会的力量改造政治，便好得多了。——这是根本改革。更有一层，若果不作征服的决心，而取迁就的手段，又是枉然。中国人的革新事业多半如此。我们须得立定志愿去克服旧主义（不适时的主义）——这是改革的根本手段。天地间事，不是东风压倒西风，就是西风压倒东风，各不相上下，便成旋风，旋风是最讨厌的。所以调和是迁就的别名，迁就是糟糕的绰号。政治上讲调和，才有今日的怪现状，学术上讲调和，才有所谓"古今中外党"。

梁任公先生能发明新文体，因而有所谓"新民派"，是极好的事了，然而偏要和策论的调头调和，其末流便成一种浪飘飘的、油汪汪的报纸文。——这是文学上的调和。须知天地间的事物不是一件一件一段一段的独立的，是互相关联的：所以西洋成西洋的系统，中国成中国的系统，动摇一件，牵动多种，调和是没成效的，必须征服，必须根本改换。改革的作用是散布"人的"思想，改革的武器是优越的文学。文学的功效不可思议，动人必速，入人心深，住人心久，一经被他感化了，登时现于行事。用手段高强的文学包括着"人的"思想，促动大家对于人生的自觉心，是我们的使命。我们须得认清楚我们的使命！认清楚了，须得竭力完成我们的使命！

总而言之，真正的中华民国必须建设在新思想的上面。新思想必须放在新文学的里面；若是彼此离开，思想不免丢掉他的灵验，麻木起来了。所以未来的中华民国的长成，很靠着文学革命的培养。文学原是发达人生的唯一手段，既这样说，我们所取的不特不及与人生无涉的文章，并且不及仅仅表现人生的文学，只取抬高人生的文学，凡抬高人生以外的文学，都是应该排斥的文学。

中国古代文学史泛论[①]

　　有些事件，并不附丽于任何一时或任何一人或任何一书，而这些事件又恰是文学史上不可忽略者，于是提到前端来，写成十篇泛论，以当我们的文学界说。

思想和语言——一个文学界说

　　从来治哲学而谈心理的人，每每把思想当作内体，把语言当作外用，以为思想是质，语言是具，语言是所以表思想者，思想却不即是语言。我们在很多地方早已为这一说所化了，所以时时感觉着文辞之用是先想着，后说出，虽然有些平常事实已经和这个"成见"反背，例如我们"冲口而出"的话，还不是我们先说出来后来再想到呢？我们想时还不是等于不说出口，自言自语呢？然而决然断然以思想为语言之收缩，不以语言为思想之表达者，初不曾听到，直到一些人扩充生理学的方法于心理学之界域，才有一个人直以思想为语言之内敛习惯（看 J.B. Watson：*Psychology from the Standpoint of the Behaviorist* 及其 *Behaviourism*）。这本是心理学中一个实验问题，解决和发展应是实验室中的事，不消我们去谈论，但有一

_____

① 此文作于 1928 年，收入《傅斯年全集》第一册。

点却和我们做文学的定义时相涉，这一点如下。假如语言是思想之向外者，则思想是大名，或前名；语言是小名，或后名。文学纵是以语言为质料，却实在以思想为体。假如思想是语言之向内者，则语言是大名，或前名；思想是小名，或后名。文学纵不免时时牵连到思想的特殊泛域，却自始至终，一往以语言为体。由前一说，文学与语言之"一而二二而一"之作用不显，也许竟把文学界说做"即是思想之著于竹帛者"。如是，则动感情的文辞与算学又何以异？而一切文学中之艺术的作用，原是附丽于语言者，由此说不免一齐抹杀。由后一说，则文学与语言之"一而二二而一"之作用甚显，文学所据，直据语言。语言向内的发展，成所谓内敛习惯，固然也是文学时常牵涉到的，但究竟不是直接的关系。"文言"之艺术是由自然语言而出之一种的特殊发展，算学亦是由语言而出的一种特殊发展，然而文言究竟还是语言，故仍是文学中的事件，而算学是直由思想之中写于纸上者，已经辗转地出去了一切与语言之直接的关系，故断然不是文学中的事件，至与一切关涉逻辑的文词，或曰论，或曰义理之文，虽亦是语言之一种特殊发展，且与内敛习惯关涉尤多，然究竟可以直自口出，故仍不失其在文学的界域中，且正凭其去自然语言之远近定其文学的质素之浅深。总而言之，文学是根据语言的，不是根据思想的，至多是牵涉及于思想的。不管语言与思想在心理学中如何解决其关系，我们在此地且用这一个假定的解说。

文辞是艺术，文辞之学是一种艺术之学。一种艺术因其所凭之材料（或曰"介物 Medium"），而和别一种艺术不同。例如音乐所凭是"金石丝竹匏土革木"等等，以及喉腔所出之声音；造像所凭是金属、石、石膏、胶泥等等所能表示出来的形体；绘画所凭是两积空间①上光和色所能衬出之三积的乃至四积的（如云飞动即是四积）境界；建筑所凭乃是土木金石堆积起来所能表示的体式。文词所凭当是语言所可表示的一切艺术性。我们现在界说文学之业（或曰文词之业）为语言的艺术，而文学即是艺术的语言。以语言为凭借，为介物，而发挥一切的艺术作用，即是文学的发展。把语言纯粹当作了工具的，即出于文学范围。例如，一切自然科学未尝不是语言，然而全是工具，遂不是文学；若当作工具时，依然还据有若干艺术性者，仍不失为文学，例如说理之文，叙事之书，因其艺术之多寡定其与文学关系之深浅。这个假定的界说，似乎可以包括文学所应包括的，而不添上些不相干的。

各种艺术因其所凭借之介物不同，故不能同样地发展，又因其同是艺术，故有类似的发展。文词之中，有形体，这是和造像同的；有章法，这是和建筑及长篇音乐同的；有声调，这是近于音乐的；有境界，这是同于绘画的；有细密而发展不尽的技术（Technique），这是和一切艺术同的；有排荡力，为所感者哀乐动于中，"不知手之舞之足之蹈之也"，这是和一切大艺术之作用同的。著文等于谱乐，只是所用的单位不同，著文者用语言之词，谱乐者用音韵之节。著文等于绘画，意境为先，有时诗与画可作丽比，正由诗境画境同者实多。著文等于建筑，建筑时"意匠惨淡经营"，成就一段"天似穹庐"之体。文词中之结构，俗学者谈的只是八股，然雅颂汉赋以来之韵文，及子家、史传以来散文，无不有构造，以成形体之力量。文辞中有"态"，"态"是与造像绘画同的，文辞中有"势"，"势"是与建

---

① 今称"二维空间"，下文中的"三积""四积"，今天分别称作"三维""四维"——编者注。

筑同的。一切艺术都是以材料为具、人性为宰，人之性灵运用在一切材料之赋给和限制上，所以各种艺术，因人之性灵而有沟通，因材料之赋给和限制而有独立，述说一切艺术之集合，未尝不可为"成均"之论也。必以文学为艺术，然后文词之品德和作用有可见其大体者。

有通达的文学，有鄙陋的文学，有大文学，有小文学；正和音乐中有通达的音乐，有鄙陋的音乐，有大音乐，有小音乐一样；正和其他大艺术有这些品类分别一样。疏通致远者为达，局促于遗训或成体或习俗而无由自拔者为鄙，能以自己之精灵为力量以运用材料者为通，为材料所用者为陋，能自造千寻华表者为大，从固有之成就，更复一腔一面堆积者小。八股不能成大文学，因为大文学之品质在这一体中无所附丽：连珠箴铭不能成大文体，因为这些体裁里只有微末的小技可以施展。一种文学之高下即等于在此文学中艺术作用之大小而已。

写文学史应当无异于写音乐史或绘画史者。所要写的题目是艺术，艺术不是一件可以略去感情的东西，而写一种的史，总应该有一个客观的设施做根基。所用的材料可靠，所谈到的人和物有个客观的真实，然后可得真知识，把感情寄托在真知识之上，然后是有着落的感情。不过所谈者仅是一切考核比例，也不算完全尽职的，必有感觉，才有生命。宋人谈古代，每每于事实未彰之先，即动感情，这是不可以的；若十足的汉学家，把事实排比一下就算了事，也不是对付文学的手段，因为文学毕竟是艺术。必先寻事实之详，然后成立说者与所说物事相化之情感，如此方能寡尤，方能遂性。我在这里本不是著文学史，只是作些文学史题之卮言，但也希望诸君能发乎考证，止乎欣感，以语学（大陆上谓之 Philologie）始，以"波涛动荡"（Sturm und Drang）终。

语言和文字——所谓文言

把语言和文字混做一件事，在近代欧洲是不会有的，而在中国则历来混得很厉害。例如，中国和朝鲜和安南和日本是同文，不是同语，英德以及各拉丁民族是同文，即是同用拉丁文书，不是同语。西洋有国语而无国文，文书都是在一个时期向文化较久的别个民族借来的，而中国却有一个自己国人为自己语言用的文书，虽说这种文书后来也为外国人用了，如朝鲜、安南、日本，不过这些外国人是把汉语汉化一齐搬去的，所以他们实在是以文化的缘故借汉语，只是读音有些变迁，到很后才有把汉字表他们语言的，如日本文中的训读。汉字既专为汉语用，而汉语也向来不用第二种工具来表它，只到近代耶稣教士才以罗马字母作拼音字，以翻译旧、新约书，中国人自己也有了各种的注音字母，所以汉字汉语大体上是"一对一"的关系，历史上的事实如此。其实汉字和汉语并没有什么生理上的关系，我们固然可以汉字写英语（假如为英语中每一音设一对当之汉字），也可以拉丁乃至俄罗斯字母写汉语，这里只有一个方便不方便的较量，没有不可能性。古来人尚知文语两件事的分别，譬如说，"老子著作五千言"，这是和五千文不同的，五千言是指读起来有五千个音，五千文是指写下来有五千个字。这个分别汉后才忽略，正因汉后古文的趋向益盛，以写在书上的古人语代流露口中的今人语，于是这层分别渐渐模糊，文即是言言即是文了。

把文字语言混为一谈，实在是一个大误谬。例如所谓"文字学"分为形体、声音、训诂三类，这三类中只有形体是文字学，其余都是语言学。又如只有《说文解字》是字书，后来的如《干禄字书》等乃是纯粹字书。《广韵》《释名》《玉篇》等等在大体上说都是语书，而后人都当作字典看。我们现在所习的外国语是英语、法语、德语等，并不是英文、法文、德文等，而误称作"文"。这一层误谬引起甚多的不便，语言学的观念不和文字学分清楚，语言学永远不能进步；且语、文两事合为一谈，很足以阻止纯语的文学之发展，这层发展是中国将来文学之生命上极重要的。

先谈中国的语言。世界上的语言不是各自独立的，而是若干语言合起来成一语族，另有若干语言合起来成另一语族等等。现在的世界上有多少语族，我们不能说，因为世界上大多数的语言是没有详细研究过的。也许后来找出完全孤立的语言来，但这样情形我们只可去想，它的亲属灭亡，仿佛世界上有若干甚孤立的物种样的。能认识语言的亲属关系，是一件很近代的知识，古来没有的。譬如汉语和西藏语的关系之切，有些地方很可惊人的，但自唐太宗时代中国和吐蕃文化上大交通，没有人提到这一层。又如希腊、罗马语言之关系密切。现在更不消详说，而罗马文法家天天在转译希腊语学，却不认识它们是兄弟。又如罗马使者塔西吐斯到了日耳曼境，不特不认识它这一个兄弟语，反而以为这些北欧蛮族的话不像人声。近来所谓"比较言语学"者，就是这一个认识语言亲属之学问，到了十八九世纪之交，因梵语学之入欧洲才引生。德意志、丹麦两地的几个学者，经数十年的努力，又因印度、希腊、拉丁三种语学以前各有很好的成绩，可以借资，而欧洲又很富于各种方言的，于是所谓"印度日耳曼语学"（或曰印度欧洲，因东起印度西括欧洲）成为一种很光荣的学问。到现在欧洲各国的大学多有这一科的讲座，各国大家辈出，而这一族的语言中之亲属关系，大致明白了。比较言语学在性质上本像动物或植物分类学，以音素及语法之系统的变迁，认识在一族中，不同的语言之联络。印度日耳曼语族以外，尚有赛米提系比较语言学也还发达（包括古埃及、亚西里亚、希伯来、叙利亚，以及中世以来阿拉伯各方言，厄提欧波各方言等等），芬兰、匈牙利系语学也有成绩。此外之做比较言语学者，虽在黑人的话也有些动手的，不过现在都在很初步的状态，远不如上述几族的比较语言学之发达。中国语所属的一族，现在通常叫做印度支那族，因为西至印度之中心，东括中国全境之大部。在这一带中的语言差不多全属这一族。这一族里比较有迹可寻的，有两大支：一西藏缅甸支，这一支中保存印度支那系之古语性质稍多；二中国暹罗支，中国语的各方言和泰语（暹罗语所自出）的各方言，成这一技的两叶。这是以语法音素名词等为标准去分类的；这样分法已经是成立事实。但其中若干事件，现在的知识正在茫无头绪中，且有好几支的语言，如孟大（在印度中东部）、孟散、克摩（克摩在交趾西、柬埔寨北及暹罗南境。孟散在缅甸境中）、安南（合以上通称东亚洲滨支）虽知道是和这一族有些关系，或在内，或在外，但目前的知识还太稀薄，不够下稳固断语的。这印度支那语系之特质，即以汉语为例而论，第一是单音：这层情形，在各语各方言中也颇不同。中国东南各方及语音尚富，故单音词尚多，至于北方的"官话"，语音的元素甚少了，古来不同音现在变为同音的字很多，因而有用双音词之要求。这个"单音"的性质，未必是印度支那语系的原始性质，藏缅语支中尚保存些词前节（Prefix），有人说，这些词前节在七世纪以来虽已只剩了声，没有了韵，而不成一独立音，但古来是成独立音的，至于各种泰语中有些甚复杂的不独立音的词前节，只有汉语才把词前节从甚早的时代落得干净。第二是：无语尾变化，而以"虚字"代印欧语中流变作用（Inflexion）。但西藏语之动词有类似流变者。汉语在春秋战国时，代名词亦偶有"吾我""尔汝"之别（"吾""尔"主位，"我""汝"受位，《论语》《庄子》各书中例甚多，此系胡适之先生及珂罗倔伦先生不谋而合之发见），西藏语之语尾追加词亦有很不像是虚字追加者。第三是韵色：韵色在齐梁时始有四声之标明，现在中国北部有四，中部有五，广东有九（或云尚多，此须细研究后方可论定者），西藏语在始著文字时尚没有这个，而现在的方言中有，但用以别古来本不同音，而现在变做同音之词，大约这个性质之发展，正是因为音素趋少而生的。就以上三事看去，我们已经可以约略看出汉语是在这一族中进步最剧烈的，固有的若干文法质素现在尚可在西藏等语中找到者，在汉语均早消灭了痕迹。现在的汉语几乎全以虚字及"语序"为文法作用，恰若近代英语在印欧语中一样，改变得几不是印欧语旧面目了。中国语言的位置大致这样。

中国文字完全另是一回事。古来研究中国文字学者，常常好谈造字之本，这是非常越分的举动。文字的发明和其进化成一个复杂而适用的系统，是世界文化史上顶大的事件之一，虽以印加斯（南美文化最高之国，美洲发现后灭亡）文化之高，有很多地方和旧大陆相埒，竟没有文字。离它不远在中美洲的墨西哥故国，虽有文字，而甚朴质。至于旧大陆上文字之起源，目下的知识全在暗中，我们现在所能找到的最早的埃及古文、美索不达米亚古文（苏末古文），虽然现在人以自己的观点看去是些朴质的文字，其实这些古文已经是进化上许多世代之产物了。西方文字的起源虽无材料可考（此指埃及美索二地论，如希腊多岛海及西班牙各地遗留原始文字，应另论），然我们知道历史上及现在世界上的一切字母，除甚少例外如日本等，皆出于一源，白赛米提族出来的一源。虽现在各系字母如此不同，然学者业经证明印度各字母以及从它分出的西藏南亚洲各字母皆出自南赛米提，畏兀儿、蒙古、满洲皆是叙利亚文教东来带来的，而希腊、意大利各字母之出于腓尼基等人民之殖民，更不消说。独自凭空创造文字，发明字母，历史上竟无成例，可见文字创造之艰难。至于中国文字是否也在这个世界的系统中，或者是一个独立的创作，我们现在全没有材料证实证虚。如保尔（O.S.Ball）之论，以文字及语音证汉字与苏末在远古的关系，其中虽有几个颇可使人惊异的例子，不过此君的亚叙里亚学未必属第一流，而又不识中国古音，且用了些可笑的所谓中国古文，故弄得此书上不了台场。但这层关系并不能断其必然，且近年安得生君在北方发见新石器时代物中，许多式和西方亚细亚近中出现者绝同，是史前时代中国与西方亚细亚有一层文化接触的关系，或民族移动的事实，非常的可能，因此而有一种文字系统流入，迁就了当地语言，成一种自己的文字。也不是不许有的，不过这层悬想只是悬想，目下还没有供我们入手解决这个问题的材料。中国文字最早看到的是殷朝的甲骨刻文，近年在安阳县出土者，这里边的系统已是很进步的了，所谓"物象之本"之文，及"孳乳浸多"之字，都有了。果真这系统不是借自他地，而是自己创的，这真要经过数百年乃至千余年了。从这么进步的一个系统中求文字之始，和从秦文中求文字之始，差不多是"以五十步笑百步"，因为殷文、秦文中之距离还要比殷文和文字原始之距离近得多着呢。

中国文字本有进步成一种字母之可能，盖形声假借都是可以引出字母之原动力〔即以欧洲字母第一个论，A（Ɐ）形则牛头，读则阿勒弗，赛米提语"牛"之义。这个象形的字后来为人借来标一切的"阿"音，以下字母均仿此。又如楔形文字用以记亚叙里亚波斯古语者，每每一面记声，一面附以类标，颇似中国之形声〕。或者当时没有这层需要，又因这个非字母的文字发达到甚完备的地步，且适宜于笼罩各方的读音，所以虽然梵文入了中国便有反切，却不生字母（三十六字母实非字母，乃声类而已）。这个非标音的文字（只就大体言其非标音）最初自然也是用来记言，但以非标音之故，可以只记言辞之整简而不记音素之曲者。更因这个缘故，容易把一句话中的词只拣出几个重要的来记下，而略去其他，形成一种"电报语法"。又或者古来文书之耗费甚大，骨既不见得是一件很贱的东西，刻骨的镳石或铜刀尤不能是一件甚贱的器具。不记语音之一件特质，加上些物质的限制，可以使得文书之作用但等于符信，而不等于记言。中国最早文书之可见者，是殷代甲骨文，文法甚简。我们断不能从这里做结论，以为当时的语言不复杂，因为甚多的文法助词及文法变化可因这种记载法省略了去。又假如殷商之际是一个民族的变化，殷周非同一的民族。不说一种的语言，周人固可把殷人的文字拿来写自己的话，只要向殷人借用了若干文化名词，如日本语中之音读字，便可把这层文同语异的痕迹在千年后研究书缺简脱者之心中泯灭了。这个可能的设定，固是研究中国最早语言的一大难题，且这样文字的记言，大可影响到后来著述文中之公式及文法。譬如《春秋》一书，那样的记事法，只是把一件事标出了一个目；又如《论语》一书，那样的记言法，只是把一片议论标出了一个断语，岂是古人于事的观念但如《春秋》之无节无绪，古人于言的观念但如《论语》之无头无尾，实在因为当时文书之用很受物质的限制，于言于事但标其目，以备遗忘，其中端委，仍然凭托口传以行。所以事迹经久远之后，完全泯灭，而有公羊之各种推测：话言经流传之后，不能了解，而有"丧欲速贫死欲速朽"之直接解释，成了"非君子之言"，须待有若为之说明原委（此节出《檀弓》，然与《论语》"礼与其奢也宁俭，丧与其易也宁戚"应有关系）。这正因《春秋》之著于竹帛，作用等于殷人之刻事于骨片之上，《论语》之记录方法，等于子张之书所闻于绅，绅上是写不出长篇大论的。若我们因为看到《论语》甚简，以为当时话言便如此简，是错误的：第一，语言本不能如此简，简到无头无尾，不知所指。第二，孟子生去孔子时不及二百年，孟子的话已经有那样的鱼龙漫延，二百年中，并无民族的变化，语言决不会有这样大的剧烈变化。所以战国的文书之繁，当是由于文书工具必有新开展，竹帛刀漆之用比以前贱得多，所以可以把话语充分地写下。若春秋时，除去王公典诰之外，是不能享受这种利益的。最初的文书因受物质的限制而从简，这种文书为后人诵习之故，使得后人的文言中竟模仿这一种的简法，于是早年物质的限制，及非标音之性质，竟成了影响后人文法的大力量。试看《尚书》中比较可信的几篇，语法甚复杂，战国时专记语言的子家，语言也很漫长（如《庄子》中数篇及《孟子》等），只有从荀卿子起，才以诵习诗书经传成文章，汉儒更甚，荀卿汉儒的文章在语法上是单简得多了。这岂不是古来因受各种限制而成的文书上之简词影响到后人，变为制作的模范呢？虽直接所影响的本来不过是文言，然文言散入一般语言内之一种趋势，随时都有，于是这个影响以这样的间接作用而更散入一般语言中，成为一种使语成简之力量。汉字虽和汉语是两事，然汉字之作用影响到汉语，有如这样子的［如《论语》"君君、臣臣、父父、子子"，上一词是动词，下一词是名词。又如《荀子》"信信信也"，第一字是动词，第二字是名词，第三字是容词而为"指言（Predicate）"之用，如果当时人说话便把这三个字读成一样，恐怕没有人懂。然书写上既无分别，后来至少在文言中见其合同的影响］。

如上所说的，我们已经可以看到，中国文学和中国文字的关系甚少，虽有不过是间接的，而和中国语言竟可说是一事。虽有时觉得文自文而言自言，但这究竟是蒙在上层的现象。文学的生命即是语言的生命，若文学脱离语言而求生命，所得尽多是一个生存而已。我们既推到这一层，则语言中有几种要分别的事件，为作文学定义之前提，应先叙说一下：一、方言；二、阶级语；三、标准语；四、文言；五、古文。

语言永远在变动之中，儿女学父母到底学不全像，而口和喉又有甚多个细密而极复杂连贯着的筋肉，可以助成一套一套层出不穷的"物质习惯"。又因环境的不同，及人类处理环境之手段有进步，各族的语言都有趋于表面简易，内涵充丰之形势，而这形势所由表示者却不同路，所以百年之内，千里之间，一个语言可以流成好些方语。语言永远是分化的，只靠交通、政治、教育来抵抗这个自然趋势罢了。语言自己先不能成刻板样的，再加上古往今来，各民族离而合，合而离。亲属隔远了，弄到彼此不了解，至于两个民族的接触或混合尤其容易使语言作深远的改变。若不有这几层事实，世上哪有若许多语言？在一族中，今之所谓不同之语，在本来也仅是方言之差别而已。方言之别与语言之别本没有严整的界限，我们现在解释方言如此：一种语言循地理的分配表示差别者，而这样差别使人感觉到语言或名词系统上颇不相同，各为一体，然并非独立太甚者，则这些不同的一体皆是方言。这不是一个新观念，扬子云之所谓方言大略亦只如此。语言之变不仅因地，亦且因人，从人类有政治的历史以来，直到现在，把苏俄算在内，永远是阶级的社会，虽然东风压倒西风，或者西风压倒东风，古今中外颇不是一个公式，不过永远有在上层者，有在下层者。现在寻常指摘人的话没道理，便说那是"下等人的话"，其意若曰，上等人的话自另一样。又如"乡下人的话""买卖话""洋泾浜话""流氓话"，乃至那个又像郑重又觉好笑的"官话"一个名词，都显然表示语言因人之阶级而不同，我们自己说的话断然和我们不同职业的邻人不同。譬如，我们和一个人谈上一刻钟，差不多要知道他的职业之类别了，这都是显然指示语言因阶级而生差别的。有个西洋人说，男人的话和女人的话家家不同，这固是象征主义的说法，然男子的话朴直些，女子的话感情的成分多些，是颇显明的（看 Jespersen 所著

Language）。又就文学史的史实说，何以词的话和诗的话不同？拿诗中话做词，或拿词中话做诗，何以均不算合规则？欧阳永叔、苏子瞻等在诗里和在词里何以不说一种话？这正因为诗里的话，是诗人奉之于先，持之于己的话，词在原始是当年歌妓的话。欧阳永叔、苏东坡做起诗来，是自己，做起词来，每每免不了学歌妓的话，或者是对歌妓说的话。语言既因人之阶级而不同，则不同阶级的人聚在一块儿说话。何以折中呢？于是自然有一种标准语的要求。这种标准语也许即是一种纯粹的方言，并是一个阶级中话，如所谓"京话"，即是北京的方言，又差不多是北京的中上流社会所说者。也许并不是纯粹的方言，又不是一个特殊阶级的话，而是一种就某某方言混合起来，就某某阶级打通起来的话，如德国现在所谓"受过教育的德意志话"，既非维也纳，又非柏林，更不能是撒克森、西南方等，只是以文学与教育的力量，造成的一种标准语：舞台的话，教书匠的话，朝廷的话，拿来以为凭借而生者。虽然，这种标准语也自高地德意志方言出，当年且"不下庶人"，不过现在已经看不出它的方言性，并且不甚看得出它的阶级性了。制造标准语之原动力，第一是政治，朝廷的话永易成为标准话。不过若一个国中统治者与被统治者异族，而统治者之族文化低，人数又少，则统治者难免以被征服者之话为朝廷话，所以中国的"官"，虽是满清皇帝也用这话，究竟是明朝北方的汉话，不是满洲话，只有太平洪天王才以"启示"知道满洲人造了"官话"（见他的诏书）。或者一个朝廷太不和人民接近，则造朝廷的话也不能成为标准话，清后叶赫那拉氏和李莲英的话何尝有影响在宫外呢？但是，虽有上几项之限制，统治者阶级的话，总是易成标准话之根据的，所以今之普通话，在当年叫作官话。第二是宗教，如罗马教于拉丁语，喇嘛教于吐蕃语，竟把他们的标准语加到异族身上。第三是教育，教育匠的话容

易成为标准话者,正因为这。例如中国各地的语音,均有话音和读音的不同,在西南各方言中,话音甚和官话不同者,读音每每较近。正因为话音是在一个方言中之直接传授,读音乃是受多数教书匠出产地的方音之影响的〔如我家乡(山东西部)读无字,如 wu,读未字如 wei,在说话里如 mu,末如 mie,犹未随明微二母之分,于古尚为接近。在比较纯正的"官话"区域中尚如此,其他可知〕。近年来南洋的中国学校儿童能说普通话,正是此层的例证。第四是文章,漂亮的社会中所说的话,时髦的人们所说的话,容易引起人的模仿,尤其在年少的人中,所以戏剧的话,在法、德、英等国均有重大的影响,吴语中上海、苏州两个方言所有之名词,也能四布,从清朝末年,吴语即有势力了。标准语之创造者,不仅是社会的力量,也每每是个体文人之功绩。人们通常知道摩李耶对近代法国语言如何重大贡献,十八世纪晚年几个德国大作者如何形成次一世纪的德国话,斯盆沙[①]、莎士比亚等如何完成艺术的英国语。大诗人、大剧家、大著作者,不把语言化得不成了语言,而把语言化得既富且美,既有细度,又有大力,当时人和后人免不了把这些华表作为典型。于是个人的话,成为标准话了。

标准话还纯然是口中流露的话,再进一层,成为一种加了些人工的话(即是已经不是自然话),乃有所谓文言者。此处所谓文言即如德国人所谓 Kunstsprache, Kunstprosa(然此处所论自当不以无韵文为限)即是文饰之言,亦即和《易翼》中所谓"文言"一个名词的意思差不多,并非古文,这是要预先声明的。一个民族有了两三百年的文学发生,总有文言发生,一面是文饰之言,一面又是著

①　今译作斯宾塞——编者注。

作之文,如谭摩斯登诺斯之希腊语演说,而西塞路①之拉丁语演说,并不是雅典和罗马的普通话,或标准语,而是他们造作的文言。这些都是拿来说的,所以文言还是言,然而不是纯粹的言,自然的言,而是有组织的言了。又若罗马大将军恺撒东征凯旋入罗马,告元老及众人说 Veni, Vedi, Veci("我往矣,我见之,我克之")三言既属双声,又是叠韵,这和齐梁间有人嫌床小,说"官家恨狭,更广八分",连用叠韵,有甚么分别? 自然流露的话不会这样子的! 大凡标准语之趋为文言,由于四项要求:一、音声之和谐,所以散文里有了韵文的规律,韵文里更极端用声调的布置。《诗经》的词语本不是甚修整的,然日照丁以此发见其中很多细密双声叠韵及他样音声的和谐,诗歌本有这个自然要求的。又若沈修文对于诗要求的四声八病,并非古文的要求,乃是文言的要求。二、形式之整齐。字的数目要多少相当,不能长短差别太支离了,又不能完全一般长以成单调,而又要有些对仗,以为层层叠叠的作用,若有音乐然。三、词句之有选择。文言不是肯把一切话语都拿来用的,而要选择着以合于作者自己的"雅正"。这当选择不必是用成语,虽然在中国因为诵书为文之故,有这个要求,而在欧洲之文言中,每每恰和这个要求相反,把成语和俚语一体洗刷的。四、文辞的铺张和文饰。在自然语言中所不能下的这些工夫,在这里边因为艺术化之重,可得发展,使人们觉得文自是文,话自是话者正因为这层。这个文和话分别的感觉,在西洋近代各大国都有的,他们和中国所差者,只缘中国文中的铺张和文饰是承汉赋骈文的统绪,范围甚狭,而又把这个狭的范围做到极度罢了。统括以上所说的四层,我们可以说:由标准语进为文言,浅的地方只是整齐化,较深的地

---

① 今译作西塞罗——编者注。

方便有同于诗歌化者，诗歌正是从一般话语中最早出来最先成就的一种艺术，一种文言。

语言变到文言还不止，还有古文一层。古文和文言的分别如下：文言虽文，到底还是言，所以人们可以拿文言作讲话的资料。西塞路、恺撒、齐梁间人（如上举例）、李密对窦建德的话（窦建德对李云："与论相杀事，奈何作书语耶?"）、近代萨笼①中的善知识、善男人、善女子、好把话语中说成格调语（Epigrams）者，一切等等。然而古文的生命只在文书及金石刻上。虽有时也有以古文讲话的，如罗马加特力教的神父以拉丁语讲话，但这样的话实在不是和一般话语同作用的话，所以这事并不能破这例。西洋的古文每是别国古代的语言，经不少的流变而成者，亚西里亚的古文是苏末语，拉丁文自嘉洛林朝而后渐渐成所谓"腐败拉丁"，这样拉丁恰是中世纪以来学者公用之古文，若把西塞路、恺撒唤活来，不懂得这是什么话。又如蒙古的古文是吐蕃经典语，而这语又是造作来翻译梵经的一种文言。因为中国语言的寿命极长，在所谓禹迹九州之内，三千年中并没有语言的代换，所以中国古文在来源上仍是先代的文言，并非异国的殊语。然而自扬子云以来，依经典一线下来之文章变化，已经离了文言的地步而入古文了。

以上泛说这五个重要名词的分别，以下单说中国语言文学中这五件不同的事。方言和阶级语是不用举例的，方言和阶级语可以为文学的工具，并且已经屡屡为文学的工具，也是不待说的。至于标准语进而为文言，文言的流变枯竭了而成古文，要循时代的次叙去说明白。中国语最早写成文字，现在尚可得而见者，有殷刻文，金刻文，有《尚书》。殷刻文至多举一事之目，不能据以推到丰

———————————

① 今译作沙龙——编者注。

长的话言。《尚书》中之殷盘尚有问题，若《周诰》则多数可信，《周诰》最难懂，不是因为它格外的文，恰恰反面，《周诰》中或者含有甚高之白话成分。又不必一定因为它是格外的古，《周颂》有一部分比《周诰》后不了很多，竟比较容易懂些了，乃是因为春秋战国以来演进成的文言，一直经秦汉传下来的，不大和《尚书》接气，故后人自少诵习春秋战国以来书者，感觉这个前段之在外。《周诰》既是当时的话言之较有文饰者，也应是当时宗周上级社会的标准语，照理《诗经》中的《雅》《颂》，应当和它没有大分别，然而颇不然者，固然也许西周的诗流传到东周时字句有通俗化的变迁，不过《周诰》《周诗》看来大约不在一个方言系统中，《周诰》或者仍是周人初叶的话言，《周诗》之中已用成周列国的通话（宗周成周有别，宗周谓周室旧都，成周谓新营之洛邑，此分别春秋战国时尚清楚）。为这些问题，现在只可虚设这个假定，论定应待详细研究之后。"诗三百篇"最早者大约是在康昭之世（《周颂》之一部分和《大雅》之一部分），最迟者到春秋中世，虽《诗经》的语法，大体上自成一系（其中方言差异当然不免），并不和后来的《论语》《国语》等全同，但《诗经》和《论语》《国语》间似乎不有大界限。《论语》中引语称《诗》很多，举《书》颇少，虽说《诗》《书》皆是言，究竟有些差别。《诗》在儒家教育中之分量，自孔子时已比《书》大得多了，这也许是使《书》的辞语更和春秋战国的标准话言相违的。春秋末战国初，始见私人著述，现在可得见之最早者，有《论语》，有《国语》（《左传》在内，其分出是在西汉末的事，此问题大体可从"今文"说。详论《国语》节中）。《论语》称曾参曰曾子，大约成书在孔子死后数十年。《国语》称毕万之后必大（今已割入所谓《左传》中），记事下至智伯之灭，又于晋国特详，大约是魏文侯时人，集诸国之语而成之一书，故曰《国语》（说详后）。这两部书的语言，我们对之竟不恬屈聱牙了。虽然,《论语》里还许保存些古式,或方语式的语法,如吾我尔汝之别(《庄子》亦有此别),但大体上究无异于战国的著述中语言。虽然《国语》中(合《左传》言)也保存了些参差和孤立语质,但《国语》既与战国末著作无大不相通之处,且又已经是很发达的文言了。继这两部书而后者,如《庄子》中若干可信之篇,如《孟子》,凡是记言之篇,略去小差别不论,大体是一种话。这时节出来的书策,无论是书简中语,如乐毅报燕惠王书,鲁仲连遗燕将书,或是简策上著录的口说,如苏秦、张仪、范雎等人的话言,也和《国语》《论语》及记言的子家,是一系。战国晚年,有了不记言而著作的子家,文言的趋势因不记言而抽象的著作之故,更盛了,但究竟还和战国初年著作在言语上是一绪的。这样看来,在春秋战国时,中国黄河流域的语言,西括三晋,东包鲁卫,南乃影响到楚北鄙,中间招着周、郑、陈、宋,已成一个大同,必有一种标准语,为当时朝廷大夫士所通用,列国行人所共守,而著于书策上的恰不免是这一种标准语,于是文言凭借这标准语而发达。《国语》《老子》固是文语发达之甚者,一切子家也都带些文语的气息,可于他们的文辞之整齐、修饰、铺张上看出。中国的经传多属这个时代,所以这时代著文时所用之语言竟成了后代当作仪型的传统语,是不能见怪的。现在把这段意思分为下列几个设定(Hypothesis),盼诸君读书时留意其证据或反证:

一、《周诰》中所用的话,在春秋战国著书中语言所承之系统之外。

二、“诗三百”篇中的话言,如《国风》,大体上自应是当时的俗话;如《小雅》,大体上自应是当时的官话;如《鲁颂》《商颂》及《大雅》的大部分,自应是当时的制作中标准点,已渐有文语之趋势。把这些略去支节而论,并无大别于战国初年以来著书者。

三、春秋战国时，各国都有方言，但列国间却有标准语，这个标准语中哪国的方言占成分多，现在无可考了。儒是鲁国人的职业，孔子弟子及七十子后学者散在四方设教，或者因这层关系鲁国的方言加入这个里面者不少，也未可知。

四、《国语》是很修饰了的文言，《论语》不至这样，但语法之整齐处也不免是做过一层工夫的。至于战国子家以及《战国策》所著录的书辞，和说辞，都是据标准语而成之文言。其中文言的工夫也有浅深的不同，如《孟子》整齐铺张，尤甚近于言，《战国策》比较文些了，《荀子》更文，这都不能是纯粹的口语，因为在它的文辞中看出漫延雕琢来。

五、为什么战国时的著述都是艺术语（Knnstprosa）而不是纯粹的口语呢？这因为古来的文书，除去政府语诰只是记话言，书写之作用只是做一种传达及遗留的"介物"外，凡涉及文书者，不论国家的辞令或个人的述作，都有"言之而文"的要求，所以在述作开端之时，即带进了艺术化，"文言"正可解作"话言的艺术化"。

六、且不止此，春秋时大夫的口语调及国际间的词令，也有"文"的倾向。如《论语》，"诵'诗三百'……使于西方，不能专对，虽多，亦奚以为"，"不学诗无以言"。《左传·僖二十三》："子犯曰：吾不如衰之文也，请使衰从。……公子赋河水，公赋六月。"这些地方，都可看出当时在口辞也要文饰的，至于写下的必更甚。《论语》"为命，裨谌草创之，世叔讨论之，行人子羽修饰之，东里子产润色之"，这竟成了佳话。而屈原以娴于辞令之故，议号令，对诸侯。所以在《左传》《战国策》上所载各种的应对之辞，书使之章，有那样的"文"气，虽不免是后来编书者整齐之，然当时话言固已"文"甚。然则在这风气中，诸子百家开始著作，所写者必是一种艺术化了的语言，又何可怪？

七、汉初年的词令仍是《战国策》中调头,上书者和李斯没有什么分别,作赋者和楚辞齐讽不能不算一气。且西汉方言之分配仍可略以战国时国名为标(见《方言》),而西汉风土仍以战国为分(见《汉书·地理志》)。邹阳之本为战国人者,可不待说。即如贾谊、枚乘,战国气之重,非常明显;虽至司马长卿,文辞仍是楚辞之扩张体;至司马子长,著作还不是《战国策》、楚汉、《春秋》一线下来的么?这些仍然都是文言,都不是古文,因为他们在文辞上的扩张,仍是自己把语言为艺术化的扩张而已,并不是以学为文,以古人之言为言。即如司马长卿的赋,排比言词,列举物实,真不算少了。虽多是当代的名物,引经据典处真正太少了。这样的文辞,并不曾失去口语中的生命,虽然已不能说是白话(汉赋中双声叠韵联绵词皆是语的作用,不是文的作用,又长卿用屈宋语已多,但屈宋去长卿时仅及百年,不为用古)。

八、自昭宣后,王子渊、刘子政、谷子云的文章,无论所美在笔札,所创作在颂箴。都是以用典为风采,引书为富赡。依陈言以开新辞,遵典型而成己体。从此话言和文辞断然的分为两途,言自言,文自文。从这时期以下的著作我们标做"古文",古文没有话的生命。此说详见第三篇《扬雄章》中。

附论语言之变迁与文学之变迁

假如语言起了重大的变化,会不会文学随着起重大的变化呢?

自然会的。且就目前的形势而论,近年来白话文学之要求,或曰国语文学之要求,实在因为近数百年北方话中起了重大的变化,音素剧烈地减少,把些原来绝不同音的字变做同音了,于是乎语言中不得不以复词代单词了,而汉语之为单音语之地位也就根本动摇了。这么一来,近代语已不能保存古代语法之简净(Elegance)

而由传统以来之文言，遂若超乎语言之外，则白话的文学不得不代文言的文学以兴，无非是响应语言的改变。若语言不变化到这么大，恐怕人们以爱简净（Elegance）和爱承受的富有之心，决不会舍了传统所用既简净又丰富的工具。文学与语言之距离，既要越近越好，即是不如此要求，也免不了时时接近，偏偏语言变化得如此，对于遗物遂有不得不割爱之势。若不是语言有这么大的变化，恐怕现在的白话文学也不过是唐宋人词的样子，词单而质素丰富的话，读出来能懂，又为什么不用它呢？说所谓官话的人，感觉国语文的要求最大，因为官话和中世纪话太远了，粤语之变并不如此远，或者说粤语的人感觉这种需要也不如北方人之甚。"若是大家可以拿着《广韵》的音说话，文言即是白话，用不着更有国语的文学。"（赵元任先生谈）

假如文学起了变化，会不会影响到语言，文学影响语言只是一种"文化的影响"，这个影响是较浅的。文学凭借语言，不是语言凭借文学，所以语言大变，文学免不了大变，文学大变，语言不必大变。

成文的文学和不成文的文学

假如我们只看中国的文学史，免不了去想文学自然是文明的出产品，民族有了文字以后才有了文学的要求，愈演愈富，皆是借文明的进步供给它资料、感觉、方式和主率力的。又假如我们去看埃及、巴比伦一带地方早年文学的发生，也免不了觉得文学之生出于有了文字以后，先凭文字为工具，为记载，为符信。而后渐渐有艺术的文辞从官家文章巫师文章中出来。那么，我们或者要作一个结论，去说，文学是文明的出产品了。然而假如我们把范围推广些看，看几个印度、日耳曼民族的早年文学，这样子就全两样了。

印度最早的文辞是维代诗歌,那时节白印度人尚在迁徙游牧时代,未曾有文字。这些东西虽然宗教性很大,却已是成熟而有动荡力的文学。希腊见存文学开始于荷马的两篇歌诗,都是有文字以前的口中作品,写下来是后来的事,这两篇诗永远是欧洲文学的一个至大宝藏,每一次的好翻译总发生一段影响。又看北欧民族在中世纪的样子,它们带着好些从东北,从伊斯兰岛,从极北的芬兰,从中欧洲的树林,乃至从莱茵河两岸,出来的无限神话和故事拼合起来的长诗,野蛮供给他们这些文学,文明在当年即是基督教,却只供给它一部经,而摧灭这些文学。又看中世纪的欧洲文明尚不曾感化了野蛮人时,各地的新来入寇的北狄和本地人合起来出好些侠歌,南至意大利、西班牙、法兰西,一律作这些义侠情爱的诗篇,基督教在当年即是文明的代名词,并管不了他们什么。甚至后到十七八世纪所出产的《风歌》(Ballad),还不都是早年野气的遗留吗?史诗固因文明演进早已下世,这些《风歌》也随科学商业共和民主国而亡了,且这现象不仅限于诗歌,即如小说,像当西哥特那样题目,近代当然也没了。再下一世论,十八九世纪之交出来一个所谓浪漫运动,这个运动至少在德国可以清清楚楚看出来是要求返于文明以前的感觉的。甚至到了十九世纪之中年,中世野诗《矮子歌》(Nibelungenlied)仍给黑伯儿(Friedrich Hebbel)、易卜生(Henrik Ibsen)、瓦歌纳①(Richard Wagner)一个新动荡。这样看来,岂不是大文学反是野蛮时代感觉的出产品,随文明而消失它的大力吗?上面两个相反的现象,实在靠着一个民族自己发明文字与否而差别。自己发明文字的民族最初只用那文字当实用的工具,不曾用他当作书写文学的材料,到了文字之用可以被波及记录

---

① 今译作瓦格纳——编者注。

文学时，早年"野蛮"时代的真文学已经亡了。而印度、希腊、北欧民族是向先进民族借来文字的，待借来的文字用到记录这些先于文字的文学时，这些文学还不曾全散失。《周书》《周颂》之前中国总应有些神话故事歌词，后来随文明而湮灭，这是自己发明文字者之吃亏处。

这样看来，文字之施用不是文学发生的一个必要条件，前乎文字固有大文学，当有文字的期间一切民歌故事也都在民间为不成文的文学。

且不止此。文字发明以后，反而给大力量的文学一种打击，使得它离去人们对于文学最自然的要求，而给文学若干的桎梏，使它作畸形发展。诚然，若没有文字的发明，把口中的文学变作纸上的文学，若干文体是不可能的，若干文体虽可能而也不能充分发展的，文学的技术不能有我们现在所见的那样细密的，文学的各种作用不若有我们现在所得的那样周到的，但也不至于失去语言之自然，性情之要求，精灵之动荡，一切人们之所共觉，而徇于这些小小精巧，那些小小把戏。文字固曾给文学一个富足，然也曾向文学取去些实质，算起账来，是得是失尚不易作为定论。那么我们若说文字发明是世间文学史上一个不幸事，虽像矛盾，或者过度，也或还成一调罢！

那些前于文字的"野蛮"文学究竟有些什么好处？这本是些主观的事，各人的欣赏原不同，但在这里也不妨说我的几句主观话。文化只增社会的复杂，不多增加社会的实质。一个民族蕴积他的潜力每在享受高等的物质文化之先，因为一个民族在不曾享受高等的物质文化时，单简的社会的组织，即是保留它的自然和精力的，既一旦享受文化之赐，看来像是上天，实在是用它早岁储蓄下的本钱而已。中国的四邻和中国接触无不享受文化，结果无不吃亏,只有日本人不曾吃了不救的亏,或者因为日本人到底未曾为中国化入骨髓。日耳曼人和罗马人接触,便吃了一个大亏,突厥人和东罗马人接触更吃了一个大亏。一个新民族,一旦震于文化之威,每每一蹶不振。若文化只能化了它的外表,而它的骨肉还能保存了它的"野蛮",然后这个民族必光大。凡事皆然,文学其一。在不文时的文学中,力胜于智,重胜于巧,直胜于曲,质胜于表,斗力者人道之厚,斗智者世道之薄,重而直者可为刚大,巧而曲者难有后世。人情不以文不文分,则不文时之文学固犹是这个人情,粗细却以文不文分,则既文时之文学固然以细而失其直,以妙而失其壮,职业的文人造作上些不自然的物事,乃以微妙(此语系译英语之Subtleties)布置之,完成之,而说这是深远,这是精练。这样至多可以为《哈母烈》①(Hamlet),固可以为《佛斯特》(Faust),而不可以为荷马的两大歌诗和北欧各族的史诗。这些初年文学中,人情本真,而有话直说,铺排若夸,而大力排荡,以神话为灵,以不文之人性为质,以若不自然者为自然,人生之起伏扬落固已备,世间之波荡离合固已显,若要说道理,说本义,便直说出来,如早年基督教画图。这已是大文学,又何取乎清谈客室(译"沙龙"一词)中之妙语,精妙小小的舞台上之巧技,以成其全? 犹之乎建筑金字塔者,不取乎塔影以成建筑术之美,制和乐者,不模仿一切物之声以成音乐家之备。若在文学成统,文人成业,文章成法,"文心"成巧之后,所增加者总多是些诡情曲意,细工妙技。刻工细者每失一物之轮廓,绘画细者,每遗一像之神采,其能在后来繁杂精工的技术大海中摆脱了不相干,依旧振作不文前之意气,不拘束于后来之樊笼者,即是天才,即是大作家。然则不特不文前之文学是真文学,即

---

① 今译作哈姆雷特——编者注。

文后之文学还不免时时返于故地，以为精神，其能在文了的文学中保持不失不文时的意气者，乃有最大排荡力。文学进化不是等于建筑上天之台，一往的后来居上，乃是时时要从平地盖新屋，这平地还须最好是天然的土田，如果在一片瓦砾古迹之上，是没有法子打地基的。

　　那些在已"文明"了的社会中之不成文的文学有些什么好处？这又是个主观的事，各人的欣赏原不同，但我也就此说几句主观的话。小儿在母亲和奶妈手中，最欢喜听神话鬼话，稍大些，最欢喜父母长者讲故事。更长则自己探奇闻去了。教育他的，强以例如陆士衡文、李义山诗一流的东西给他欣赏，恐怕大多数人在这样情景之下是永远格格不入的，很少的"可儿"渐渐上了这一套，所谓雅正的欣赏乃开始了，其实这真是戕贼杞柳以为栝楼，他们在先的好听神话故事奇闻乃是真的文学要求，无名的诗人和艺术家，十口相传，供给这个要求，以存于一切古文、今文的压迫之下。文学不离众人，则文学不失众人之伦，文学用于赤子，则文学不失其赤子之心。原来欧洲的文学界也不留意这些东西的，及前世纪之中，哥里母兄弟①始集德国一带的家庭和小儿故事，从此各国效仿，在俄东所得的尤多且可宝，丹麦人安得生②又自造些小儿故事，继之者不止一方面。如果文人要卖弄聪明的话，何不择这样的地域去制作。

　　中国古代必不少绝好的神话故事，但现在多半只可凭《天问》《山海经》知道些人名地名和题目而已，其中的内容久已不见，如鲧禹故事，地平天成，正是中国的创世纪，今则有录无书，多么可惜！

　　至于民间故事童话，尚有很多可搜集者。搜集固是大业，若能

① 今译作格林兄弟——编者注。
② 今译作安徒生——编者注。

就故题目作新创作，也是佳事。现在的文风每是描写中国人的劣根性，或是模仿西洋人的恶习气，有能付给那些固有的神话故事题目一个新生命，付给那些尚在民间的童话俗语一个新运动者吗？我醒着睡着都找它！

十七年十一月

文人的职业

有歌曲必有歌者，有绘画必有画师，有文学必有文人，歌者、画者、文人，以及一切的艺术家，虽他自己要表达客观的境界，要说"实在"的话，但总是他自己的境界，他自己的话，这都是一个无量数方面的。物理学者虽然只有一个境界，而诗人和艺术家则因自身和环境互相反应之错综，有无量数之境界。唯一的然后是客观，多方面的必定由主观。所以谈一种文学，便等于谈该一种文人，拿文苑传当做文学史看，未尝不是，只是历来的文苑传都是依最形式的方法写的，正不能借此看出这些文人的实在罢了。

一个文人的成分是无限东西凑合的，以前的祖祖宗宗好些零碎，同时的东西南北又好些零碎。姑且约略来说，第一，他是个人；第二，他是个当时的人；第三，他是个在职业中的人。第一，文可不必谈，因为太普泛了。但我们还要提醒一句，因为文人是人，所以文学中最大的动荡力是情爱和虚荣心了；第二，我们在下一节中商量；第三，正是我们在这一节中说的。

文人的职业是因地有些不同的。譬如中国历代的文人大多数是官吏，西洋近代的文人，好些个不过是个国王或贵族的清客相公，而大多竟是优倡或江湖客而已。他们的职业成就他们的文学。十七八世纪的文学是贵族养他，近百年中是社会养他，所以十七八世纪的书籍，每每致于贵族，最近的书每每致于他的妻和友。又如唐诗和宋诗，真正不是一样的风格，也不是一样的题目。中晚唐的诗人，除韩、白几个人以外，都是枢臣节使的掾史或清客，所以所做的诗无论是藻饰的或抒情的，自咏的或赠给人的，每每带着些书记翩翩的样子，现出些华贵的环境，露一点逢场俯仰的情绪。在这个情景中，我们显然看出当时的文人不是贵族社会的自身，而是在贵族式的社会中做客。风气先已如此了，便是真的贵族，做起文辞来，便也不免是这个样子了。所以唐诗在大体上说去是说客人的话，为别人作诗的话（杜少陵大体不这样，然李太白却不免）。到宋朝便没有诸侯式的方镇了，每没有食客做了，文人多要去做皇帝的官了，做官比做客在当时实在独立得多，自由得多，所以用不着说话给府主听，只由着自己的性儿，说自己的话好了。文人自成一个社会，在这社会里文人是主人。所以像山谷后山，那类的诗，那类文人社会中的诗，绝难出现于中晚唐时府主的社会中，所以宋诗在大体上说是说主人的话，作自己的诗。举这一个例，以概括其他无数的例。

在中国，古往今来文人的职业大略有四种：一、史掾；二、清客；三、退隐；四、江湖客。

中国文学的开头是官的。这句话仿佛像答晋惠帝的傻问；但文学确有官的、有私的。中国的典册高文，例如箴、铭、颂、赞、符、命、碑、志等，是官的，西洋的荷马等是私的，近代的文学尤其是私的。官文不必即是当官者之言，只是一经沿袭一个官文的来源，便成一个官文的实质，所以历来所谓大手笔者，所做多是些官文，这些人有的也不过是布衣的。官文的来源起于史掾，这个名词本不很好，但一时想不出更好的来。经典时代所谓史之一职，与八代所谓掾之一职，合起来以概后世，故用这个名词。经典时代中所谓史，八代所谓掾，皆是给人做书记的。史掾的文辞，在原始上不过是工具的文辞，不能说是艺术的文辞，但公文有时也很有艺术性，特别在中国文学史中这个情形尤其显著。不特六朝的大文多是官文或半官文，即开中国文学史的《尚书》《雅》《颂》又都是官文。史掾的职业是执笔的臣仆，这个情形在最早的记载上已经看得很清楚，周代金文刻辞中常有下列一个公式："王立中庭，呼史某册命某为某官。王若曰。……"所以史掾说的话是别人的话，他的作用不过是修饰润色而已。因为这样的职业是如此，所以这样的文章在最好时不过是"如黄祖之腹中，在本初之弦上"（汪中《吊马守贞文》）。这个职业在汉武帝以后尤大发达，枚乘司马相如的时代，文人的职业还只是清客，不是史掾（司马长卿曾为郎官使蜀，然还是清客的浪漫把戏，到王褒乃是个有秩位的官）。到王褒、谷永，文学改宗古典一派，而职业已不是客而是官；赋（此处但就京都一类之赋言）、诔、碑（私文而官气者）、论（此处但就符命一类之论言之，如"剧秦美新""王命"等）、颂、赞、箴、铭等等体裁，都是在这个时候始发达官的文学，扬子云正是古典文学的大成就，同时也是官气文章的十足发达，《剧秦美新》之论，《十二牧》之箴，可以为例。东汉一代的文学，除诗乐府（民间文学）及史书（上具文学）以外，几乎皆是这一类的文，而文人也是在上则为列大夫，在下则举孝廉、辟郎官，直到蔡邕便是这一线的最高点。魏晋六朝大手笔固然多是些国家的典制，即到了排除八代以归秦汉之韩文公手中，如《平淮西碑》之"点窜《尧典》《舜典》字，涂改《清庙》《生民》诗"者，看看这个大文中之衣冠礼乐气象思路，又何尝不是官样文辞呢？不过散文谈官话究竟没有骈文谈官话之便当，坏事说成好事，寻常事说得有风度，所以诏令制诰永远是以骈文行之。直到了骈文的创造性早已消失之后，骈文中官文之一部尚能有花样可翻，如宋之四六，正是好例。而宋代的散文，得有骈文包办了官文去，自身还可免说官话，较自由些,故差有新生命了(其实宋代散文之进展依科举者甚大,这虽然也是一种官文,而与做史掾之官文不同)。

文人的第二种职业是清客。清客也是在王庭或诸侯卿相乃至富豪士族之家中供奉的。但史掾与清客有个大不同处,史掾是用自己的本领做别人的工具,清客是把自己的艺术供别人之欣赏,所以同样是个做奴才,史掾表达的是别人,清客表达的还是自己,史掾是僚属,清客仍不失其为客人,史掾是些官,清客还不失其为艺术或方术之士。

战国时,梁朝稷下的那些先生们,大约都是些清客,其中固有专以方术见长的,也有特别以文辞见长的,例如邹衍、淳于髡。到汉朝则梁朝与淮南朝的清客最多,果然楚辞的好尚就在这个环境中成就,歌辩的体制就在这个环境中演进。司马长卿、东方曼倩在汉武朝中也只是清客,不能算做官,虽然不免于"主上所戏弄优倡所畜",但究竟比执笔说官话的人可以多多自显性灵些。中国文学的好多缺陷,每每由于文学大多不自清客或江湖客来,这是比起近代欧洲来相形见绌的。本来清客只靠诸侯及世家贵族来蓄养,专制帝王的朝廷是比较难容较有自由的艺术家的,即使容许,一个朝廷也养不了许多,且一个朝廷更难得有两样的风气,而艺术风气统一了,每每即是艺术的死症。

文人的第三种营生是退隐,退隐虽不是"职",却在甚多文人身上已经成了一种"业",这一业与业官实在是一件事情的两面,进则为官,退则归隐,归隐仍是士大夫的身份。自然,隐居的人们也不全是一类,虽大多是退到林泉的,然也有退到林泉竟真归农的,也有是一生布衣未出过茅庐的。中国文学中甚发达的山林文学自然是这些人们成就的,这些山林文学的意境有的很是宁静的,有的很是激昂的,真隐士多是真激昂的,因为真的隐遁,非"带性负气"不可,这是朱文公说对了陶渊明的话,假的隐遁也可以认识些山林中的性灵,例如杜子美误认作高人的王摩诘之在辋川。

在中国,山林文学之发达和帝政很有关系,因为有这样的帝政,然后官多,然后退位的官多,然后官家子弟之在林下田间,可以凭借基业以欣赏文学者多,然后对于世务起了反感而深藏遗世者多,一统的帝政时代,清客之少,隐逸之多,当是一个原因;封建制度之下,正是相反的。

文人的第四种生活是做江湖客。江湖上的诗人文人,自古以来是很多的,只是因他们的文辞多上不了统治阶级之台面,所以我们不感觉着这些人的存在。虽时时代代多有这样的作者,而世过代迁每每留不下多少踪迹。敦煌石室卷子中给我们好些李陵、苏武的故事和诗歌,而不告诉我们它们的作者;又给我们好多唐代的小说、汉土的佛曲,都不知作者。宋人的平话杂剧,亦不知作者;元明以来的长篇小说很多不知作者,我们所见近代的一切民间文学亦不知作者。这些东西中,自然也有些是好事的官们、清闲的绅士们作的,然大多总当是在江湖上吃闲、卖艺、说书、唱故事的人们所作的。这些众人中真有艺术家,因为只有他们乃是和优倡——这都是艺术家——同列的,乃不是士大夫,他们曾经以众人的力量创造了好些大文体,如楚辞、五言、七言、词、曲、杂剧、传奇、弹词、章回小说;又出产了好些有力量的文辞,例如"古诗十九首",所谓苏李诗、东汉乐府、唐人无名氏的词,以及直到近代一切通俗文学中的佳作。

其实上述四类也都互有出入,我们不能指每一文人单独的属于某一类。这样四种生活的交错,有个对称的样子,做官和做隐士原来只是一件事的两面,都是士大夫阶级,分别只在一进一退而已。做清客和做江湖客也只是一种营生的高低,都是方技的职业,分别只在一有府主而在上，一无府主而在下而已。做官和做清客又有相同处，便是他们都在上层。做隐士和做江湖客也有相同处，便是他们都在民间。这很像一个四角形的关系。

我并不想把这一部讲义写成一个唯物史观的文学史，且我反对这样无聊的时髦办法，但在讨论许多文学史的问题时，若忘它的物质方面的凭借，是不能辟人的。

因文人的职业之不同，故文人的作品有的为人，有的为己，有的为多，有的为少，职业是在客位者为人，在主位者为己，在上层社会者为少，在下层社会者为多。文人和其他人一样，焉能自脱于他在社会中所处的地位呢？

文学因时代的不同，每每即是文人的地位因时代的不同。在了解很多文学史题上，这个观点很重要，现在姑举一个例，即上文已经提出过的唐诗、宋诗不同之一事。

自从五言诗成诗体正宗的时候——建安——算起，文人的地位多数是在朝做侍从供奉，在外做一薄宦或靠府主为生的。他们虽不全是这样，然多数是这样。这个情形，到了唐朝更甚，唐代的社会是贵族的社会，唐代的政治是在门阀手中的。中唐以来，地方割据的势力分了中朝的政权，各节度使又每成一个小朝廷，能养清客。这时候的书生，自是书生，不像宋朝人可以随便以天下事自任。这时候的书生正多出身清门的，然而与统治阶级每不是一事。他们所处的社会是华贵的社会，而他们正多是在这样的华贵社会中做客。譬如李白、杜甫的时代，主人自是杨家兄弟姊妹，及其环境中人乃外至严武等等，李白只是中朝的客，杜甫只是节度使的客。中晚唐诗人的客人生活尤其表显这情形，直经五代不会改，因此之故，唐代诗人除杜、韩几个大家而外，都是为这件事实所范围的。经五代之乱，世族社会扫地以尽，到了北宋以后，文人每以射策登朝,致身将相,所以文风从此一变,直陈其事,求以理胜者多,诗风从此一变,以做散文的手段做诗,而直说自己的话。这个转移,庆历间已显然,至元祐而大成就。以前读书人和统治者并非一事,现在差不多是一类了,以前的诗人寄居在别人的社会中。现在可以过自己的生活了。以前诗人说话要投别人的兴趣,现在可以直说自己的话了。总而言之,以前的诗多是文饰其外,现在的诗可以发挥其中了。以前是客,现在是主了。社会组织之变迁影响及于文人的生活,文人的生活影响及于文章之风气。诚然,最大家每每有超越时代的形迹,如韩昌黎的诗,在他当时是独立的,反而下与宋诗成一线,又如陆放翁的诗,在他当时是能高举的,反而与唐诗连一气,然而多数诗人总是完全受时代之支配,依环境以创作者,即此第一等之最大诗人,一经深者,仍不脱离其时代,不过占得最在前耳。世人每以为庆历以降之变唐风,由于范欧诸公之提倡,王苏诸人之继作,然若北宋中世文人的生活依旧如唐时,这提倡正未必能成立,即成立也不得发展绵长,自然不至于依旧局促于西昆诸体,然仍当是凭唐人之遗绪,在这个外范中一层一层翻些花样而已,大前提是变动不了的,数百年之绪是不能一下子转的,如欧阳公之《明妃曲》者是做不出来的。下边对举温飞卿、黄鲁直诗各一首,以为这一节所说的意思之形容,我们不说这两首诗可以分别代表晚唐、盛宋,然把这两首诗对着看一下,看看他们的身世之不同主或客,出词之不同内或外,境界之不同文或质,意态之不同清或醇,则时代之异,环境之别,再显然不过。

温飞卿《过陈琳墓》:

> 曾于青史见遗文,今日飘蓬过此坟。词客有灵应识我,霸才无主始怜君。石麟埋没藏春草,铜雀荒凉对暮云。莫怪临

风信惆怅，欲将书剑学从军。

黄鲁直《池口风雨留三日》：

> 孤城三日风吹雨，小市人家只菜蔬。水远川长双属玉，身闲心苦一春锄。翁从旁舍来收网，我适临渊不羡鱼。俯仰之间已陈迹，暮窗归了读残书。

宋朝庆历以来诗虽不接唐人，而宋朝的词反接唐人，唐人诗中的体质、情感、言语，到了北宋盛时不传入诗，反而传入词，这件事实我们几乎可以在一切北宋大家中看出的。这为什么？这因为宋诗人作词时的环境转与唐人做诗时的环境偶似，这便是说，在华贵的社会中做客。北宋的诗人作词还多是替歌妓做的，试着学说歌妓的话。南宋的词人作词便渐渐替自己做了，称心去说自己的话。唐诗人的环境同于倡，宋诗人的地位近于儒。北宋人制词多是临时的解放，因而最富风趣，不说自己的职业话，而去代歌者表她自己的世界。即如欧阳公，在诗中是大发议论的老儒，在辞中香艳得温、李比不上，岂不以欧阳公当时在词在诗之社会的身份各不同，所以诗和词不像一个人的话吗？

诗部类说①

《诗经》的部类凡三：一曰风，二曰雅，三曰颂。更分之则四：一曰国风，二曰小雅，三曰大雅，四曰三颂。此样之分别部居至迟在汉初已如是，所谓"四始"之论，即是凭借这个分部法而生的，无此分别即无"四始"说，是很显然的。然四始之说究竟古到什么时候呢？现在见到的《毛诗》四始说在诗序中，其说曰：

> 是以一国之事，系一人之本，谓之风。言天下之事，形四方之风，谓之雅。雅者，政也，言王政之所由废兴也。政有大小，故有小雅焉，有大雅焉。颂者，美盛德之形容以其成功告于神明者也。是谓四始，诗之至也。

这一说不是释四始，而是释四部之名义，显是后起的。今所见最早之四始说在《史记·孔子世家》：

> 古者诗三千余篇。及至孔子，去其重，取可施于礼义，上采契后稷，中述殷周之盛，至幽、厉之缺，始于衽席。故曰："《关雎》之乱以为风始，《鹿鸣》为小雅始，《文王》为大雅始，《清庙》为颂始。"三百五篇孔子皆弦歌之，以求合韶武雅颂之

---

① 此文作于1928年，收入《傅斯年全集》第一册。

音。礼乐自此可得而述，以备王道。成六艺。

此则四始之本说，非如《毛序》之窃义。据此说，知所谓四始者，乃将一部《诗经》三百余篇解释为一个整齐的系统。原始要终，一若《吕子》之有十二纪，《说文》之始一终亥者然。且与删诗之义，歌乐之用，皆有关系。作此说者，盖以为其终始如此谨严者，正是孔子有心之编制，为礼义，为弦歌，势所必然。

现在如可证明诗之部类本不为四，则四始之说必非古义，而为战国末年说诗者受当时思想系统化之影响而创作者。现在依风、雅、颂之次序解释之。

风

所谓"风"一个名词起来甚后。这是宋人的旧说，现在用证据充实之。《左传·襄二十九》，吴季札观周乐于鲁，听歌诗之次序与今本"三百篇"大同。其文曰："为之歌周南、召南……为之歌邶、鄘、卫……为之歌王……为之歌郑……为之歌齐……为之歌豳……为之歌秦……为之歌魏……为之歌唐……为之歌陈……自邶而下……为之歌小雅……为之歌大雅……为之歌颂。"此一次序与今见毛本（熹平石经本，据今已见残石推断，在此点上当亦不异于毛本）不合者，《周南》《召南》不分为二。《邶》《鄘》《卫》不分为三，此等处皆可见后代《诗经》本子之腐化。《周南》《召南》古皆并举，从无单举者，而《邶》《鄘》《卫》之不可分亦不待言。又襄二十九之次序中，《豳》《秦》二风提在《魏》《唐》之前，此虽似无多关系，然《雅》《颂》之外，《陈》《桧》《曹》诸国既在后，似《诗》之次序置大部类于前，小国于后者；如此，则《豳》《秦》在前，或较今见之次序为胜。最可注意者，即此一段记载中并无风字。《左传》一书引《诗》喻

《诗》者数百处，风之一词，仅见于隐三年周郑交质一节中，其词曰："《风》有《采繁》《采蘋》，《雅》有《行苇》《洞》《酌》。"此一段君子曰之文辞，全是空文敷衍，准以刘申叔分解之例，此当是后人增益的空话。除此以外，以《左传》《国语》两部大书，竟无《国风》之风字出现，而雅颂两名词是屡见的，岂非风之一词成立本在后呢？《论语》又给我们同样的一个印象，《雅》《颂》是并举的，《周南》《召南》是并举的，说到"关雎之乱"，而并不曾说到"风之始"，风之一名词绝不曾出现过的。即"诗三百"之本文，也给我们同样的一个印象，《小雅·鼓钟》篇，"以雅以南"，明是雅南为同列之名，非风雅为同列之名。《大雅·崧高》篇所谓"吉甫作诵……其风肆好"者，风非所谓国风之义。孟子、荀子，儒家之正宗，其引《诗》亦绝不提及风字。然则风之一词之为后起之义，更无可疑。其始但是《周南》《召南》一堆，《邶》《鄘》《卫》一堆，《王》一堆，《郑》一堆。……此皆对《小雅》《大雅》一堆而为平等者，虽大如"洋洋盈耳"之《周南》《召南》，小如"自桧而下无讥焉"之《曹》，大小虽别，其类一也。非《国风》分为如许部类，实如许部类本各自为别，更无风之一词以统之。必探《诗》之始，此乃《诗》之原始容貌。

　　然则风之一词本义怎样、演变怎样，现在可得而疏证之。风者，本泛指歌词而言，入战国成一种诡辞之称，至汉初乃演化为枚马之体。现在分几段叙说这个流变。

　　一、"风""讽"乃一字，此类隶书上加偏旁的字每是汉儒所作的，本是一件通例，而"风""讽"二字原为一字尤可证。《毛诗·序》："所以风。"《经典释文》："如字。徐，福凤反，今不用。"按，福凤反即讽（去声）之音。又："风，风也。"《释文》："并如字。徐，上如字，下福凤反。崔灵恩集注本，下即作讽字。刘氏云：动物曰风，托音曰'讽'，崔云：'用风感物则谓之讽。'"《左氏·昭五年》注："以此讽。"《释文》："本亦作风。"又风读若讽者,《汉书集注》中例甚多,《经籍籑诂》辑出者如下:《食货志》下;《艺文志》;《燕王怿传》;《齐悼惠王肥传》;《灌婴传》;《娄敬传》;《梁孝王武传》;《卫青传》;《霍去病传》;《司马相如传》三见;《卜式传》;《严助传》;《王褒传》;《贾捐之传》;《朱云传》;《常惠传》;《鲍宣传》;《韦元成传》;《赵广汉传》三见;《冯野王传》;《孔光传》;《朱博传》;《何武传》;《扬雄传》上,二见;《扬雄传》下,三见;《董贤传》;《匈奴传》上,三见;《匈奴传》下,二见;《西南夷传》,二见;《南粤王传》;《西域传》上;《元后传》,二见;《王莽传》上,二见;《王莽传》下;《叙传》上;《叙传》下,二见;又《后汉书·崔琦传》注亦同。按由此风为名词,讽(福凤反)为动词,其义则一。

二、风乃诗歌之泛称。《诗·大雅》:"吉甫作诵,其诗孔硕,其风肆好。"又《小雅》:"或湛乐饮酒,或惨惨畏咎。或出入风议,或靡事不为。"郑笺以为"风犹放也",未安,当谓出入歌诵,然后上与湛乐饮酒相配,下与靡事不为相反。《春秋繁露》:"'文王受命,有此成功。既伐于崇,作邑于丰',乐之风也。"(《文王受命》在《大雅》)《论衡》:"'风'乎雩,风歌也。"按,如此解《论语》"浴乎沂,风乎舞雩,咏而归",然后可通。何晏注,风凉也,揆之情理,浴后晒于高台之上,岂是孔子所能赞许的?据上引《诗》之辞为风;诵之则曰讽(动词),泛指诗歌,非但谓十五国。又以风名诗歌,西洋亦有成例如 Aria 意大利语谓风,今在德语曰 Arie,在法语曰 Air,皆用为一种歌曲之名。以风名诗,固人情之常也。

三、战国时一种之诡词承风之名。《史记·滑稽列传》:威王大悦,置酒后宫,召髡,赐之酒。问曰:"先生能饮几何而醉?"对曰:"臣饮一斗亦醉,一石亦醉。"威王曰:"先生饮一斗而醉,恶能饮一石哉?其说可得闻乎?"髡曰:"赐酒大王之前,执法在傍,御史在后,髡恐惧俯伏而饮,不过一斗径醉矣。若亲有严客,髡帣韝鞠跽,待酒于前,时赐余沥,奉觞上寿数起,饮不过二斗径醉矣。若朋友交游,久不相见,卒然相睹,欢然道故,私情相语,饮可五六斗,径醉矣。若乃州间之会,男女杂坐,行酒稽留,六博投壶,相引为曹,握手无罚,目眙不禁,前有堕珥,后有遗簪,髡窃乐此,饮可八斗,而醉二参。日暮酒阑,合尊促生,男女同席,履舄交错,杯盘狼藉,堂上烛灭,主人留髡而送客。罗襦襟解,微闻芗泽,当此之时,髡心最欢,能饮一石。故曰:酒极则乱,乐极则悲,万事尽然,言不可极,极之而衰,以讽谏焉。"此虽史公录原文,非复全章,然所录者尽是整语,又含韵词,此类文章,自诗体来,而是一种散文韵文之混合体,断然可知也。此处之讽乃名调,照前例应为风字。"以风谏焉",犹云以诗(一种之诡词)谏焉,此可为战国时一种诡词承风之名之确证。至于求知这样的诡词之风是什么,还有些材料在《战国策》及《史记》中。《战国策》八记邹忌与城北徐公比美事,《史记》四十六记邹忌字以鼓琴说齐威王事,皆是此类文章之碎块遗留者。又《史记》七十四所记之淳于髡,正是说这样话的人,邹忌、淳于髡便是这样"出入风议"的人,他们的话便是这样诡词,而这样的诡词号风。到这时风已不是一种单纯韵文的诗体,而是一种混合散文韵文的诡词了。《荀子·成相》诡诗尚存全章,此等风词只剩了《战国策》《史记》所约省的,约省时已经把铺陈的话变作仿佛记事的话了。然今日试与枚马赋一比,其原来体制犹可想象得之。

四、孔子已有"思无邪"与"授之以政"之诗论,孟子更把《诗》与《春秋》合为一个政治哲学系统,而同时上文所举之诡词一体,本是篇篇有寓意以当谏净之用者。战国汉初,儒者见到这样的诡调之"风",承袭儒家之政治伦理哲学,自然更要把刺诗的观念在解诗中大发达之,于是而"周道缺,诗人本之衽席,《关雎》作,仁义凌迟,

《鹿鸣》刺焉"，于是而"'三百篇'当谏书"。《国语》云"瞽献曲，史献语"。一种的辞令，每含一种的寓意，如欧洲所谓 Moral 者，由来必远，然周汉之间，"诗三百"之解释，至于那样子政治化者，恐也由于那时候的诡词既以风名，且又实是寓意之辞，儒者以今度古，以为《诗经》之作，本如诡诗。而孟子至三家之诗学，乃发展得很自然矣。

五、由这看来，讽字之与风字，纵分写为二，亦不过一动一名，原始本无后人所谓"含讥带讽"之义，此义是因缘引申之义而附加者。

六、我疑"论""议"等词最初亦皆是一种诡诗或诡文之体，其后乃变为长篇之散文。《庄子·齐物论》："六和之外，圣人存而不论，六合之内，圣人论而不议，春秋经世，先王之志，圣人议而不辨。"此处之论，谓理；议，谓谊；辨谓比。犹云六合外事，圣人存而不疏通之，六合内事，圣人疏通而不是非之，春秋有是非矣，而不当有词，以成偏言。这些都不是指文体之名称而言者，然此处虽存指文体，此若干名之源，也许是诡诗变为韵文者。《九辩》之文还存在，而以辩名之文，《九辩》外尚有非者。至于论之称，在战国中期，田骈作《十二论》，今其《齐物》一篇犹在《庄子》，在战国晚年，荀卿、吕不韦皆著论(见《史记》)。然此是后起之义，《论语》以论名，皆语之提要钩玄处。《晋书·束皙传》："太康二年……盗发魏安釐王冢，得竹书数十车。……《论语·师春》一篇，《书》《左传》诸卜筮，师春似是造书者姓名也。"《左传》诸卜筮本是一时流行，至少在三晋流行之《周易》，师为官，春为名，当即传书之人。《左传》卜筮皆韵文诡诗，或者这是论一词之最古用处吗？议一字见于《诗经》者，"或出入风议"，应是指出入歌咏而言，如此方对下文"靡事不为"。又《郑语》："姜，伯夷之后也，嬴，伯翳之后也。伯夷能礼于神，以佐尧者也。伯夔能议百物，以佐舜者也。"韦昭解，"百物草木鸟兽，议使各得其宜"，此真不通之解。上句谓伯夷能礼，下句当谓伯夔能乐，作诡诗以形容百物，而陈义理，如今见《荀子·赋篇》等。

约上文言：春秋时诡诗一种之名，入战国变成散文一种之体。现在且立此假设，以待后来之证实或证虚。

七、枚马赋体之由来。汉初年赋绝非一类，《汉志》分为四家，恐犹未足尽其辨别。此等赋体渊源有自，战国时各种杂诗之体，今存其名称者尚不少，此处不及比次而详论之，姑谈枚乘、司马相如赋体之由来。枚赋今存者只《七发》为长篇，而司马之赋以《子虚》为盛(《上林》实在《子虚》中，为人割裂出来)，此等赋之体制可分为下列数事：

（一）铺张侈辞。

（二）并非诗体，只是散文，其中每有叶韵之句而已。

（三）总有一个寓意(moral)，无论陈设得如何侈靡，总要最后归于正道，与淳于髡饮酒、邹忌不如徐公美之辞，全然一样。

我们若是拿这样赋体和楚辞较，全然不是一类，和宋玉赋校，词多同者，而体绝不同，若和齐人讽词校，则直接之统绪立见。枚、马之赋，固全是战国风气，取词由宋玉赋之一线，定体由讽词之一线，与屈赋毫不相干者也。淳于髡诸邹子之风必有些很有趣者，惜乎现在只能见两篇的大概。

因风及讽，说了如许多，似去题太远。然求明了风一词非"诗三百"中之原有部类之名，似不得不原始要终，以解风字，于是愈说愈远矣。

雅

汉魏儒家释雅字今可见者几皆以为"雅者正也"(参看《经籍籑

诂》所辑）。然雅字本谊经王伯申之考定而得其确诂。《荀子·荣辱篇》云："譬之越人安越，楚人安楚，君子安雅。"《读书杂志》云："引之曰：雅读为夏，夏谓中国也，故与楚越对文。"《儒效篇》："居楚而楚，居越而越，居夏而夏"，是其证。古者夏雅二字互通，故左辽齐大夫子雅，《韩子·外储说》右篇作子夏。杨注云："正而有美德谓之雅，则与上二句不对矣。"斯年按，《荀子》中尚有可以佐此说之材料，《王制篇》云："声则凡非雅声者举废。"又云："使夷狄邪音不敢乱雅。"此皆足说明雅者中国之音之谓；所谓正者，纵有其义，亦是引申。执此以比《论语》所谓"子所雅言，诗书执礼皆雅言也"。尤觉阮元之说，以雅言为官话，《尔雅》为言之近官话者，正平可易。且以字形考之，雅、夏二字之本字可借古文为证。三体石经未出现风雅之雅字，然《说文·雅（"雅"同"夏"，下同）下》云，"古文以为诗大雅字"，然则《三体》《石经》之古文雅字必作夏甚明。《三体》《石经》《春秋》中夏字之古文作是，从日从雅，是夏字之一体，正从雅声，加以日者，明其非为时序之字，准以形声字之通例，是之音训正当于雅字中求之也。

雅既为夏，夏既为中国，然则《诗经》之《大雅》《小雅》皆是周王朝及其士民之时，与夏何涉？此情形乍看似可怪，详思之乃当然者。一、成周（洛邑）、宗周（镐京）本皆有夏地，夏代区域以所谓河东者为本土，南涉河及于洛水，西涉河及于渭水，故东西对称则曰夷夏，南北对称，则曰夏楚，春秋末季之秦公敲云："虩事蛮夏。"无异谓秦先公周旋于楚晋之间，而《左传》称陈蔡卫诸国曰东夏（说详拙著《民族与古代中国史》）。然则夏本西土之宗，两周之京邑正在其中。二、周人自以为承夏之统者，在《诗》则曰，"我求懿德，肆于时夏"，"无此疆尔界，陈常于时夏"。在《书》则曰，"惟乃丕显考文王，克明德慎罚，不敢侮鳏寡，庸庸祗祗，威威显民，用肇造我区夏"

［说详拙著《新获卜辞写本后记》，跋见《安阳发掘报告》第二期三八四一五页（文中印刷错误极多）］。然则周室王朝之诗，自地理的及文化的统系言之，固宜曰夏声，朝代虽有废兴，而方域之名称不改，犹之《诗经》中邶鄘本非周之侯封，桧魏亦皆故国之名号，时移世异，音乐之源流依故国而不改。音乐本以地理为例，自古及今皆然者，《诗》之有《大雅》《小雅》正尤其有《周南》《召南》。所谓"以雅以南"，可如此观，此外无他胜谊也。

颂

颂之训为容，其诗为舞诗，阮元说至不可易。详拙著《周颂说》，今不复述。

如上所解，则全部《诗经》之部类皆以地理为别，虽《颂》为舞诗，《雅》证王朝之政，亦皆以方土国家为部类者。有一现象颇不可忽略者，即除《周诗》以外，一国无两种之诗。鲁宋有《颂》，乃无《风》，其实鲁之必有《颂》外之诗，盖无可疑。即就《周诗》论，幽王异地，雅南异统，雅为夏声，乃中国之音，南为南方，乃南国之诗。当时江淮上之周人殖民地中两种音乐并用，故可曰"以雅以南"。今试为此四名各作一界说如下：

《大雅》《小雅》　夏声

《周南》《召南》　南音（南之意义详《周颂》说）

王国　东周之民歌

豳诗　周本土人戍东方者之诗（说见后）

所谓四方之音

在后来所谓国风之杂乱一大堆中，颇有几个地理的头绪可寻。《吕氏春秋·音初》篇为四方之音各造一段半神话的来源，这样神话固不可当作信史看，然其分别四方之音，可据之以见战国时犹深知各方之声音异派。且此地所论四方恰和所谓国风中系统有若干符合,现在引《吕子》本文,加以比核。

甲,南音

> 禹行功,见涂山之女,禹未之遇,而巡省南土。涂山氏之女,乃令其妾候禹于涂山之阳,女乃作歌,歌曰:"候人兮猗。"实始作为南音。周公及召公取风焉,以为"周南召南"。

以"候人兮"起兴之诗,今不见于二《南》,然战国末人,必犹及知二《南》为南方之音,与北风对待,才可有这样的南音原始说。二《南》之为南音,许是由南国俗乐所出,周殖民于南国者不免用了他们的俗乐,也许战国时南方各音由二《南》一流之声乐出,《吕览》乃由当时情事推得反转了,但这话是无法证明的。

乙,北音

> 有娀氏有二佚女,为之九成之台,饮食必以鼓。帝令燕往视之,鸣若谧谧,二女爱而争搏之,覆以玉筐,少选,发而视之,燕遗二卵,北飞,遂不返。二女作歌,一终曰:"燕燕往飞。"实始作为北音。

以燕燕于飞(即燕燕往飞)起兴之诗,今犹在《邶》《鄘》《卫》中。(凡以一调起兴为新词者,新词与旧调应同在一声范围之中,否则势不可歌。起兴为诗,当即填词之初步,特填词法严,起兴自由耳)是诗之《邶》《鄘》《卫》为北音。又《说苑·修文篇》"纣为北鄙之声,其亡也忽焉",《卫》正是故殷朝歌。至于《邶》《鄘》所在,说者不一。

丙,西音

> 周昭王亲将征荆,辛余靡长且多力,为王右。还反涉汉,

梁败，王及蔡公据汉中，辛馀靡振土北济，又反振蔡公。周公乃候之西翟，实为长公（周公旦如何可及昭王时，此后人半神话）。殷整甲徙宅西河，犹思故处，实始作为西音。长公继是音以处西山，秦缪公取风焉，实始作为秦音。

然则《秦风》即是西音，不知李斯所谓"击瓮叩缶，弹筝搏髀"者，即《秦风》之乐否？《唐风》在文辞上看来和《秦风》近，和郑王陈卫迥异，或也在西音范围之内。

丁，东音

> 夏后氏孔甲田于东阳萯山，天大风，晦盲，孔甲迷惑，入于民室。主人方乳，或曰："后来，是良日也，之子是必大吉。"或曰："不胜者，之子是必有殃。"乃取其子以归曰："以为余子，谁敢殃之？"子长成人，幕动坼橑斫斩其足，遂为守门者。孔甲曰："呜呼，有疾，命矣夫！乃作为破斧之歌，实始为东音。"

今以破斧起兴论周公之诗在《豳风》。疑《豳风》为周公向东殖民以后，鲁之统治阶级用周旧词，采奄方土乐之诗（此说已在《周颂说》中论及）。

从上文看，那些神话固不可靠，然可见邠南豳秦方土不同，音声亦异，战国人固知其为异源。

戊，郑声

《论语》言放郑声，可见当时郑声流行的势力。李斯《上秦王书》："郑卫桑间……异国之乐也，今弃击缶而就郑卫。"不知郑是由卫出否？秦始皇时郑声势力尚如此大，刘季称帝，"朔风变于楚"，上好下甚，或者郑声由此而微。至于哀帝之放郑声，恐怕已经不是战国的郑声了。

己,其他

齐人好宗教(看《汉书·郊祀志》),作侈言(看《史记·孟子邹子列传》),能论政(看《管晏》诸书),"泱泱乎大国",且齐以重乐名。然诗风所存齐诗不多,若干情诗以外,即是桓姜事者,恐此不足代表齐诗。

周南　召南

《周南》《召南》都是南国的诗,并没有岐周的诗。南国者,自河而南,至于江汉之域,在西周下一半文化非常的高,周室在那里建设了好多国。在周邦之内者曰周南,在周畿外之诸侯统于方伯者曰召南。南国称召,以召伯虎之故。召伯虎是厉王时方伯,共和行政时之大臣,庇护宣王而立之之人,曾有一番轰轰烈烈的功业,"日辟国百里"。这一带地方虽是周室殖民地,但以地方富庶之故,又当西周声教最盛时,竟成了文化中心点,宗周的诸侯,每在南国受封邑。其地的人文很优美,直到后来为荆蛮残灭之后,还保存些有学有文的风气。孔子称"南人有言",又在陈蔡楚一带地遇到些有思想而悲观的人,《中庸》上亦记载"宽柔以教,不报无道,南方之强也,而君子居之"。这些南国负荷宗周时代文化之最高点,本来那时候崤函以西的周疆是不及崤函以东大的(宣王时周室还很盛,然渭北已是狁猃出没地,而渭南的人,与散地为邻者当不远于镐京,已称王了。不知在汉中有没有疆土,在巴蜀当然是没有的。若关东则北有河东,南涉江汉南北达两千余里)。我们尤感觉南国在西周晚年最繁盛,南国的一部本是诸夏之域,新民族(周)到了旧文化区域(诸夏)之膏沃千里中(河南江北淮西汉东),更缘边启些新土宇(如大、小《雅》所记拓土南服),自然发生一种卓异的文化,所以其地士大夫家庭生活,"鼓钟钦钦,鼓瑟鼓琴,笙磬同音,以雅以南,以籥不僭"。《周南》《召南》是这一带的诗,《大雅》《小雅》也是这一带的诗,至少也是由这一带传出,其较上层之诗为雅,其较下层之诗称南。南国盛于西周之末,故雅南之诗多数属于夷厉宣幽,南国为荆楚剪灭于鲁桓庄之世,故雅南之诗不少一部分属于东周之始,已是周室丧乱后"哀以思"之音。

二《南》有和其他国风决然不同的一点:二《南》文采不艳,而颇涉礼乐——男女情诗多有节制(《野有死麕》一篇除外),所谓"发乎情,止乎礼义"者,只在二《南》里适用,其他国风全与体乐无涉(《定之方中》除外),只是些感情的动荡,一往无节制的。

《周南》《召南》是一题,不应分为两事,犹之乎《邶》《鄘》《卫》之不可分,《左传》襄二十九,吴季札观乐于鲁,"为之歌周南召南"固是不分的。

诗的阶级

以地望之别成乐系之不同,以乐系之不同,成"诗三百"之分类,既如上所说,此外还有类分"诗三百"的标准吗?曰应该尚有几种标准,只是参证的材料遗留到现在的太少了,我们无从说确切的话。然有一事可指出者,即《颂》、《大雅》、《小雅》、二《南》、其他《国风》,各类中在施用的场所上颇有一种不整齐的差异。《大雅》一小部分似《颂》,《小雅》一小部分似《大雅》,《国风》一小部分似《小雅》。取其大体而论,则《风》《小雅》《大雅》《颂》各别;核其篇章而观,则《风》(特别是二《南》)与《小雅》有出入,《小雅》与《大雅》有出入。《大雅》与《周颂》有出入,而二《南》与《大雅》,或《小雅》与《周颂》,则全无出入矣。此正所谓"连环式的分配",图之如下:

今试以所用之处为标,可得下列之图,但此意仅就大体言,其详未必尽合也。

宗　庙	朝　廷	大夫士	民　间
			邶以下国风
		周南	召　南
		小	雅
大		雅	
周	颂		
鲁	颂		
商	颂		

注：《邶》《鄘》《卫》以下之《国风》中，只《定之方中》一篇炎似《小雅》，其余皆是民间歌词，与礼乐无涉（王柏剟诗即将《定之方中》置于《雅》，以类别论，固可如此观，然不知《雅》乃周室南国之雅，非与《邶风》相配者）

故略其不齐，综其大体，我们可说《风》为民间之乐章，《小雅》为周室大夫士阶级之乐章，《大雅》为朝廷之乐章，《颂》为宗庙之乐章。

诗篇之次序

今见"诗三百"之次叙是绝不可靠的，依四始之义，这次叙应该是不可移的，至少首尾如此。但这是后来的系统哲学将一总集化成一个终始五德论的办法，是不近情理的。不过传经者既以诗之次序为不可移，乃有无数的错误，即如《大雅》内时代可指的若干诗中，因有一篇幽王时的诗在前，乃不得不将以后的诗都算在幽王身上了。这个毛病自宋人起已看出来，不待多所辩证，现在但论《大雅》中几篇时代的错误。

《大雅》的时代有个强固的内证。吉甫是和仲山甫、申伯、甫侯同时的，这可以《崧高》《烝民》为证。《崧高》是吉甫作来美申伯的，其卒章曰："吉甫作颂，其诗孔硕。其风肆好，以赠申伯。"《烝民》是吉甫作来美仲山甫的，其卒章曰："吉甫作诵，穆如清风。仲山甫永怀，以慰其心。"而仲山甫是何时人，则《烝民》中又说得清楚："四牡彭彭，八鸾锵锵。王命仲山甫，城彼东方。四牧骙骙，八鸾喈喈。仲山甫徂齐，式遄其归。"《史记·齐世家》："盖太公之卒百有余年（按，年应作岁，传说谓太公卒时百有余岁也），子丁公吕伋立。丁公卒，子乙公得立。乙公卒，子癸公慈母立。癸公卒，子哀公不辰立（按哀公以前齐侯谥用殷制，则《檀弓》五世反葬于周之说，未可信也）。哀公时纪侯潜之周，周烹哀公而立其弟静，是为胡公。胡公徙都薄姑，而当周夷王之时。哀公之同母少弟山，怨胡公，乃与其党，率营丘人袭杀胡公而自立，是为献公。献公元年，尽逐胡公子，因徙薄姑都治临菑。九年，献公卒，子武公寿立。武公九年周厉王出奔于彘，十年王室乱，大臣行政，号曰共和。二十四年周宣王初立。二十六年武公卒，子厉公无忌立。厉公暴虐，故胡公子复入齐，齐人欲立之，乃与攻杀厉公，胡公子亦战死。齐人乃立厉公子赤为君，是为文公，而诛杀厉公者七十人。"按，厉王立三十余年，然后出奔彘，次年为共和元年。献公九年，加武公九年为十八年，则献公九年乃在厉王之世，而胡公徙都薄姑在夷王时，或厉王之初，未尝不合。周立胡公，胡公徙都薄姑，则仲山甫徂齐以城东方，当在此时，即为此事。至献公徙临菑，乃杀周所立之胡公，周末必更转为之城临菑，《毛传》以"城彼东方"为"去薄姑而迁于临菑"，实不如以为徙都薄姑。然此两事亦甚近，不在夷王时，即在厉王之初，此外齐无迁都事，即不能更以他事当仲山甫之城齐。这样看来，仲山甫为厉王时人，彰彰明显。《国语》记鲁武公以括与戏见宣王，王立戏，仲山甫谏。懿公戏之立，在宣王十三年，王立戏为鲁嗣必在其前，是仲山甫犹及宣王初年为老臣也（仲山甫又谏宣王料民，今本《国语》未纪年）。仲山甫为何时人既明，与仲山甫同参朝列的吉甫申伯之时代亦明，而这一类当时称颂之诗，亦当在夷王厉王时矣。这一类时全不是追记，就文义及作用上可以断言。《烝民》一诗是送仲山甫之齐行，故曰："仲山甫徂齐，式遄其归。吉甫作诵，穆如清风。仲山甫永怀，以慰其心。"这真是我们及见之最早赠答诗了。

吉甫和仲山甫同时，吉甫又和申伯同时，申伯又和甫侯一时并称，又和召伯虎同受王命（皆见《崧高》），则这一些诗上及厉，下及宣，这一些人大约都是共和行政之大臣。即穆公虎在彘之乱曾藏宣王于其宫，以其子代死，时代更显然了。所以《江汉》一篇，可在厉代，可当宣世，其中之王，可为厉王，可为宣王。厉王曾把楚之王号去了，则南征北伐。城齐城朔，薄伐猃狁，淮夷来辅，固无不可属之厉王，厉王反而是败绩于姜氏之戎，又丧南国之人。

大、小《雅》中那些耀武扬威的诗，有些可在宣时，有些定在厉时，有些或者在夷王时的。既如此明显，何以《毛序》一律加在宣王身上？曰，这都由于太把《诗》之流传次序看重了：把前面伤时的归之厉王，后面伤时的归之幽王，中间一段耀武扬威的归之宣王。不知厉王时王室虽乱，周势不衰，今所见《诗》之次序是绝不可全依的，即如《小雅·正月》中言"赫赫宗周，褒姒灭之"，《十月》中言"周宗既灭"，此两诗在篇次中颇前，于是一部《小雅》，多半变作刺幽王的，把一切歌乐的诗、祝福之词都当作了刺幽王的。照例古书每被人移前些，而大、小《雅》的一部被人移后了些，这都由于误以诗之次序为全合时代的次序。

《大雅》始于《文王》，终于《瞻卬》《召旻》。《瞻卬》是言幽王之乱，《召旻》是言疆土日蹙，而思召公廾辟南服之盛，这两篇的时代是显然的。这一类的诗不能是追记的。至于《文王》《大明》《绵》

《思齐》《皇矣》《下武》《文王有声》《生民》《公刘》若干篇，有些显然是追记的。有些虽不显然是追记，然和《周颂》中不用韵的一部之文辞比较一下，便知《大雅》中这些篇章必甚后于《周颂》中那些篇章。如《大武》《清庙》诸篇能上及成康，则《大雅》这些诗至早也要到西周中季。《大雅》中已称商为大商，且云"殷之未丧师，克配上帝"，全不是《周颂》中遵养时晦（即兼弱取昧义）的话，乃和平地与诸夏共生趣了。又周母来自殷商，殷士祼祭于周。俱引以为荣，则与殷之敌意已全不见，至《荡》之一篇，实是说来鉴戒自己的，末一句已自说明了。

《大雅》不始于西周初年，却终于西周初亡之世，多数是西周下一半的篇章。孟子说"王者之迹熄而《诗》亡，《诗》亡然后《春秋》作"，这话如把《国风》算过去，是不合的，然若但就《大雅》《小雅》论，此正所谓王者之迹者，却实在不错。《大雅》结束在平王时，其中有平王的诗，而《春秋》始终鲁隐之元年，正平王之四十九年也。

五言诗之起源[①]

　　四言诗起源之踪迹可以追寻者甚微,因《诗经》以前没有关于韵文的记载遗留及我们,而四言到了西周晚年,体制已经很完整了。五言在这一节上的情形稍好些,因五言起在汉时,我们得见的记载多了。七言更后,所以它的起源更可以看得显明些。至于词和曲的起源,可以有很细密的研究,其中有些调儿也许是受外国乐及乐歌的影响,有些名字先已引人这么想的,如菩萨蛮、甘州乐之类;不过这一类的工作现还未开始。做这种研究也不容易。将来却一定有很多知识得到的(中国文学研究中许地山君《论中国歌剧与楚乐关系》一文,即示人此等问题所在,甚值得一看)。这本来是文学史上最重要的问题,只可惜现在研究词曲及他样韵文体裁的人没有注意到这些。

　　我们于论五言诗起源之前,先辨明两种传说之不当。

论五言不起于枚乘

　　辨这些问题应以下列四书作参考,一《文心雕龙》,二《诗品》,三《文选》,四《玉台新咏》《文章缘起》题任昉撰,然实后人书也,故

---

① 此文作于 1928 年前后,收入《傅斯年全集》第一册。

不举列)。

《文心雕龙》云：

> 汉初四言，韦孟首唱，匡谏之义，继轨周人，孝武爱文，柏梁列韵（按：《柏梁》亦伪诗，亭林以来辩之详矣）。严、马之徒，属辞无方。至成帝品录三百余篇，朝章国采，亦云用备，而辞人遗翰，莫见五言。所以李陵、班婕好见疑于后代也。

《诗品》云：

> 逮汉李陵，始著五言之目矣。古诗眇邈，人世难详，推其文体，固是炎汉之制，非衰周之倡也。自王、扬、枚、马之徒，辞赋竞爽，而吟咏靡闻。从李都尉迄班婕好，将百年间。有妇人焉，一人而已。

《文选》尚无所谓枚乘诗，只有苏武李陵诗，《玉台新咏》所加之枚乘者，《文选》列入无名氏古诗中。《玉台新咏》除《结发为夫妇》一首与《文选》一样归之苏属国外，所谓李陵诗不见，所谓李陵诗在性质上固然不属《玉台新咏》一格。

比核上列的四说，显然可见五言诗起于枚乘之说实在作俑于徐陵或他同时的人。昭明太子于孝穆为前辈，尚不取此说。自《文心雕龙》明言，"至成帝品录三百余篇"，辞人"莫见五言"；枚为辞人（即赋家），是枚乘作五言一说，齐人刘彦和尚不闻不见（彦和实齐人，卒于梁代耳）。而钟君《诗品》又明明说枚与他人仅"辞赋竞爽而吟咏靡闻"。徐陵去枚时已七百年，断无七百年间不谈不闻的事，乃七百年后反而为人知道的（若以充分的材料作考证，乃另是一回事）。且直到齐梁尚无枚乘作诗之说，《雕龙》《诗品》可以为证，是此说不特于事实无当，又且是一个很后之说。这一说本不构成一个严重的问题,我们不必多辩了。

论五言诗不起于李陵

比上一说历史较长根据较多的,是李陵创五言之一说。这一说始于甚么时代,我们也很难考,不过班孟坚作《汉书》,大家补成的时候,还没有这一说(可看《李陵传》)。建安黄初时代有没有这一说我们也没有记载可考,而齐梁间人对这还是将信将疑的。所以刘彦和说"李陵班婕妤见疑于后代"。

我们不信五言起于李陵一说有好几层理由。(一)《汉书》记载苏李事甚详,独无李陵制五言诗一说,在别处也无五言诗起源之记载。(二)自李陵至东汉中世,时将二百年,为人指为曾作五言者,只有苏武、李陵、班婕妤、傅毅数人,直到汉末然后一时大兴,如五言已始于李都尉,则建安以前,苏、李以后,不应那样零落。(三)现存五言乐府古诗无丝毫为西汉之痕迹,而"游戏宛与落"为人指为枚乘作者,明明是东京(玉衡指孟冬一句,为人指为西汉之口实,其实此种指证,与法国海军官兵某以"日中星火"证《尧典》为真,同一荒唐)。(四)汉武昭宣时,楚调余声未沫,此种绝整齐之五言体恐未能成熟产生。(五)最有力之反证,即《汉书》实载李陵别苏武歌,仍是楚节,而非五言。(六)试取《文选》所指为苏李赠答诗者一看,皆是别妻之调,无一句与苏李情景合。如"俯视江汉流"明明不是塞北的话。

不过李都尉成了五言诗的创作者一个传说也有它由来的道理。鸣沙山石室发见文卷中就存巴黎之一部分而论,什七八为佛经及其他外国文籍,中国自著文籍不过什之一,而其中已有关于苏李故事者四五篇(记忆如此,不获据目录校之),可见李陵的故事在唐五代还是在民间很流行的。现在虽然这李陵的传说在民间已死了。而京调中的"杨老令公碰死在李陵碑"一切层次，尚且和李陵一生的关节相合，若杨四郎"在北国招了驸马"等等，又很像李陵，大约这个杨家故事，即是李家故事到了宋后改名换姓的（一种故事的这样变法甚常见）。李陵故事流传之长久及普遍，至今可以想见，而就这物事为题目的文学出产品，当然不少的（一个民间故事，即是一个民间文学出产品）。即如苏李往来书，敦煌石室出了好几首，其中有一个苏武是大骂李陵（已是故事的伦理化），有一条骂他智不如孙权。这样的文章自然不是萧统及他的参订学士大夫所取的，所以《文选》里仅仅有"子卿足下勤宣令德……"一文。这篇文极多的人爱它，却只有几个人说它也许是李陵作的。大约自汉以及六朝，民间传说李陵苏武的故事时，有些歌调咏叙这事，如秦罗敷；有些话言，作为由他自己出，如秦嘉妇。汉末乐府属于相和清商等者，本来多这样，所以当时必有很多李陵的诗、苏武的诗，如平话中的"有诗为证"。《水浒传》中（原来也只是一种平话）宋江的题诗，《宣和遗事》的宋太宗诗，一个道理。如果这段故事敷衍得长了，也许吸收若干当时民间的歌调，而成一段一段的状态，所以无名氏的别妻诗成了苏武的别妻诗。这些诗靠这借用的故事流传，后来的学士们爱它，遂又从故事中抽出，而真个成了苏武的诗。此外很显出故事性质的苏李诗，因为文采不艳，只在民间流行，久而丧失。原来古代的文人学士本不了解民间故事及歌曲的性质，看见李陵故事里有作为李陵口气的五言诗，遂以为李陵作五言诗；但最初也只是将信将疑，后来传久了，然后增加了这一说的权威。

何以李陵故事这样流行，也有一层道理，即李陵的一生纵使不加文饰也是一段可泣可咏的事实。李氏本是陇西士族，当时士大夫之望，不幸李广那样"数奇"，以不愿对簿而自杀。李陵少年又为甚多人器许，武帝爱他，司马迁那样称赞他："事亲孝，与士信，恭俭下人，常思奋不顾身，以赴国家之急。"在当时的士人看去，李陵比当时由佞幸优倡出身的大将，如卫青、霍去病、李广利，不可同年语的。偏偏遭际那样不巧，至于"陇西士大夫以李氏为愧"。而李降房后，还是一个有声色有意气的人。有这样的情形，自然可以成一种故事的题目。苏属国是个完节的人，是个坚忍而无甚声采的人，拿他和李君比起来，尤其使这故事有声色。天然造成的一个故事资料，所以便如此成就了。

东汉的故事现在只可于支支节节的遗文之中认识它的题目，如杞梁妻（《饮马长城窟行》属之）、秦罗敷（秋胡是其变说。秦嘉故事或亦是其中一节，将秦嘉为男子，遂为秦妇造徐淑之名）、李陵苏武、赵飞燕（班婕妤故事大约附在内）、王昭君等，多半有歌词传到现在。其中必有若干的好文学，可惜现在不见了。

论五言不起一人

然则五言是谁创的？曰，这个问题不应这样说法，某一人创造某一体一种话，都由于以前人不明白文体是一种的有机体，自然生成，以渐生成，不是凭空创造的，然后说出。诚然，古来文人卖弄字句的体裁，如"连珠"，最近代印刷术大发达后的出版界中文体，如"自由诗"，都可由一个文人创造，但这样的事都是以不能通行于一般社会的体裁为限，都不能成文学上的一个大风气（即使有人凭空创了，到底不能缘势通行）。所有文学史上的大体裁，并不以中国为限，都是民众经过若干时期造成的，在散文尚且如此（中国近代之白话小说出于平话，《水浒》传奇等，尚经数百年在民众中之变迁而成今体，西洋之 romance 字又先带地方人民性，不待说，即 novel，渊源上亦经若干世之演化，流变上亦经若干人之修改，然后成近体也）。何况韵文，何况凭传于民间歌乐的诗？所以五言、七言、词等，其来都很渐，都是在历史上先露若干端绪，慢慢地一步一步出现，从没有忽然一下子出来，前无渊源，顿成大体。果然有人问五言是何时何人创的，我们只好回答他，五言是汉朝的民间出产品，若干时代渐渐成就的出产品。

五言在汉时慢慢出来有痕迹可见吗？曰现在可见的西汉歌词中（可靠的书籍所记载，并可确知其为西汉者），没有一篇完全五言的，只存下列三诗有一个向五言演化的趋势。

一、《戚夫人歌》（见《汉书·外戚传》）

子为王，母为虏。终日舂薄暮，常与死为伍。相离三千里，当谁使告女。

（三、三、五、五、五、五）

二、《李延年歌》（见《汉书·外戚传》）

北方有佳人，绝世而独立。一顾倾人城，再顾倾人国。宁不知倾城与倾国，佳人难再得！

（五、五、五、五、八、五）

（《玉台新咏》已将第五句改成五言，遂为一完全五言诗矣）

三、《杨恽歌》（见《汉书·杨恽传》）

田彼南山，芜秽不治。种一顷豆，化而为萁。人生行乐耳，须富贵几时？

（四、四、四、四、五、五）

这三篇都不是楚调。戚姬，定陶人；定陶属济阴郡，济阴地在战国末虽邻于楚之北疆，然楚文化当不及此。李延年，中山人。杨恽则明言"家本秦也，能为秦声；妇赵女也，雅善鼓瑟"。故他这歌非秦即赵。我们不能断定西汉时没有一篇整齐的五言诗（《困学纪闻》所引《虞姬歌》自不可据）。但若果多了，当不至于一首不遗留到现在，只见这三首有五言的趋向之诗。那么，五言在西汉只有含蓄在非楚调的杂言中，逐渐有就整齐成五言的趋向，纵使这一类之中偶然有全篇的五言，在当时人也不至于注意到，另为他标一格。大凡一种文体出来，必须时机成熟，《诗经》中虽有"子兮子兮"一流的话，《论语》中的"凤兮凤兮"一歌，也还近于《诗经》远于《楚辞》，直到《孟子》书中引的《沧浪之歌》，才像《楚辞》，所以《九辩》《九章》的体裁，总不能是战国中期以前的物事，西汉时楚调盛行，高帝武帝都提倡他所以房中之乐（如《安世房中歌》），乃至《郊祀之歌》，都是盛行楚声的。赋又是楚声之扩张体，如果歌乐的权柄在司马相如、枚皋一般人手里（见《史记》《汉书》数处），则含蓄在非楚调的杂言诗中之五言，没有发展的机会。一种普行的文体乃是时代环境之所形成，楚调不衰五言不盛。

我们宜注意下列几件事

一、中国一切诗体皆从乐府出，词曲本是乐府，不必论；"诗三百"与乐之关系成说甚多，也不烦证明；只论辞赋、五言、七言，无不从乐府出来。《汉志》于辞赋略中标举"不歌而诵"谓之赋一句话，这话说司马相如是对的，说屈原是错的，举一事为证，屈赋每每有乱，《论语》"师挚之始，《关雎》之乱，洋洋乎盈耳哉"。有乱的文辞不是乐章是什么？赋体后来愈演愈铺张多，节奏少，乃至于不可歌罢了。七言从汉魏乐府中出来的痕迹更显明，五言则除见于东汉乐府者不待说外，所谓古诗、苏李诗，非相和之词，即清商之祖；后来到曹操所作，还都是乐府，子建的五言也大半是乐府。填词做诗不为歌唱，乃纯是后人的事，古世文人的范域与一般之差别不如后世之大，做诗而不歌，又为什么？所以杜工部还在那里"新诗改罢自长吟"，近代人才按谱填词，毕竟不歌哩（词律之规平仄，辨清浊阴阳，皆为歌时之流畅而起，既不歌矣，而按谱填，真成雕虫之技，不复属于文章之事，无谓甚矣）。

二、中国一切诗歌之原皆是长短句，词曲不必论，四言在《诗经》中始终未整齐，到了汉朝人做那时的"古体诗"（如韦孟等及自四言诗出之箴铭等等），才成整齐的四言，七言、五言从杂言的汉乐府出之痕迹亦可见。

三、从非楚调的杂言中出来了五言，必是当时的乐节上先有此趋势，然后歌调跟着同方向的走，这宗凭传于音乐的诗歌，情趣虽然属于文学，体裁都是依傍乐章，它难得先音乐而变。可惜汉代乐调一无可考，我们遂不能详看五言如何从杂言乐府出一个重要事实。

《楚辞》不续《诗经》之体及乐，《楚辞》在文情上也断然和《诗经》不同，五言不续《楚辞》之体及乐，五言在文情上也断然和《楚辞》不同。《国风》《小雅》中的情感在东汉五言诗中重新出现了（应取《古诗十九首》、苏、李诗、五言《乐府》等与《国风》《小雅》较）。

论五言乐府者见"汉乐府"节，论汉季五言诗者，见"建安五言诗"节。

泛论诗经学①

　　《诗经》是古代传流下来的一个绝好宝贝，它的文学的价值有些顶超越的质素。自晋人以来纯粹欣赏它的文辞的颇多，但由古到今，关于它的议论非常复杂，我们在自己动手研究它以前，且看两千多年中议论它的大体上有多少类，哪些意见可以供我们自己研究时参考。

　　春秋时人对于诗的观念："诗三百"中最后的诗所论事有到宋襄公者，在《商颂》；有到陈灵公者，在《陈风》；若"胡为乎株林从夏南"为后人之歌，则这篇诗尤后，几乎过了春秋中期，到后期啦。最早的诗不容易分别出，《周颂》中无韵者大约甚早，但《周颂》断不是全部分早，里边有"自彼成康奄有四方"的话。传说则《时迈》《武》《桓》《赉》诸篇都是武王克商后周文公作（《国语》《左传》），但这样传说，和奚斯作《鲁颂》，正考父作《商颂》，都靠不住；不过《雅》《颂》中总有不少西周的东西，其中也许有几篇很早的罢了。风一种体裁是很难断定时代的，因为民间歌词可以流传很久，经好多变化，才著竹帛：譬如现在人所写下的歌谣，许多是很长久的物事，只是写下的事在后罢了。《豳风·七月》是一篇封建制度下农民的岁

---

　　① 此文作于 1928 年 12 月，收入《傅斯年全集》第一册。

歌,这样传来传去的东西都是最难断定它的源流的。《风》中一切情诗,有些或可考时代者,无非在语言和称谓的分别之中,但语言之记录或经后人改写(如"吾车既工"之吾改为我,石鼓文可证,吾我两字大有别)。称谓之差别又没有别的同时期书可以参映,而亚当夏娃以来的故事和情感,又不是分什么周汉唐宋的,所以这些东西的时代岂不太难断定吗?不过《国风》中除豳、南以外所举人名都是春秋时人,大约总是春秋时诗最多,若列国之分,乃反用些殷代周初的名称,如邶鄘卫唐等名,则辞虽甚后,而各国风之自为其风必有甚早的历史了。约而言之,"诗三百"之时代一部分在西周之下半,一部分在春秋之初期中期,这话至少目前可以如此假定。那么,如果春秋时遗文尚多可见者,则这些事不难考定,可惜记春秋时书只有《国语》一部宝贝,而这个宝贝不幸又到汉末为人割裂成两部书,添了许多有意作伪的东西,以致我们现在不得随便使用。但我们现在若求知《诗》在春秋时的作用,还不能不靠这部书,只是在用它的材料时要留心罢了。我想,有这样一个标准可以供我们引《左传》《国语》中论《诗》材料之用:凡《左传》《国语》和《毛义》相合者,置之,怕的是他们中间有狼狈作用,是西汉末治古文学者所加所改的;凡《左传》《国语》和《毛义》不合者便是很有价值的材料,因为这显然不是治古文学者所加,而是幸免于被人改削的旧材料。我们读古书之难,难在真假混着,真书中有假材料,例如《史记》;假书中有真材料,例如《周礼》;真书中有假面目,例如《左传》《国语》;假书中有真面目,例如东晋伪《古文尚书》。正若世事之难,难在好人坏人非常难分,"泾以渭浊",论世读书从此麻烦。言归正传,拿着《左传》《国语》的材料求《诗》在春秋时之用,现在未作此工夫不能预断有几多结果,但凭一时记忆所及,《左传》中引《诗》之用已和《论语》中《诗》之用不两样了。一、《诗》是列国士大夫所习，以成辞令之有文；二、《诗》是所谓"君子"所修养，以为知人论世议政述风之资。

说到《诗》和孔丘的关系，第一便要问："孔丘究竟删诗不？"说删诗最明白者是《史记》："古者诗三千余篇，及至孔子，去其重，取可施于礼义，上采契后稷，中述殷周之盛，至幽厉之缺，始于衽席，三百五篇，孔子皆弦歌之，以求合韶武雅颂之音，礼乐自此可得而述。"这话和《论语》本身显然不合。"诗三百"一词，《论语》中数见，则此词在当时已经是现成名词了。如果删诗三千以为三百是孔子的事，孔子不便把这个名词用得这么现成。且看《论语》所引诗和今所见只有小异，不会当时有三千之多，遑有删诗之说，《论语》、孟、荀书中俱不见，若孔子删诗的话，郑卫桑间如何还能在其中？所以太史公此言，当是汉儒造作之论。现在把《论语》中论《诗》引《诗》的话抄在下面。

《学而》

1 子贡曰："贫而无谄，富而无骄，何如？"子曰："可也，未若贫而乐，富而好礼者也。"子贡曰："《诗》云'如切如磋，如琢如磨'，其斯之谓与？"子曰："赐也始可与言《诗》已矣，告诸往而知来者。"

《为政》

2 子曰："诗三百，一言以蔽之，曰，思无邪。"

3 三家者，以雍彻，子曰："'相维辟公，天子穆穆'，奚取于三家之堂？"

4 子夏问曰："'巧笑倩兮，美目盼兮，素以为绚兮'何谓也？"子曰："绘事后素。"曰："礼后乎？"子曰："起予者商也，始可与言《诗》已矣。"

5　子曰:"《关雎》乐而不淫,哀而不伤。"

6　子谓韶尽美矣,又尽善也,谓武尽美矣,未尽善也。

《泰伯》

7　曾子有疾,召门弟子曰:"启予足,启予手。《诗》云:'战战兢兢,如临深渊,如履薄冰。'而今而后,吾知免夫,小子!"

8　子曰:"兴于诗,立于礼,成于乐。"

9　子曰:"师挚之始,《关雎》之乱,洋洋乎盈耳哉!"

《子罕》

10　子曰:"吾自卫反鲁,然后乐正,雅、颂各得其所。"

11　"唐棣之华,偏其反而。岂不尔思? 室是远而!"子曰:"未之思也,夫何远之有?"

《先进》

12　南容三复白圭,孔子以其兄之子妻之。

《子路》

13　子曰:"诵'诗三百',授之以政,不达;使于四方,不能专对:虽多,亦奚以为!"

《卫灵公》

14　颜渊问为邦。子曰:"行夏之时,乘殷之辂,服周之冕,乐则韶舞。放郑声,远佞人;郑声淫,佞人殆。"

《季氏》

15　齐景公有马千驷,死之日民无德而称焉。伯夷叔齐

俄于首阳之下，民到于今称之。"诚不以富，亦祇以异，"其斯之谓与？（此处朱注所校定之错简）

16　陈亢问于伯鱼曰："子亦有异闻乎？"对曰："未也，尝独立，鲤趋而过庭，曰：'学《诗》乎？'对曰：'未也。'"'不学《诗》无以言！'鲤退而学《诗》。他日，又独立，鲤趋而过庭，曰：'学《礼》乎？'对曰：'未也。'"'不学《礼》无以立！'鲤退而学《礼》。闻斯二者。"

《阳货》

17　子曰："小子何莫学夫《诗》？《诗》可以兴，可以观，可以群，可以怨。迩之事父，远之事君。多识于鸟兽草木之名。"

18　子谓伯鱼曰："女为《周南》《召南》矣乎？人而不为《周南》《召南》，其犹正墙面而立也与？"

19　子曰："恶紫之夺朱也，恶郑声之乱雅乐也，恶利口之覆邦家者！"

20　子所雅言，《诗》《书》执礼，皆雅言也。

从此文我们可以归纳出下列几层意思：

一、以诗学为修养之用；

二、以诗学为言辞之用；

三、以诗学为从政之用，以诗学为识人论世之印证；

四、由诗引兴，别成会悟；

五、对诗有道德化的要求，故既曰"思无邪"又曰"放郑声"；

六、孔子于乐颇有相当的制作，于《诗》虽曰放郑声，郑声却在"三百篇"中。

以"诗三百"为修养，为辞令，是孔子对于诗的观念。大约孔子前若干年,"诗三百"已经从各方集合在一起,成当时一般的教育。孔子曾编过里面的《雅》《颂》(不知专指乐或并指文,亦不知今见《雅》《颂》之次序有无孔子动手处),却不曾达到"诗三百"中放郑声的要求。

一、西 汉 诗 学

从孟子起:《诗经》超过了孔子的"小学教育"而入儒家的政治哲学。孟子说:"王者之迹熄而《诗》亡,《诗》亡然后《春秋》作。"这简直是汉初年儒者的话了。孟子论《诗》甚泰甚侈,全不是学《诗》以为言,以为兴,又比附上些历史事件,并不合实在,如"戎狄是膺,荆舒是惩"附合到周公身上。这种风气战国汉初人极多,三百篇诗作者找出了好多人来,如周公、奚斯、正考父等,今可于《吕览》《礼记》《汉经说遗》文中求之。于是一部绝美的文学书成了一部庞大的伦理学。汉初《诗》分三家,《鲁诗》自鲁申公,《齐诗》自齐辕固生,《韩诗》自燕太傅韩婴,而《鲁诗》《齐诗》尤为显学。《鲁诗》要义有所谓四始者,太史公曰:"《关雎》之乱以为《风》始,《鹿鸣》为《小雅》始,《文王》为《大雅》始,《清庙》为《颂》始。"又以《关雎》《鹿鸣》都为刺诗,太史公曰:"周道缺,诗人本之衽席,《关雎》作;仁义凌迟,《鹿鸣》刺焉。"其后竟以"三百篇"当谏书。这虽于解《诗》上甚荒谬,然可使《诗经》因此不佚。《齐诗》《韩诗》在释经上恐没有大异于《鲁诗》处,三家之异当在引经文以释政治伦理。齐学宗旨本异鲁学,甚杂五行,故《齐诗》有五际之论。《韩诗》大约去泰去甚,而经文颇有确见,如《殷武》之指宋襄公,即宋代人依《史记》从《韩诗》,以恢复之者。今以近人所辑齐鲁韩各家说看去,大约齐多侈言,韩能收敛,鲁介二者之间,然皆是与伏生书、《公羊春秋》相印证,以造成汉博士之政治哲学者。

二、《毛诗》

《毛诗》起于西汉晚年，通达于王莽，盛行于东汉，成就于郑笺，从此三家衰微，毛遂为诗学之专宗。毛之所以战胜三家者，原因甚多，不尽由于宫廷之偏好和政治之力量去培植它。第一，申公、辕固生虽行品为开代宗师，然总是政治的哲学太重，解《诗》义未必尽惬人心，而三家博士随时抑扬，一切非常异义可怪之论必甚多，虽可动听一时，久远未免为人所厌。而《齐诗》杂五行，作侈论，恐怕有识解者更不信它。则汉末出了一个比较上算是去泰去甚的诗学，解《诗》义多，作空谈少，也许是一个"应运而生"者。第二，一套古文经出来，《周礼》《左氏》动荡一时，造来和它们互相发明的《毛诗》，更可借古文学一般的势力去伸张。凡为《左传》文词所动《周官》系统所吸者，不由不在诗学上信毛舍三家。第三，东汉大儒舍家学而就通学，三家之孤陋寡闻，更诚然敌不过刘子骏天才的制作，王莽百多个博士的搜罗；于是三家之分三家，不能归一处，便给东京通学一个爱好《毛诗》的机会。郑康成礼学压倒一时，于《诗》取毛，以他的礼学润色之，《毛诗》便借了郑氏之系统经学而造成根据，经魏晋六朝直到唐代，成了唯一的诗学了。

《毛诗》起源很不明显，子夏、荀卿之传授，全是假话。大约是武帝后一个治三家《诗》而未能显达者造作的，想闹着立学官（分家立博士，大开利禄之源，引起这些造作不少，尤其在书学中多）。其初没有人采他，刘子骏以多闻多见，多才多艺，想推翻十四博士的经学，遂把它拿来利用了。加上些和从《国语》中搜出来造作成的《左传》相印证的话，加上些和《诗》本文意思相近的话，以折三家，才成动人听闻的一家之学。试看《毛传》《毛序》里边有些极不通极陋的话，如"不显显也""不时时也"之类，同时又有些甚清楚甚能见闻杂博的话,其非出于同在一等的人才之手可知。现在三家遗说不能存千百于十一,我们没法比较《毛诗》对于三家总改革了多少,然就所得见的传说论,《毛诗》有些地方去三家之泰甚,又有些地方颇能就《诗》的本文作义,不若三家全凭臆造。所以《毛诗》在历史的意义上是作伪,在诗学的意义上是进步;《毛诗》虽出身不高,来路不明,然颇有自奋出来的点东西。

三、宋 代 诗 学

经学到了六朝人的义疏,唐人的正义,实在比八股时代的高头讲章差不多了,实在不比明人大全之学高明了。自古学在北宋复兴后,人们很能放胆想去,一切传说中的不通,每不能逃过宋人的眼。欧阳永叔实是一个大发难端的人,他在史学、文学和经学上一面发达些很旧的观点,一面引进了很多新观点,摇动后人(别详)。他开始不信《诗序》。北宋末几朝已经很多人在那里论《诗序》的价值和诗义的折中了。但迂儒如程子反把《毛诗序》抬得更高,而王荆公谓诗人自己作叙。直到郑夹漈所叙之论得一圆满的否定,颠覆了自郑玄以来的传统。朱紫阳做了一部《诗集传》,更能发挥这个新义,拿着《诗经》的本文去解释新义,于是一切不通之美刺说扫地以尽,而《国风》之为风,因以大明。紫阳书实是一部集成书,韵取吴才老《叶韵》之说,《叶韵》自陈顾以来的眼光看去,实在是可笑了,但在古韵观念未出之前,这正是古韵观念一个胎形。训诂多采毛郑兼及三家遗文,而又通于礼学(看王伯厚论他的话)。其以赋比兴三体散入虽系创见,却实不外《毛诗》独标兴体之义。紫阳被人骂最大者是由于这一部书,理学、汉学一齐攻之,然这部书却是文公在经学上最大一个贡献,拿着本文解《诗》义,一些陋说不能附会,而文学的作用赤裸裸地重露出来。只可惜文公仍是道学,看出这些《诗》的作用来，却把这些情诗呼作淫奔，又只敢这样子对付所谓变风，不敢这样子对付大、小《雅》《周南》《召南》《豳风》，走得最是的路，偏又不敢尽量地走去，这也是时代为之，不足大怪。现在我们就朱彝尊的《经义考》看去，已经可以觉得宋朝人经学思想之解放，眼光之明锐，自然一切妄论谬说层出不穷，然跳梁狐鸣，其中也有可以创业重统者（文公对于文学的观念每每非常透彻，如他论楚辞、陶诗、李、杜诗常有很精辟的话，不仅说"三百篇"有创见）。

又宋代人因不安于毛诗学，博学者遂搜罗三家遗说。例如罗泌不是一个能考六艺的人，然他发挥《商颂》为《宋颂》，《殷武》为颂襄公，本之《韩诗》（《韩诗》最后佚），而能得确证。宋末有一伟大的学者王伯厚，开近代三百年朴学之源，现在试把《玉海》附刻各经及《困学纪闻》等一看，已经全是顾亭林、阎百诗以来所做的题目。他在诗经学上有《诗考》，考四家诗；有《诗地理考》，已不凭借《郑谱》。虽然搜罗不多，但创始的困难每每这样子的。这实在都是诗学上最大的题目，比起清儒拘《郑笺》、拘《毛传》者，他真能见其大处。

四、明季以来的诗学

明季以来诗学最大的贡献是古韵和训诂两事，这都是语言学上的事，若在《诗》之作用上反而泥古，不及宋人。陈季立（第）、顾宁人（炎武）始为系统的古韵学，以后各家继起，自成一统系者十人以上，而江、戴、孔、段、王发明独多。训诂方面，专治《诗》训诂者如陈奂、马瑞辰、胡承珙诸家，在训诂学第二流人物中；其疏通诸经以成训诂公谊者，如惠、戴、段、二王、郝、俞、章等，不以《诗》学专门，而在诸经学之贡献独大。但谈古音的人每不能审音，又少充分的认识方言之差别，聚周代汉初之韵以为一事，其结果分类之外，不能指实；而训诂学亦以受音韵学发达之限制，未能建立出一个有本有源的系统来。这是待从今以后的人，用新材料，借新观点去制造的。话虽这样，清代人对于《诗经》中训诂的贡献是极大的，至于名物礼制，既有的材料太紊乱，新得的材料又不多，所以聚讼去，聚讼来，总不得结论。

从孔巽轩、庄存与诸君发挥公羊学后，今文经学一时震荡全国，今文经学家之治《诗》者，不幸不是那位学博识锐的刘申受，而是那位志大才疏的魏默深。魏氏根本是个文士，好谈功名，考证之学不合他的性质，他做《诗古微》，只是要发挥他所见的齐、鲁、韩诗论而已，这去客观诗学远着多呢！陈恭甫（寿祺）朴园（乔枞）父子收集了极多好材料，但尚未整理出头绪来，这些材料都是供我们用的。

五、我们怎样研究《诗经》

我们去研究《诗经》应当有三个态度，一、欣赏它的文辞；二、拿它当一堆极有价值的历史材料去整理；三、拿它当一部极有价值的古代言语学材料书。但欣赏文辞之先，总要先去搜寻它究竟是怎样一部书，所以言语学、考证学的工夫乃是基本工夫。我们承受近代大师给我们训诂学上的解决，充分地用朱文公等就本文以求本义之态度，于《毛序》《毛传》《郑笺》中寻求今本《诗经》之原始，于三家诗之遗说遗文中得知早年诗经学之面目，探出些有价值的早年传说来，而一切以本文为断，只拿它当作古代留遗的文辞，既不涉伦理，也不谈政治，这样似乎才可以济事。约之为纲如下：

一、先在《诗》本文中求《诗》义。

二、一切传说自《左传》《论语》起，不管三家、《毛诗》，或宋儒近儒说，均须以本文折之。其与本文合者，从之；不合者，舍之；暂若不相干者,存之。

三、声音、训诂、语词、名物之学,继近儒之工作而努力,以求奠《诗经》学之真根基。

四、礼乐制度,因《仪礼》《礼记》《周礼》等书,现在全未以科学方法整理过,诸子传说亦未分析清楚,此等题目目下少谈为妙,留待后来。

匆匆拟《诗经》研究题目十事,备诸君有意做此工作者留意。

一、古代《诗》异文辑

宋刻本异文,诸家校勘记已详,石经异文,亦若考尽,四家异文,陈氏父子所辑略尽;然经传引《诗经》处,参差最多,此乃最有价值之参差,但目下尚无辑之者。又汉儒写经,多以当时书改之,而古文学又属"向壁虚造",若能据金石刻文校出若干原字,乃一最佳之工作。例如今本《小雅》中"我车既攻",石鼓文作"吾车既攻","吾""我"两字作用全不同,胡珂各有考证。而工字加了偏旁。汉儒加偏旁以分字,所分未必是,故依之每致误会。

二、三家《诗》通谊说

三家《诗》正如《公羊春秋》,乃系统的政治伦理学,如不寻其通谊,如孔庄诸君出于公羊学,便不得知三家《诗》在汉世之作用。陈恭甫父子所辑材料,既可备用,参以汉时政刑礼乐之论,容可得其一二纲领,这是经学史上一大题目。魏默深在此题中之工作,粗疏主观,多不足据。

三、《毛诗》说旁证

依《毛诗》为注者,多为《毛序》《毛传》《郑笺》考信,此是家法之陋,非我等今日客观以治历史语言材料之术。毛氏说如何与古文经若《左传》《周礼》《尔雅》等印证,寻其端绪之后,或可定《毛诗》如何成立,古文学在汉末新朝如何演成。我等今日岂可再为"毛郑功臣"？然后代经学史之大题,颇可为研究之科目。

四、宋代论《诗》新说述类

宋代新《诗》说有极精辟者,清儒不逮,删《序》诸说,风义刺义诸论,能见其大。若将自欧阳永叔以来之说辑之,必更有胜义,可以拾检,而宋人思想亦可暂得其一部。

五、毛公独标兴体说

六诗之说,纯是《周官》作祟,举不相涉之六事,合成之以成秦汉之神圣数(始皇始改数用六)。赋当即屈、宋、荀、陆之赋,比当即辩(章太炎君说),若兴乃所谓起兴,以原谓中现成的开头一两句为起兴,其下乃是新辞,汉乐府至现代歌谣均仍存此体,顾颉刚先生曾为一论甚精。今可取《毛传》所标兴体与后代文词校之,当得见此体之作用。

六、证诗三百篇中有无方言的差别？如有之,其差别若何？

历来论古昔者,不以方音为观点之一,故每混乱。我们现在有珂罗倔伦君整理出来的一部《广韵》,有若干名家整理的《诗经韵》,两个中间差一千年;若就扬子云《方言》为其中间之阶,看《诗经》用韵有循列国方言为变化者否？此功著成,所得必大。

七、《诗》地理考证补

王伯厚考《诗》地理,所据不丰;然我等今日工作,所据材料较前多矣,必有增于前人之功者。《诗》学最大题目为地理与时代,康成见及此,故作《诗谱》,其叙云:"欲知源流清浊之所处,则其上下而有之(此以国别);欲知风化芳臭气泽之所及,则旁行而观之(此以时分):此诗之大纲也。举一纲而万目张,解一卷而众篇明。"先生之志则大矣,先生之结果则不可。康成实不知地理,不能考时代,此乃我等今日之工作耳。从《水经注》入手,当是善法,丁山先生云。

八、《诗经》中语词研究

《诗经》中语词最有研究之价值,然王氏父子但知其合,不求其分。如语词之"言",有在动词上者,有在动词下者,有与其他语词合者。如证其如何分,乃知其如何用。

九、《诗》中成语研究

即海宁王静安氏所举之题。《诗》中成语多,如"亦孔之""不显"(即丕显)等。但就单词释训诂者,所失多矣。

十、《诗》中晦语研究

《诗》中有若干字至今尚全未得其着落者,如时字之在"时夏""时周""不时",及《论语》之"时哉时哉",此与时常训全不相干,当含美善之义,而不得其确切。读《诗》时宜随时记下,以备考核。

十一、抄出《诗》三百五篇中史料

《书经》是史而多诬,《诗经》非史而包含史之真材料,如尽抄出之,必可资考定。

论所谓"讽"①

"诗三百"之后世虽小，然以风为名之辞在后来却变成一种新文体，至汉而成枚马之赋，现在分别叙这一件事之流衍。

一、"风""讽"乃一字，此类加偏旁的字每是汉儒做的，本是一件通例，而"风""讽"原通尤可证。

《诗序》"所以风"。《经典释文》："如字；徐，福凤反；今不用。"按福凤反，即讽（去声）之音。又，"风，风也"。《释文》："并如字。风上如字，下福凤反。崔灵恩集注本，下即作讽字。刘氏云，动物曰风，托音曰讽。崔云，用风感物则谓之讽。"

《左氏·昭五年》注："以此讽。"《释文》："本亦作风。"

风读若讽者，《汉书》集注例甚多，（从《经籍籑诂》所集）《食货志》下集注、《艺文志》集注、《燕王悝传》集注、《齐悼惠王肥传》集注、《灌婴传》集注、《娄敬传》集注、《梁孝王武传》集注、《卫青传》集注、《霍去病传》集注、《司马相如传》集注三见、《卜式传》集注、《严助传》集注、《王褒传》集注、《贾捐之传》集注、《朱云传》集注、《常惠传》集注、《鲍宣传》集注、《韦元成传》集注、《赵广汉传》集注三见、《冯野王传》集注、《孔光传》集注、《朱博传》集注、《何武传》集注、

---

① 此文作于1928年，收入《傅斯年全集》第一册。

《扬雄传》上集注二见、《扬雄传》下集注三见、《董贤传》集注、《匈奴传》上集注三见、《匈奴传》下集注二见、《西南夷传》集注二见、《南粤王传》集注、《西域传》上集注、《元后传》集注二见、《王莽传》上集注二见、《王莽传》下集注、《叙传》上集注、《叙传》下集注二见，又《后汉·崔琦传》注。按由此而观，风为名词，讽（福凤反）为动词，其义则一。

二、风乃诗歌之泛名（前已论之）。

《诗·大雅》："吉甫作诵，其风肆好。"（此雅之称风者）

又《小雅》："或湛乐饮酒，或惨惨畏咎，或出入风议，或靡事不为。"郑笺以为"风犹放也"，未安；当谓出入歌诵，然后上兴湛乐饮酒相配，下兴靡事不为相反。

《春秋繁露》："'文王受命，有此武功，既伐于崇，作邑于丰，'乐之风也。"（《文王受命》，在《雅》）

《论衡》："'风乎雩'，风歌也。"按此解实通。《论语》何注：风，凉也，无谓。

故《诗》之辞为风，诵之则曰讽（动词）；泛指诗歌，非但谓十五国。又以风名诗歌，西洋亦有成例，如 Arig 意大利文谓风，今在德 Arie 在法 Air 皆用为歌曲之名。

三、战国时一种之诡词承风之名。

《史记·滑稽列传》：威王大说，置酒后宫，召髡，赐之酒。问曰："先生能饮几何而醉？"对曰："臣饮一斗亦醉，一石亦醉。"威王曰："先生饮一斗而醉，恶能饮一石哉？其说可得闻乎？"髡曰："赐酒大王之前，执法在傍，御史在后，髡恐惧俯伏而饮，不过一斗径醉矣。若亲有严客，髡帣韝鞠膝，侍酒于前，时赐余沥，奉觞上寿，数起，饮不过二斗，径醉矣。若朋友交游，久不相见，卒然相睹，欢然道故，私情相语，饮可五六斗，径醉矣。若乃州闾之会，男女杂坐，行酒稽留,六博投壶,相引为曹,握手无罚,目眙不禁,前有堕珥,后有遗簪,髡窃乐此,饮可八斗,而醉二参。日暮酒阑,合尊促坐,男女同席,履舄交错,杯盘狼藉,堂上烛灭,主人留髡而送客。罗襦襟解,微闻芗泽,当此之时,髡心最欢,能饮一石。故曰,酒极则乱,乐极则悲,万事尽然。言不可极,极之而衰,以讽谏焉。”(此虽史公节录,非复全文,然尽是整语,又含韵词,其自诗体来,断然可见也)

此处之讽乃名词,照前例应为风字。“以风谏焉”,犹云以诗(一种之诡词)谏焉,此可为战国时一种诡辞承风之名之确证。至于求知这样的诡词之风是什么,还有些材料在《史记》《战国策》中:

《战国策》八　邹忌修八尺有余,身体昳丽。朝服衣冠,窥镜,谓其妻曰:“我孰与城北徐公美?”曰:“君美甚,徐公何能及公也?”城北徐公齐国之美丽者也,忌不自信,而复问其妾曰:“吾孰与徐公美?”妾曰:“徐公何能及君也?”旦日,客从外来,与坐谈,问之客曰:“吾与徐公孰美?”客曰:“徐公不若君之美也。”明日,徐公来,孰视之,自以为不如;窥镜而自视,又弗如远甚。暮寝而思之曰:“吾妻之美我者,私我也;妾之美我者,畏我也;客之美我者,欲有求于我也。”于是入朝见威王曰:“臣诚知不如徐公美,臣之妻私臣,臣之妾畏臣,臣之客欲有求于臣,皆以美于徐公。今齐地方千里,百二十城,宫妇左右,莫不私王,朝廷之臣莫不畏王,四境之内,莫不有求于王。由此观之,王之蔽甚矣。”王曰:“善。”乃下令:“群臣吏民,能面刺寡人之过者,受上赏;上书谏寡人者,受中赏;能谤议于朝市,闻寡人之耳者,受下赏。”令初下,群臣进谏,门庭如市;数月之后,时时而间进,期年之后,虽欲言无可进者。燕赵韩魏闻之,皆朝于齐。此所谓战胜于朝廷。

《**史记**》七十四　淳于髡，齐人也。博闻强记，学无所主（例如与孟子所辩男女授受不亲诸辞），其陈说慕晏婴之为人也；然而承意观色为务。客有见髡于梁惠王，惠王屏左右，独坐而见之，终无言也。惠王怪之，以让客曰："子之称淳于先生管晏不及，及见寡人，寡人未有得也，岂寡人不足为言耶？何故哉？"客以谓髡，髡曰："固也，吾前见王，王志在驱逐；后复见王，王志在音声。吾是以默然。"客具以报王。王大骇曰："嗟乎！淳于先生诚圣人也！前淳于先生之来，有献善马者，寡人未及视，会先生至。后先生之来，有献讴者，未及试，会先生来。寡人虽屏心，然私心在彼。有之。"后淳于髡见，壹语连三日三夜无倦。惠王欲以卿相位待之，髡因谢去。于是送以安车驾驷，束帛加璧，黄金白银，终身不仕。

《**史记**》四十六　邹忌子以鼓琴见威王，威王悦而舍之右室。须臾，王鼓琴，邹忌子推户入曰："善哉鼓琴！"王勃然不悦。去琴按剑曰："夫子见容未察，何以知其善也？"邹忌子曰："夫大弦浊以春温者，君也，小弦廉折以清者，相也；攫之深醇之愉者，政令也，钩谐以鸣，大小相益，回邪而不相害者，四时也。吾是以知其善也。"王曰："善语音。"邹忌子曰："何独语音？夫治国家而弭人民，皆在其中。"王又勃然不说，曰："若夫语五音之纪，信未有如夫子者也。若夫治国家而弭人民，又何为乎丝桐之间？"邹忌子曰："夫大弦浊以春温者，君也；小弦廉折以清者，相也；攫之深而醇之愉者，政令也；钩谐以鸣，大小相益，回邪而不相害者，四时也。夫复而不乱者，所以治昌也；连而径者，所以存亡也。故曰：琴音调而天下治。夫治国家而弭人民者，无若乎五音者。"王曰："善。"邹忌子见三月而受相印，淳于髡见之，曰："善说哉！髡有愚志，愿陈诸前。"邹忌子曰："谨受教。"淳于髡曰："得全全昌，失全全亡。"邹忌子曰："谨受令，请谨毋离前。"淳于髡曰："狶膏棘轴，所以为滑也，然而不能运方穿。"邹忌子曰："谨受令，请谨事左右。"淳于髡曰："弓胶昔干所以为合也，然而不能传合疏罅。"邹忌子曰："谨受令，请谨自附于万民。"淳于髡曰："狐裘虽弊，不可补以黄狗之皮。"邹忌子曰："谨受令，请谨择君子，毋杂小人其间。"淳于髡曰："大车不较，不能载其常任；琴瑟不较，不能成其五音。"邹忌子曰："谨受令，请谨修法律而督奸吏。"淳于髡说毕，趋出至门，而面其仆曰："是人者吾语之微言五，其应我若响之应声，是人必封不久矣。"居期年，封以下邳，号曰成侯。

邹忌、淳于髡便是这样人，他们的话便是这样的话，而这样的话便是风。到这时，风已不是一种狭义的诗体，而是一种广义的诡辞了。《荀子·成相》诡诗尚存全章，此等风词只剩了《战国策》《史记》所约省的，已经把铺陈的话变作仿佛记事的话了。但与枚马赋体一比，其文体显然可见。

四、因此种诡词每以当谏诤之用，战国汉初儒者见到这样的"风"，更把刺诗的观念在解《诗》中大发达之，例如《关雎》为刺康王宴起之诗等等，于是"诗三百"真成谏书了。瞽献曲，史献言，一种的辞令，每含一种的寓意（欧洲所谓 moral），由来必远。然周、汉之间，"诗三百"之解释至那样子者，恐是由于那时候的诡词既以风名，且又实是寓意之辞，以今度古，以为《诗经》之作本如诡诗，遂成孟子至三家之诗学。

五、由这看来，讽字并无后人所谓"含讥带讽"之义，此义是引申而附加者。

六、我疑"论""议"等最初皆是一种诡诗之体,其后乃变成散文。

《庄子·齐物论》:"六合之外,圣人存而不论;六合之内,圣人论而不议,春秋经世,先王之志,圣人议而不辨。"

此处之论,谓理;议,谓谊;辩,谓比。犹云六合外事,圣人存而不疏通之;六合内事,圣人疏通而不是非之,春秋有是非矣,而不党其词,以成偏言。这些都不是指文体之名而言。然此处虽非指文体,此若干名之源也许是诡诗变为韵文者。《九辩》之文还存在,而以辩名之文,尚有存名者。至于论之称,在战国中期,田骈作《十二论》,今其《齐物》一篇犹在《庄子》(考后详)。在战国晚年,荀卿、吕不韦皆著论(见《史记》)。然此是后起之义,《论语》以论名,皆语之提要钩玄处。又《晋书·束皙传》:"太康二年……盗发魏……安釐王冢,得竹书数十车。……《论语·师春》一篇,《书》《左传》诸卜筮。师春,似是造书者姓名也。"《左传》诸卜筮本是流行于晋之周易,师为官,春为名,当即传书之人。《左传》卜筮皆韵文诡诗,或者这是论之最早用处吗?议一字见于《诗经》者,"或出入风议",应是谓出入歌咏,如此方对下文靡事不为。又《郑语》:"姜,伯夷之后也。嬴,伯翳之后也。伯翳能礼于神,以佐尧者也。伯翳能议百物,以佐舜者也。"韦昭解:"百物草木鸟兽,议使各得其宜。"此真不通之解。上举伯夷能礼,下句当谓伯翳能乐,作诡诗以形容百物,而陈义理,如今见《荀子·赋篇》等。约上文言,春秋时诡诗之名,入战国而成散文之体。我现在假设如此,材料尚不足,妄写下待后考之。

七、枚马赋体之由来,汉初年,赋绝非一类。《汉志》分为四家,恐犹未足尽其辨别。此等赋体渊源有自,战国时各种杂诗之体,今存名者尚不少,待后详论之(文学史讲义第二篇第十二章)。

现在只论枚乘、司马相如赋体之由来。枚赋今存者，只《七发》为长篇，而司马之赋以《子虚》为盛（《上林》实在《子虚》中，为人割裂）。此等赋之体制可分为下列数事。

（一）铺张侈辞。

（二）并非诗体，只是散文，其中每有协韵之句而已。

（三）总有一个寓意（moral）无论陈设得如何侈靡，总要最后归于正道，与淳于髡饮酒，邹忌不如徐公美之辞全然一样。

我们若是拿这样赋体和楚辞校，全然不是一类，和宋玉赋校，词多同者，而体绝不同；若和齐人讽词校，则直接之统续立见。枚马之赋，固全是战国风气，取词由宋玉赋之一线，定体由讽词之一线，与屈赋毫不相干者也。淳于髡诸邹子之风，必有些很有趣者，惜乎现在只能见两篇的大概。

贾谊《惜誓》云："涉丹水而驰骋兮，右大夏之遗风。""遗风"二字难解。及观《淮南·原道训》云：

"目观掉羽武象之乐，耳听滔朗奇丽激抮之音，扬郑卫之浩乐，结激楚之遗风。"知所谓遗风，正是歌诗，可为此说益一证也。

"诗三百"之文辞①

我们在论"诗三百"之美文以前,应当破除两个主观。这两个主观者,第一,以词人之诗评析"三百篇",而忘了"诗三百"是自山谣野歌以至朝廷会享用的乐章集,本是些为歌而作、为乐而设的,本不是做来"改罢自长吟"的,譬如《芣苢》:

采采芣苢,薄言采之。采采芣苢,薄言有之。

采采芣苢,薄言掇之。采采芣苢,薄言捋之。

采采芣苢,薄言袺之。采采芣苢,薄言襭之。

这真是太原始的诗了。然如我们想到这不是闭户而歌,而是田野中所闻之声。当天日晴和,山川明朗的时候,女子结群采掇芣苢,随采随歌,作这和声。则这样章节自有它的激越之音,不可仅以平铺直叙看作它是诗歌之"原形质"了。又如《萚兮》:

萚兮萚兮,风其吹女。叔兮伯兮,倡予和女。

萚兮萚兮,风其漂女。叔兮伯兮,倡予要女。

这也太寻常了。然如假想这是一群人中士女杂坐,一唱众和之声,则这一歌也自有它的兴发处。如果我们不认识这一层,一律

① 此文作于1928年,收入《傅斯年全集》第一册。

以后来诗人做诗的标准衡量它们，必把这事情看得差了。

第二个主观是把后人诗中艺术之细密，去遮没了"诗三百"中挚情之直叙。诗人斤斤于艺术之细，本已类似一种衰落的趋势。抒情诗之最盛者，每在无名诗人；而叙事诗之发扬蹈厉，每由甚粗而不失大体之艺术。后人做诗，虽刻画得极细，意匠曲折得多，然刻画即失自然，而情意曲折便非诡化（sophisticated）的人不能领悟，非人情之直率者。如：

> 溱与洧，方涣涣兮。士与女，方秉蕑兮。女曰观乎？士曰既且。且往观乎洧之外，洵訏且乐。维士与女，伊其相谑，赠之以芍药。

又如：

> 爰采唐矣，沫之乡矣。云谁之思？美孟姜矣。期我乎桑中，要我乎上宫，送我乎淇之上矣。

或如《葛覃》：

> 葛之覃兮，施于中谷，维叶萋萋。黄鸟于飞，集于灌木，其鸣喈喈。

> 葛之覃兮，施于中谷，维叶莫莫。是刈是濩，为絺为绤，服之无斁。

> 言告师氏，言告言归。薄污我私，薄浣我衣。害浣害否？归宁父母。

以及《卷耳》：

> 采采卷耳，不盈顷筐。嗟我怀人，置彼周行。

> 陟彼崔嵬，我马虺隤。我姑酌彼金罍，维以不永怀。

> 陟彼高冈，我马玄黄。我姑酌彼兕觥，维以下永伤。

陟彼砠矣，我马瘏矣，我仆痡矣，云何吁矣。

《诗经》中此类例举不胜举，都是直叙的话，都没有刻意为辞的痕迹，然而都成美文。"诗三百"中一切美辞之美，及其超越楚辞和其他侈文处，在乎直陈其事，而风采情趣声光自见，不流曲折以成诡词，不加刻饰以成蔓骈，俗言即是实言，白话乃是真话，直说乃是信说。《诗经》之最大艺术，在其不用艺术处。

子贡问曰："诗云：'巧笑倩兮，美目盼兮，素以为绚兮。'何谓也？"子曰："绘事后素。"

曰："礼后乎？"子曰："起予者商也。始可与言诗已矣！"

纯净无过于洁白，艺术无过于自然。戕贼语言以为艺术，犹戕贼人性以为仁义，戕贼杞柳为桮棬。

现在叙《诗经》中的几类情色。

严沧浪论盛唐诗曰："羚羊挂角，无迹可求。透彻玲珑，不可凑泊。如空中之音，相中之色，水中之月，镜中之象，言有尽而意无穷。"这也是诗中境界能自然后之象。"诗三百"中指到这一格者正不少。例如《燕燕于飞》：

燕燕于飞，差池其羽。之子于归，远送于野。瞻望弗及，泣涕如雨。

燕燕于飞，颉之颃之。之子于归，远于将之。瞻望弗及，伫立以泣。

燕燕于飞，下上其音。之子于归，远送于南。瞻望弗及，实劳我心。

仲氏任只，其心塞渊，终温且惠，淑慎其身。先君之思，以勖寡人。

又如《蒹葭》：

　　蒹葭苍苍，白露为霜。所谓伊人，在水一方。溯洄从之，道阻且长，溯游从之，宛在水中央。

　　蒹葭凄凄，白露未晞。所谓伊人，在水之湄。溯洄从之，道阻且跻，溯游从之，宛在水中坻。

　　蒹葭采采，白露未已。所谓伊人，在水之涘。溯洄从之，道阻且右，溯游从之，宛在水中沚。

又如《小戎》：

　　小戎俴收，五楘梁辀，游环胁驱，阴靷鋈续，文茵畅毂，驾我骐骝。言念君子，温其如玉，在其板屋，乱我心曲。

邶鄘卫之《谷风》及《氓》，总算最能诉说柔情的弃妇词了。而《小雅》中之《习习谷风》，几句话说完，意思更觉无限。

　　习习谷风，维风及雨。将恐将惧，维予与女，将安将乐，女转弃予。

　　习习谷风，维风及颓。将恐将惧，寘予于怀。将安将乐，弃予如遗。

　　习习谷风，维山崔嵬。无草不死，无木不萎。忘我大德，思我小怨。

这些都是言短意长，境界具于词语之外，愈反复看去，愈觉其含义无穷。

另有绝妙一格，把声色景物，密意柔情，一齐图出来的。例如《出车》：

　　我出我车，于彼牧矣。自天子所，谓我来矣。召彼仆夫，谓之载矣。王事多难，维其棘矣。

我出我车，于彼郊矣。设此旐矣，建彼旄矣。彼旟旐斯，胡不旆旆？忧心悄悄，仆夫况瘁。

王命南仲，往城于方，出车彭彭，旗旐央央。天子命我，城彼朔方。赫赫南仲，狁于襄。

昔我往矣，黍稷方华；今我来思，雨雪载涂。王事多难，不遑启居。岂不怀归？畏此简书。

喓喓草虫，趯趯阜螽。未见君子，忧心忡忡。既见君子，我心则降。赫赫南仲，薄伐西戎。

春日迟迟，卉木萋萋。仓庚喈喈，采蘩祁祁。执讯获丑，薄言还归。赫赫南仲，狁于夷。

或如《采薇》（仅抄末章）：

昔我往矣，杨柳依依，今我来思，雨雪霏霏。行道迟迟，载渴载饥。我心伤悲，莫知我哀。

尤其佳妙的是《东山》，这是《诗经》中第一首好的抒情诗。

我徂东山，慆慆不归。我来自东，零雨其濛。我东曰归，我心西悲。制彼裳衣，勿士行枚。蜎蜎者蠋，烝在桑野。敦彼独宿，亦在车下。

我徂东山，慆慆不归。我来自东，零雨其濛。果臝之实，亦施于宇。伊威在室，蟏蛸在户。町畽鹿场，熠耀宵行。不可畏也，伊可怀也。

我徂东山，慆慆不归。我来自东，零雨其濛。鹳鸣于垤，妇叹于室，洒扫穹窒，我征聿至。有敦瓜苦，烝在栗薪。自我不见，于今三年。

我徂东山，慆慆不归。我来自东，零雨其濛。仓庚于飞，熠熠其羽。之子于归,皇驳其马。亲结其缡,九十其仪。其新孔嘉,其旧如之何?

更有一格,声光朗然,美而不柔,畅而不放,顺而不流,寄神韵于瞭亮之中者,如《君子偕老》:

君子偕老,副笄六珈,委委佗佗,如山如河。象服是宜。子之不淑,云如之何?

玼兮玼兮,其之翟也。鬒发如云,不屑髢也。玉之瑱也,象之揥也,扬且之皙也。胡然而天也?胡然而帝也?

瑳兮瑳兮,其之展也。蒙彼绉絺,是绁袢也。子之清扬,扬且之颜也。展如之人兮,邦之媛也。

又如《硕人其颀》:

硕人其颀,衣锦褧衣,齐侯之子,卫侯之妻,东宫之妹,邢侯之姨,谭公维私。

手如柔荑,肤如凝脂,领如蝤蛴,齿如瓠犀,螓首蛾眉,巧笑倩兮,美目盼兮。

硕人敖敖,说于农郊,四牡有骄,朱帻镳镳,翟茀以朝。大夫夙退,无使君劳。

河水洋洋,北流活活。施罛濊濊!鳣鲔发发。葭菼揭揭,庶姜孽孽,庶士有朅。

又如《女曰鸡鸣》:

女曰鸡鸣,士曰昧旦。子兴视夜,明星有烂。将翱将翔,弋凫与雁。

弋言加之,与子宜之;宜言饮酒,与子偕老。琴瑟在御,莫不静好。

知子之来之，杂佩以赠之；知子之顺之，杂佩以问之；知子之好之，杂佩以报之。

其曲折旋转以诉柔情者，能极思意之回旋。

《柏舟》：

泛彼柏舟，亦泛其流。耿耿不寐，如有隐忧，微我无酒，以敖以游。

我心匪鉴，不可以茹。亦有兄弟，不可以据。薄言往诉，逢彼之怒。

我心匪石，不可转也，我心匪席，不可卷也，威仪棣棣，不可选也。

忧心悄悄，愠于群小！觏闵既多，受侮不少。静言思之，寤辟有摽。

日居月诸，胡迭而微？心之忧矣，如匪浣衣。静言思之，不能奋飞。

《谷风》：

习习谷风，以阴以雨。黾勉同心，不宜有怒。采葑采菲，无以下体，德音莫违，及尔同死。

行道迟迟，中心有违。不远伊迩，薄送我畿。谁谓荼苦？其甘如荠。宴尔新婚，如兄如弟。

泾以渭浊，湜湜其沚。宴尔新婚，不我屑以。毋逝我梁，毋发我笱。我躬不阅，遑恤我后！

就其深矣，方之舟之，就其浅矣，泳之游之。何有何亡？黾勉求之。凡民有丧，匍匐救之。

不我能慉，反以我为雠。既阻我德，贾用不售。昔育恐育鞠，及尔颠覆。既生既育，比予于毒。

我有旨蓄，亦以御冬。宴而新婚，以我御穷。有洸有溃，既诒我肆。不念昔者，伊余来塈。

《氓》：

氓之蚩蚩，抱布贸丝。匪来贸丝，来即我谋。送子涉淇，至于顿丘。匪我愆期，子无良媒，将子无怒，秋以为期。

乘彼垝垣，以望复关。不见复关，泣涕涟涟。既见复关，载笑载言。尔卜尔筮，体无咎言。以尔车来，以我贿迁。

桑之未落，其叶沃若。于嗟鸠兮，无食桑葚，于嗟女兮，无与士耽。士之耽兮，犹可说也；女之耽兮，不可说也。

桑之落矣，其黄而陨。自我徂尔，三岁食贫。淇水汤汤，渐车帷裳。女也不爽，士贰其行。士也罔极，二三其德。

三岁为妇，靡室劳矣。夙兴夜寐，靡有朝矣。言既遂矣，至于暴矣。兄弟不知，咥其笑矣。静言思之，躬自悼矣。

及尔偕老，老使我怨。淇则有岸，隰则有泮。总角之宴，言笑晏晏，信誓旦旦。不思其反。反是不思，亦已焉哉。

《载驰》：

载驰载驱，归唁卫侯。驱马悠悠，言至于漕。大夫跋涉，我心则忧。

既不我嘉，不能旋反，视尔不臧，我思不远。既不我嘉，不能旋济，视尔不臧，我思不闷。

陟彼阿丘，言采其虻。女子善怀，亦各有行。许人尤之，众稚且狂。

我行其野，芃芃其麦。控于大邦，谁因谁极？大夫君子，无我有尤。百尔所思，不如我所之。

而直陈其事，但作短言，亦能蕴蓄感觉于语外。

《君子于役》：

> 君子于役，不知其期，曷至哉？鸡栖于埘，日之夕矣，羊牛下来。君子于役，如之何勿思？
>
> 君子于役，不日下月，曷其有佸？鸡栖于桀，日之夕矣，羊牛下括。君子于役，苟无饥渴？

《蟋蟀》（仅录首章）：

> 蟋蟀在堂，岁聿其莫，今我不乐，日月其除。无已大康，职思其居。好乐无荒，良士瞿瞿。

《山有枢》（仅录末章）：

> 山有漆，隰有栗。子有酒食，何日不鼓瑟？且以喜乐，且以永日。宛其死矣，他人入室。

又如《无羊》一篇，全是一篇绝好的画图，所说不多而画景无限。

> 谁谓尔无羊？三百维群。谁谓尔无牛？九十其犉。尔羊来思，其角濈濈，尔牛来思，其耳湿湿。
>
> 或降于阿，或饮于池，或寝或讹。尔牧来思，何蓑何笠，或负其糇。三十维物，尔牲则具。
>
> 尔牧来思，以薪以蒸，以雌以雄。尔羊来思，矜矜兢兢，不骞不崩。麾之以肱，毕来既升。
>
> 牧人乃梦，众维鱼矣，旐维旟矣。大人占之，众维鱼矣，实维丰年；旐维旟矣，室家溱溱。

更有以俗见趣者，是"诗三百"中一个盛格。因为"诗三百"本是些民间歌词，巷语田讴，自是最真挚的。

《简兮》：

> 简兮简兮，方将万舞。日之方中，在前上处。
>
> 硕人俣俣，公庭万舞。有力如虎，执辔如组。
>
> 左手执籥，右手秉翟。赫如渥赭，公言锡爵。
>
> 山有榛，隰有苓。云谁之思，西方美人。彼美人兮，西方之人兮。

《大叔于田》：

> 叔于田，乘乘马，执辔如组，两骖如舞。叔在薮，火烈具举，襢裼暴虎，献于公所。将叔无狃，戒其伤女。
>
> 叔于田，乘乘黄，两服上襄，两骖雁行。叔在薮，火烈具扬。叔善射忌，又良御忌；抑磬控忌，抑纵送忌。
>
> 叔于田，乘乘鸨，两服齐首，两骖如手。叔在薮，火烈具阜。叔马慢忌，叔发罕忌，抑释掤忌，抑鬯弓忌。

乃至把亲切的话说得已甚俚俗，而我们还感觉到他有趣味。例如：

《扬之水》：

> 扬之水，不流束楚。终鲜兄弟，维予与女。无信人之言，人实廷女。
>
> 扬之水，不流束薪。终鲜兄弟，维予二人。无信人之言，人实不信。

《绸缪》：

> 绸缪束薪，三星在天。今夕何夕，见此良人。子兮子兮，

如此良人何？

至于别成一调，后人全无继续者，则有《鸱鸮》一首之作鸟语。

　　鸱鸮鸱鸮，既取我子，无毁我室。恩斯勤斯，鬻子之闵斯！

　　迨天之未阴雨，彻彼桑土，绸缪牖户。今女下民，或敢侮予。

　　予手拮据，予所捋荼，予所蓄租，予口卒瘏。曰予未有室家。

　　予羽谯谯，予尾翛翛，予室翘翘。风雨所漂摇。予维音哓哓。

《伐檀》《硕鼠》两篇，叙人民不平之感，甚有气力（各录首章）：

　　坎坎伐檀兮，置之河之干兮。河水清且涟猗。不稼不穑，胡取禾三百廛兮？不狩不猎，胡瞻尔庭有悬貆兮？彼君子兮，不素餐兮！

　　硕鼠硕鼠，无食我黍。三岁贯女，莫我肯顾。逝将去女，适彼乐土，乐土乐土，爰得我所。

然而诗风中最盛之一格，是《七月》那篇农民和乐的岁歌。这首总叙人民在封建制度中之生活，一个人民生活之本，亦即它的文学之本。

　　七月流火，九月授衣。一之日觱发，二之日栗烈，无衣无褐，何以卒岁！三之日于耜，四之日举趾，同我妇子，馌彼南亩，田畯至喜。

　　七月流火，九月授衣。春日载阳，有鸣仓庚。女执懿筐，遵彼微行，爰求柔桑。春日迟迟，采蘩祁祁。女心伤悲，殆及公子同归。

七月流火，八月萑苇，蚕月条桑，取彼斧斨，以伐远扬，猗彼女桑。七月鸣鵙、八月载绩，载玄载黄，我朱孔阳，为公子裳。

四月秀葽，五月鸣蜩。八月其获，十月陨萚。一之日于貉，取彼狐狸，为公子裘。二之日其同，载缵武功，言私其豵，献豣于公。

五月斯螽动股，六月莎鸡振羽。七月在野，八月在宇，九月在户，十月蟋蟀，入我床下。穹窒熏鼠，塞向墐户。嗟我妇子，曰为改岁，入此室处。

六月食郁及薁，七月亨葵及菽，八月剥枣，十月获稻。为此春酒，以介眉寿。七月食瓜，八月断壶，九月叔苴。采荼薪樗，食我农夫。

九月筑场圃，十月纳禾稼。黍稷重穋，禾麻菽麦。嗟我农夫，我稼既同，上入执宫功。昼尔于茅，宵尔索绹，亟其乘屋，其始播百谷。

二之日凿冰冲冲，三之日纳于凌阴，四之日其蚤，献羔祭韭。九月肃霜，十月涤场。朋酒斯飨，曰杀羔羊。跻彼公堂，称彼兕觥，万寿无疆。

接举此一篇，可该小雅《楚茨》《信南山》《甫田》《大田》四篇。

诗的文辞大致可分为风、雅二类（以雅括颂），风是抒情诗，而雅是有容止的诗，但中间并无严整的界限，我们上文论风已引进了《小雅》，现在论雅也免不了引进风。

雅诗第一类是仪容和平者，例如：

定之方中，作于楚宫，揆之以日，作于楚室。树之榛栗，椅桐梓漆，爰伐琴瑟。

升彼虚矣，以望楚矣，望楚与堂，景山与京。降观于桑。卜云其吉，终焉允臧。

云雨既零，命彼倌人，星言夙驾，说于桑田。匪直也人，秉心塞渊？骒牝三千。

又一类是穆穆雝雝者：

天保定尔，亦孔之固，俾尔单厚，何福不除？俾尔多益，以莫不庶。

天保定尔，俾尔戬谷，罄无不宜，受天百禄。降尔遐福，维日不足。

天保定尔，以莫不兴，如山如阜，如冈如陵。如川之方至，以莫不增。

吉蠲为饎，是用孝享，禴祠烝尝，于公先王。君曰卜尔，万寿无疆。

神之吊矣，诒尔多福，民之质矣，日用饮食。群黎百姓，遍为尔德。

如月之恒，如日上升，如南山之寿，不骞不崩，如松柏之茂，无不尔或承。

《彤弓》：

彤弓弨兮，受言藏之。我有嘉宾，中心贶之。钟鼓既设，一朝飨之。

彤弓弨兮，受言载之。我有嘉宾，中心喜之。钟鼓既设，一朝右之。

彤弓弨兮，受言櫜之。我有嘉宾，中心好之。钟鼓毁设，一朝酬之。

《菁菁者莪》：

> 菁菁者莪，在彼中阿？既见君子，乐且有仪。
>
> 菁菁者莪，在彼中之沚。既见君子，我心则喜。
>
> 菁菁者莪，在彼中陵。既见君子，锡我百朋。
>
> 泛泛杨舟，载沉载浮。既见君子，我心则休。

按雅中有这样的诗，犹之乎风中有《茱苢》，此处但为相见之乐，以短辞作容止之庄，彼处是山谣野讴，以短词成众唱之和；彼处有情景，此处有容仪，这都不是可拿后来诗人做诗之格局去评论的。

诗文之盛，是宽博渊懿者，其中含蓄若干思想，以成振而不荡，庄而不敛之词。

《文王》：

> 文王在上，于昭于天，周虽旧邦，其命维新。有周不显，帝命不时，文王陟降，在帝左右。
>
> 亹亹文王，令闻不已，陈锡哉周，侯文王孙子。文王孙子，本支百世，凡周之士，不显亦世。
>
> 世之不显，厥犹翼翼，恩皇多士，生此王国。王国克生，维周之桢，济济多士，文王以宁。
>
> 穆穆文王，于缉熙敬止。假哉天命，有商孙子。商之孙子，其丽不亿，上帝既命，侯于周服。
>
> 侯服于周，天命靡常。殷士肤敏，裸将于京。厥作裸将，常服黼冔。王之荩臣，无念尔祖。
>
> 无念尔祖，聿修厥德，永言配命，自求多福。殷之未丧师，克配上帝，宜鉴于殷，骏命不易。
>
> 命之不易，无遏尔躬，宣昭义问，有虞殷自天。上天之载，

无声无臭，仪刑文王，万邦作孚。

《皇矣上帝》：

皇矣上帝，临下有赫，监观四方，求民之莫。维此二国，其政不获，维彼四国，爰究爰度。

上帝耆之，憎其式廓。乃眷西顾，此维与宅。

作之屏之，其菑其翳，修之平之，其灌其栵，启之辟之，其柽其椐，攘之剔之，其檿其柘。

帝迁明德，串夷载路。天立厥配，受命既固。

帝省其山，柞棫斯拔，松柏斯兑，帝作邦作对，自大伯王季。维此王季，因心则友，则友其兄，则笃其庆，载锡之光，受禄无丧，奄有四方。

维此王季，帝度其心，貊其德音。其德克明，克明克类，克长克君。王此大邦，克顺克比，比于文王，其德靡悔。既受帝祉，施于孙子。

帝谓文王，无然畔援，无然歆羡，诞先登于岸。密人不恭，敢距大邦，侵阮徂共。王赫斯怒，爰整其旅，以按徂旅，以笃周祜，以对于天下。

依其在京，侵自阮疆，陟我高冈。无矢我陵，我陵我阿，无饮我泉，我泉我池。度其鲜原，居岐之阳，在渭之将，万邦之方，下民之王。

帝谓文王，予怀明德，不大声以色，不长夏以革，不识不知，顺帝之则。帝谓文王，询尔仇方，同尔兄弟，以尔钩援，与尔临冲，以伐崇墉。

临冲闲闲，崇墉言言，执讯连连，攸馘安安。是类是祃，是致是附，四方以无悔。临冲茀茀，崇墉仡仡，是伐是肆，是绝是忽，四方以无拂。

《时迈》：

时迈其邦，昊天其子之，实右序有周。薄言震之，莫不震
叠。怀柔百神，及河乔岳。允王维后，明昭有周，式序在位。
载戢干戈，载櫜弓矢，我求懿德，肆于时夏，允王保之。

尤盛是发扬蹈厉者，此是《雅》中文词之最高点。

《文王有声》：

文王有声，遹骏有声，遹求厥宁，遹观厥成。文王烝哉！
文王受命，有此武功，既伐于崇，作邑于丰。文王烝哉！
筑城伊淢，作丰伊匹，匪棘其欲，遹追来孝。王后烝哉！
王宫伊濯，维丰之垣，四方攸同，王后维翰。王后烝哉！
丰水东注，维禹之绩，四方攸同，皇王维辟。皇王烝哉！
镐京辟雍，自西自东，自南自北，无思不服。皇王烝哉！
考卜维王，宅是镐京，维龟正之，武王成之。武王烝哉！
丰水有芑，武王岂不仕？诒厥孙谋，以燕翼子。武王
烝哉！

《六月》：

六月栖栖，戎车既饬。四牡骙骙，载是常服。猃狁孔炽，
我是用急，王于出征，以匡王国。

比物四骊，闲之维则。维此六月，既成我服，我服既成，
于三十里。王于出征，以佐天子。

四牡修广，其大有颙。薄伐猃狁，以奏肤公。有严有翼，
共武之服。共武之服，以定王国。

猃狁匪茹，整居焦获，侵镐及方，至于泾阳。织文鸟章，

白旆央央，元戎十乘，以先启行。

戎车既安，如轾如轩。四牡既佶，既佶且闲。薄伐猃狁，至于大原。文武吉甫，万邦为宪。

吉甫燕喜，既多受祉。来归自镐，我行永久。饮御诸友，炰鳖脍鲤。侯谁在矣？张仲孝友。

《常武》：

赫赫明明，王命卿士，南仲大祖，大师皇父。整我六师，以修我戎。既敬既戒，惠此南国。

王谓尹氏，命程伯休父，左右陈行，戒我师旅。率彼淮浦，省此徐土。不留不处，三事就绪。

赫赫业业，有严天子，王舒保作。匪绍匪游，徐方绎骚，震惊徐方。如雷如霆，徐方震惊。

王奋厥武，如震如怒，进厥虎臣，阚如虓虎。铺敦淮渍，仍执丑虏。截彼淮浦，王师之所。

王旅啴啴，如飞如翰，如江如汉。如山之苞，如川之流，绵绵翼翼，不测不克，濯征徐国。

王犹允塞，徐方毁来。徐方既同，天子之功。四方既平，徐方来庭。徐方不回，王曰还归。

《长发》：

浚哲维商，长发其祥。洪水芒芒，禹敷下土方。外大国是疆，幅陨既长。有娀方将，帝立子生商。

玄王桓拨，受小国是达，受大国是达。率履不越，遂视既发。相土烈烈，海外有截。

帝命不违，至于汤齐，汤降不迟，圣敬日跻，昭假迟迟，上帝是祗，帝命式于九围。

受小球大球，为下国缀旒，何天之休。不竞不绿，不刚不柔，敷政优优，百禄是遒。

受小共大共，为下国骏厖，何天之龙。敷奏其勇，不震不动，不戁不竦，百禄是总。

武王载旆，有虔秉钺，如火烈烈，则莫我敢曷。苞有三蘖，莫遂莫达，九有有截。韦顾既伐，昆吾夏桀。

昔在中叶，有震且业，允也天子，降于卿士。实维阿衡，实左右商王。

若雅中哀怨之诗，则迥异于风中哀怨之诗。风中之怨，以柔情之宛转述怨，以不平之愤愤为怨；雅中之怨则瞻前顾后，论臧刺比，述情于政，以政寄情。后人只有阮嗣宗、杜子美（及学杜子美者）方为此类诗也。此类诗都很长，仅举一篇以例其余。

正月繁霜，我心忧伤，民之讹言，亦孔之将。念我独兮，忧心京京，哀我小心，癙忧以痒。

父母生我，胡俾我瘉，不自我先，不自我后。好言自口，莠言自口，忧心愈愈，是以有侮。

忧心惸惸，念我无禄。民之无辜，并其臣仆。哀我人斯，于何从禄？瞻乌爰止，于谁之屋？

瞻彼中林，侯薪侯烝。民今方殆，视天梦梦。既克有定，靡人弗胜。有皇上帝，伊谁云憎？

谓山盖卑，为冈为陵，民之讹言，宁莫之惩。召彼故老，讯之占梦，具曰予圣，谁知乌之雌雄？

谓天盖高，不敢不局；谓地盖厚，不敢不蹐。维号斯言，有伦有脊。哀今之人，胡为虺蜴！

瞻彼阪田，有菀其特。天之扤我，如不我克。彼求我则，如不我得，执我仇仇，亦不我力。

心之忧矣，如或结之。今兹之正，胡然厉矣！燎之方扬，宁或灭之，赫赫宗周，褒姒灭之。

终其永怀，又窘阴雨。其车既载，乃弃尔辅。载输尔载，将伯助予。

无弃尔辅，员于尔辐，屡顾尔仆，不输尔载，终逾绝险，曾是不意。

鱼在于沼，亦匪克乐，潜虽伏矣，亦孔之炤。忧心惨惨，念国之为虐。

彼有旨酒，又有嘉殽，洽比其邻，昏姻孔云。念我独兮，忧心殷殷。

佌佌彼有屋，蔌蔌方有谷，民今之无禄，天夭是椓。哿矣富人，哀此惸独。

此宗周乱后，流亡者之诗。

又如《小旻》末章：

不敢暴虎，不敢冯河，人知其一，莫知其他。战战兢兢，如临深渊，如履薄冰。

至于规谏之诗，多是"文采不艳而过于叮咛周至"，然叮咛而成和谐，亦是美文。

《民劳》：

民亦劳止，汔可小康。惠此中国，以绥四方。无纵诡随，以谨无良。式遏寇虐，憯不畏明。柔远能迩，以定我王。

民亦劳止，汔可小休。惠此中国，以为民逑。无纵诡随，以谨惛怓。式遏寇虐，无俾民忧。无弃尔劳，以为王休。

民亦劳止，汔可小息。惠此京师，以绥四国。无纵诡随，以谨罔极。式遏寇虐，无俾作慝。敬慎威仪，以近有德。

民亦劳止，汔可小愒。惠此中国，俾民忧泄。无纵诡随，以谨丑厉。式遏寇虐，无俾正败。戎虽小子，而式弘大。

民亦劳止，汔可小安。惠此中国，国无有残。无纵诡随，以谨缱绻。式遏寇虐，无俾正反。王欲玉女，是用大谏。

《板》：

上帝板板，下民卒瘅。出话不然，为犹不远。靡圣管管，不实于亶。犹之未远，是用大谏。

天之方难，无然宪宪。天之方蹶，无然泄泄。辞之辑矣，民之洽矣。辞之怿矣，民之莫矣。

我虽异事，及尔同僚。我即尔谋，听我嚣嚣。我言维服，勿以为笑。先民有言，询于刍荛。

天之方虐，无然谑谑。老夫灌灌，小子蹻蹻。匪我言耄，尔用忧谑。多将熇熇，不可救药。

天之方懠，无为夸毗。威仪卒迷，善人载尸。民之方殿屎，则莫我敢葵。丧乱蔑资，曾莫惠我师。

天之牖民，如埙如篪，如璋如圭，如取如携。携无曰益，牖民孔易。民之多辟，无自立辟。

价人维藩，大师维垣。大邦维屏，大宗维翰。怀德维宁，宗子维城。无俾城坏，无独斯畏。

敬天之怒，无敢戏豫。敬天之渝，无敢驰驱。昊天曰明，及尔出王；昊天曰旦，及尔游衍。

夷夏东西说[①]

这一篇文是我在"九一八"以前所作《民族与古代中国史》一书中的三章。这一书已成之稿,大致写在"九一八"前两年至半年间。这三章是二十年春天写的,因时局的影响,研究所迁徙两次,我的工作全不能照预定呈规,所以这一书始终不曾整理完。现在把其中的三章,即本文的三章,编成一文,敬为蔡子民师寿。因为本是一部书,所以中间常提到他章,现在改作"别见某文,未刊"。这一篇中的中心思想,是我十余年前的见解,此数章写成亦在数年前。这几年中我没有在这一线上用功夫,所以除字句略加修正及末一节以外,几全是当年的原文。此文本应附图,现在亦来不及做了。

民国二十三年十月

自东汉末以来的中国史,常常分南北,或者是政治的分裂,或者由于北方为外族所统制。但这个现象不能倒安在古代史上。到东汉,长江流域才大发达。到孙吴时,长江流域才有独立的大政治

---

① 此文原载《语言历史学研究所集刊》外编第一种《庆祝蔡元培先生六十五岁论文集》,1933 年 1 月。

组织。在三代时及三代以前,政治的演进,由部落到帝国,是以河、济、淮流域为地盘的。在这片大地中,地理的形势只有东西之分,并无南北之限。历史凭借地理而生,这两千年的对峙,是东西而不是南北。现在以考察古地理为研究古史的一个道路,似足以证明三代及近于三代之前期,大体上有东西不同的两个系统。这两个系统,因对峙而生争斗,因争斗而起混合,因混合而文化进展。夷与商属于东系,夏与周属于西系。以下四章是为求能证明这个设定而写的。先从商代说起,上溯夏后世者,因为后王事迹多,容易看清楚,先讨论他,于了解此文之命意上似乎便当些。

第一章　毫—商—殷

一、商代发迹于东北渤海与古兖州是其建业之地

下列数事,合起来可证成本节标题所假定。

甲　《诗·商颂》:"天命玄鸟,降而生商。"又,"有娀方将,帝立子生商"。这个故事的意义,可以《吕氏春秋·音初篇》所记说明之。

> 有娀有二佚女,为之九成之台,饮食必以鼓。帝令燕往视之,鸣若谥隘。二女爱而争搏之,覆以玉筐。少选,发而视之,燕遗二卵北飞,遂不反。二女作歌,一终曰:"燕燕往飞。"实始作为北音。

《商颂》中所谓"玄鸟"及"有娀"之本事,当即此说之内容。此一神话之核心,在于宗祖以卵生而创业。后代神话与此说属于一源而分化者,全在东北民族及淮夷。现在将此神话之重要材料录于下方。

> 《论衡·吉验篇》　北夷橐离国王侍婢有娠,王欲杀之。

婢对曰:"有气如大鸡子,从天而下,我故有娠。"后生子,捐于猪溷中,猪以口气嘘之,不死。复徙置马栏中,欲使马藉杀之,马复以口气嘘之,不死。王疑以为天子,令其母收取,奴畜之,名东明,令牧牛马。东明善射,王恐夺其国也,欲杀之。东明走,南至掩淲水,以弓击水,鱼鳖浮为桥,东明得渡。鱼鳖解散,追兵不得渡,因都王夫余,故北夷有夫余国焉。(《魏志·三十夫余传》注引《魏略》同)

《魏书·高句丽传》 高句丽者,出于夫余。自言先祖朱蒙。朱蒙母河伯女,为夫余王闭于室中,为日所照,引身避之,日影又逐。既而有孕,生一卵,大如五升。夫余王弃之与犬,犬不食。弃之与豕,豕又不食。弃之于路,牛马避之。后弃之野,众鸟以毛茹之。夫余王割剖之,不能破,遂还其母。其母以物裹之,置于暖处,有一男破壳而出。及其长也,字之曰朱蒙。其俗言朱蒙者,善射也。夫余人以朱蒙非人所生,将有异志,请除之。王不听,命之养马。朱蒙每私试,知有善恶,骏者减食令瘦,驽者善养令肥。夫余王以肥者自乘,以瘦者给朱蒙。后狩于田,以朱蒙善射,限之一矢。朱蒙虽矢少,殪兽甚多。夫余之臣又谋杀之,朱蒙母阴知,告朱蒙曰:"国将害汝,以汝才略,宜远适四方。"朱蒙乃与乌引、乌违等二人弃夫余东南走。中道遇一大水,欲济无梁,夫余人追之甚急。朱蒙告水曰:"我是日子,河伯外孙,今日逃走,追兵垂及,如何得济?"于是鱼鳖并浮,为之成桥。朱蒙得渡,鱼鳖乃解,追骑不得渡。朱蒙遂至普述水,遇见三人,其一人着麻衣,一人着衲衣,一人着水藻衣,与朱蒙至纥升骨城,遂居焉。号曰高句丽,因以为氏焉。

《高丽好大王碑》 惟昔始祖邹牟王之创基也,出自北夫

余，天帝之子，母河伯女郎，剖卵降出。生子有圣
□□□□□□命驾巡东南下，路由夫余奄利大水。王临津言
曰："我是皇天之子，母河伯女郎，邹牟王，为我连葭浮龟。"应
声即为连葭浮龟，然后造渡于沸流谷忽本西城山上而建都焉。
永乐□位，因遗黄龙来下迎王，王于忽本东冈黄龙负升天。

高丽王氏朝金富轼撰《三国史记·高句骊纪》　始祖东明
圣王姓高氏，讳朱蒙（一云邹牟，一云象解）。先是扶余王解夫
娄老，无子，祭山川求嗣。其所御马至鲲渊，见大石，相对流
泪，王怪之，使人转其石，有小儿，金色，蛙形（蛙一作蜗）。王
叹曰："此乃天赉我令胤乎？"乃收而养之，名曰金蛙。及其长，
立为太子。后其相阿兰弗曰："日者天降我曰：'将使吾子孙立
国于此，汝其避之东海之滨，有地号曰迦叶原，土壤膏腴，宜五
谷，可都也。'"阿兰弗遂劝王移都于彼国，号东扶余。其旧都
有人，不知所从来，自称天帝子解慕漱来都焉。及解夫娄薨，
金蛙嗣立。于是时得女子于大白山南优渤水，问之，曰："我是
河伯之女，名柳花，与诸弟出游，时有一男子自言天帝子解慕
漱，诱我于熊心山下鸭绿边室中私之，即往不返，父母责我无
媒而从人，遂谪居优渤水。"金蛙异之，幽闭于室中。为日所
照，引身避之，日影又遂而照之，因而有孕。生一卵，大如五升
许，王弃之于犬豕，皆不食。又弃之路中，牛马避之。后弃之
野，鸟覆翼之。王欲剖之，不能破，遂还其母。其母以物裹之，
置于暖处，有一男儿破壳而出，骨表英奇。年甫七岁，嶷然异
常，自作弓矢射之，百发百中。扶余俗语善射为朱蒙，故以名
云。金蛙有七子，常与朱蒙游戏，其伎能皆不及朱蒙。其长子
带素言于王曰："朱蒙非人所生，其为人也勇，若不早图，恐有
后患，请除之。"王不听，使之养马。朱蒙知其骏者而减食令

瘦,驽者善养令肥。王以肥者自乘,瘦者给朱蒙。后猎于野,因朱蒙善射,与其矢小,而朱蒙殪兽甚多。王子及诸臣又谋杀之,朱蒙母阴知之,告曰:"国人将害汝,以汝才略,何往而不可? 与其迟留而受辱,不若远适以有为。"朱蒙乃与乌伊、摩离、陕父等三人为友,行至淹滹水(一名盖斯水,在今鸭绿东北),欲渡无梁,恐为追兵所迫,告水曰:"我是天帝子,河伯外孙,今日逃走,追者垂及,如何?"于是鱼鳖浮出成桥,朱蒙得渡,鱼鳖乃解,追骑不得渡。朱蒙行至毛屯谷(《魏书》云,至普述水),遇三人,其一人着麻衣,一人着衲衣,一人着水藻衣。朱蒙问曰:"子等何许人也? 何姓何名乎?"麻衣者曰"名再思";衲衣者曰"名武骨";水藻衣者曰"名默居",而不言姓。朱蒙赐再思姓克氏,武骨仲室氏,默居少室氏。乃告于众曰:"我方承景命,欲启元基,而适遇此三贤,岂非天赐乎?"遂揆其能,各任以事,与之俱至卒本川(《魏书》云,至纥升骨城)。观其土壤肥美,山河险固,遂欲都焉,而未遑作宫室,但结庐于沸流水上居之。国号高句丽,因以高为氏(一云,朱蒙至卒本,扶余王无子,见朱蒙,知非常人,以其女妻之。王薨,朱蒙嗣位)。时朱蒙年二十二岁,是汉孝元帝建昭二年。

朝鲜《旧三国史·东明王本纪》(按,原书已佚,日人今西龙在《内藤虎次郎颂寿纪念史学论丛》中所作《朱蒙传说》据高丽王氏朝李奎报《李相国文集》中之《东明王篇注释》辑录成篇,并以朝鲜《世宗实录》《地理志·平安道》平壤条所载者补订之。此处所引,即据今西龙氏辑文) 夫余王解夫娄老无子,祭山川求嗣。所御马至鲲渊,见大石流泪。王怪之,使人转其石,有小儿金色蛙形。王曰:"此天赐我令胤乎?"乃收养之,名曰金蛙,立为太子。其相阿兰弗曰:"日者天降我曰,将使吾子孙立国于此,汝其避之东海之滨,有地号迦叶原,土宜五谷,可都也。"阿兰弗劝王移都,号东夫余。于旧都解慕漱,为天帝子来都。汉神雀三年壬戌岁(四月甲寅),天帝遣太子降游扶余王古都,号解慕漱。从天而下,乘五龙车,从者百余人,皆骑白鹄,彩云浮于上,音乐动云中,止熊心山,经十余日始下。首戴乌羽之冠,腰带剑光之剑,朝则听事,暮即升天,世谓之天王郎。

城北青河河伯(青河今鸭绿江也)有三女,长曰柳花,次曰萱花,季曰苇花,三女自青河出游熊心渊上,神姿艳丽,杂佩锵洋,与汉皋无异。王谓左右曰:"得而为妃可有后胤。"其女见王,即入水。左右曰:"大王何不作宫殿,俟女入室,当户遮之?"王以为然。以马鞭画地,铜室俄成,壮丽于空中。王三席置樽酒,其女各坐其席,相欢,饭酒大醉,云云。王俟三女大醉,急出遮。女等惊走,长女柳花为王所止。河伯又怒,遣使告曰:"汝是何人,留我女乎?"王报云:"我是天帝之子,今欲与河伯结婚。"河伯又使告曰:"汝若天帝之子,于我有求婚者,当使媒,云云,今辄留我女,何其失礼?"王惭之。将往见河伯,不能入室。欲放其女,女既与王定情,不肯离去,乃劝王曰:"如有龙车,可到河伯之国。"王指天而告,俄而五龙车从空而下。王与女乘车,风云忽起,至其宫。河伯备礼迎之,坐定,谓曰:"婚姻之道,天下之通规,为何失礼辱我门宗?"河伯曰:"王是天帝之子,有何神异?"王曰:"惟在所试。"于是河伯于庭前水化为鲤,随浪而游,王化为獭而捕之。河伯又化为鹿而走,王化为豺逐之。河伯化为雉,王化为鹰击之。河伯以为诚是天帝之子,以礼成婚。恐王无将女之心,张乐置酒,劝王大醉(河伯之酒七日乃醉),与女入于小革舆中,载以龙车,欲令升天。

其车未出水，王即酒醒。取女黄金钗，刺革舆，从孔独出升天。河伯大怒其女，曰："汝不从我训，终辱我门。"令右左绞挽女口，其唇吻长三尺，惟与奴婢二人贬于优渤水中。优渤，泽名，今在太伯山南。渔师强力扶邹告金蛙曰："近有盗梁中鱼而将去者，未知何兽也？"王乃使渔师以网引之，其网破裂。更造铁网引之，始得一女，坐石而出。其女唇长，不能言，令三截其唇，乃言。王知天帝子妃，以别宫置之。其女怀牖中日曜，因以有娠。神雀四年癸亥岁夏四月，生朱蒙。啼声甚伟，骨表英奇。初生，左腋生一卵，大如五升许。王怪之，曰："人生鸟卵，可为不祥。"使人置之马牧。群马不践。弃于深山，百兽皆护，云阴之日，卵上恒有日光。王取卵送母养之，卵终乃开，得一男。生未经月，言语并实。谓母曰："群蝇噆目，不能睡，母为我作弓矢。"其母以蓽作弓矢与之，自射纺车上蝇，发矢即中扶余谓善射曰朱蒙。年至长大，才能兼备。金蛙有子七人，常共朱蒙游猎。王子及从者四十令人，惟获一鹿，朱蒙射鹿至多。王子妒之，乃执朱蒙缚树，夺鹿而去，朱蒙树拔而去。太子带素言于王曰："朱蒙神勇之士，瞻视非常，若不早图，必有后患。"王使朱蒙牧马，欲试其意。朱蒙内怀恨，谓母曰："我是天帝之孙，为人牧马，生不如死，欲往南土造国家，母在，不敢自专，云云。"其母曰："此吾之所以日夜腐心也。""吾闻士之涉长途者，顺凭骏足，吾能择马矣。"遂往牧马，即以长鞭乱捶，群马皆惊走，一骅马跳过二丈之栏。朱蒙知马骏逸，潜以针捶马舌，痛不食水草，其马瘦悴。王巡行马牧，见群马悉肥，大喜，仍以瘦锡朱蒙。朱蒙得之，拔其针加倭云。暗结乌伊、摩离、陕父等三人，南行至淹淲，一名盖斯水，在今鸭绿东北，欲渡无舟。恐追兵奄及，乃以策指天，慨然叹曰："我天帝之孙，河伯之甥,今避难至此,皇天后土怜我孤子,速致舟桥。"言讫,以弓打水,龟鳖浮出成桥,朱蒙乃得渡。良久,追兵至。追兵至河,鱼鳖桥即灭,已上桥者皆没死。朱蒙临别,不忍暌违。其母曰:"汝勿以一母为念。"乃裹五谷种以送之。朱蒙自切生别之心,忘其麦子。朱蒙息大树之下,有双鸠来集。朱蒙曰:"应是神母使送麦子。"乃引弓射之,一矢俱举,开喉得麦子。以水喷鸠,更苏而飞去,云云。王行至卒本川,庐于沸流水上,国号为高句丽。王自坐弗绝之上,略定君臣神。(中略)在位十九年,秋九月,王升天不下,时年四十。太子以所遗玉鞭葬于龙山,云云。(下略)

《清太祖武皇帝实录》(故宫博物院藏本。按,《清太祖实录》今已发现者有三本,一名《太祖武皇帝实录》,藏北平故宫博物院,是最初本。一名《太祖高皇帝实录》,是一稿本,涂改数遍,藏中央研究院历史语言研究所。一亦名《太祖高皇帝实录》,藏北平故宫博物院,已由该院印出,此为最后之本。又有《满洲实录》,藏沈阳故宫博物院,已由该院影印,文饰较少,当在故宫第一本及中央研究院稿本之间。今录故宫第一本,而注明沈阳本之异文) 长白山高约二百里,周围约千里。此山之上有一潭名他门(沈阳本作闼门),周约八十里。鸭绿混同爱滹三江,俱从此山流出。鸭绿江自山南泻出向西流,直入辽东之南海。混同江自山北泻出向北流,直入北海。爱滹江向东流,直入东海。此三江中每出珠宝。长白山山高地寒,风劲不休,夏日环山之兽俱投憩此山中(沈阳本此下有云,此山尽是浮石,乃东北一名山也。又以下提行。《满洲源流》,满洲原起于长白)。山之东北布库里山下一泊,名布尔(沈阳本作勒)瑚里。初,天降三仙女浴于泊,长名恩古伦,次名正古伦,三名佛库伦,浴毕上岸,有神鹊衔一朱果置佛库伦衣上,色甚鲜妍。佛古(沈阳本作库)伦爱之不忍释手,遂衔口中。甫着衣其果入腹中,即感而成孕。告二姊曰:"吾觉腹重不能同升,奈何?"二姊曰:"吾等曾服丹药,谅无死理,此乃天意俟尔身轻上升未晚。"遂别去。佛库伦后生一男,生而能言,倐尔长成。母告子曰:"天生汝,实令汝为夷国主(沈阳本作以定乱国),可往彼处将所生缘由一一详说。"乃与一舟,"顺水去,即其地也"。言讫,忽不见。其子乘舟顺流而下,至于人居之处,登岸,折柳条为坐具,似椅形,独踞其上。彼时长白山东南鳌莫惠(地名)鳌多理(城名)。此两名沈阳本作鄂谟辉、鄂多理),内有三姓夷酋争长(沈阳本作争为雄长),终日互相杀伤。适一人来取水,见其子举止奇异,相貌非常,回至争斗之处,告众曰:"汝等无争,我于取水处遇一奇男子,非凡人也。想天不虚生此人,盖往观之。"三酋长(沈阳本作三姓人)闻言罢战,同众往观。及见,果非常人,异而诘之。答曰:"我乃天女佛库伦所生,姓爱新[华语(沈阳本作汉言)金也]觉罗(姓也),名布库理雍顺,天降我定汝等之乱。"因将母所属之言,详告之。众皆惊异曰:"此人不可使之徒行。"遂相插手为舆,拥捧(沈阳本作护)而回。三姓人息争,共奉布库里英雄(沈阳本作哩雍顺)为王,以百里女妻之。其国定号满洲,乃其始祖也(南朝误名建州)。

如上所引,可知此一传说在东北各部族中之普遍与绵长。此即东北人之"人降"神话,在东北人以外,古淮夷亦有此神话:

《史记·秦本纪》 秦之先,颛顼之苗裔,孙曰女修。女传织,玄鸟陨卵,女修吞之,生子大业。大业取少典之子,曰女华,生大费,与禹平水土。

按，此虽记秦之祖，然实叙夷淮之祖，因秦本嬴姓，嬴姓在商代，凭殷人西向之势，自岱南出建部落于西北，事见《秦本纪》。淮夷本是东海上部类，《诗·鲁颂》"至于海邦，淮夷来同"，是其证。然则淮夷与东北沿海诸族同其人降之神话，本不足怪。且此处之神话，明明归本于颛顼氏，颛顼正是东北方部落之宗神。《晋书》卷一百八"（慕容）廆以大棘城即帝颛顼之墟也"可以为证。据此考量，淮夷有此神话，正自东北来，即当人之东北一类中也。

然而此一神话殊不以东北为限，殷商亦然。《诗》所谓"天命玄鸟，降而生商"，所谓"有娀方将，帝立子生商"者，据郑笺云："天使鳦下而生商者，谓鳦遗卵，有娀氏之女简狄吞之而生契。"是谓玄鸟之卵，入有娀氏女之腹，遂生商祖。然则《商颂》中此一神话，与上文所举后来东北各部族中之神话，明明白白是一件事，至少是一个来源。持此以证商代来自东北，固为不足，持此以证商代之来源与东北有密切关系，至少亦是文化的深切接触与混合，乃是颇充足，很显然的①。

乙　《诗·商颂》："宅殷土芒芒。"我们要看商所宅之殷土在何处。自武乙以来所都之处，《史记》称之曰殷墟，殷墟正在洹水南岸，今河南安阳境。不过这是后来的话，不足证殷商之本在河北。当更由他法寻求称殷商部族之本土。《吕氏春秋·慎大览》："亲郼如夏。"高诱曰："郼读如衣，今兖州人谓殷氏皆曰衣。"毕沅证之曰："《书·武成》殪戎殷，《中庸》作壹戎衣，二字声本相近。"然则殷即郼，郼、韦、卫三字当为一字之异体。今能寻卫、韦之所在，则殷土之原来地望可知。卫者，康侯封所受之旧名，康侯之国名卫，并非

---

①　此节含义已见拙著《东北史纲》初稿第一卷14至24页。彼处于本文所引资料外，更及"娀乙"一词。今承董作宾先生告我："王国维所释'娀乙'二文实是'河'字，其'窗'一字，则为'岳'字。"按董说甚确，故删是段。

康侯自他处带去（若燕之本不在蓟，鲁之本不在曲阜）。而为其地之旧名者，可以下列考量证之。康叔本封于康，故建侯于卫时犹曰康叔，其子犹曰康伯，从此可知卫为昧邦（即《诗》之"沬乡牧野"）之本名，当今彰德、卫辉、大名一带之地。韦者，一曰豕韦，《左传》哀二十四杜注曰："东郡白马县东南有韦城。"晋白马县当今滑县东境一带，其四围正在古所谓河济之间。《吕氏春秋·有始览》又云："河济之间为兖州，卫也。"此尤明示卫之地望，更由此可知称殷之原来所在。其实殷、兖（古作沇）二字，或者也不免是一词之变化，音韵上非不可能。此说如不错，则殷、衣、韦、邶、卫、沇、兖，尽由一源，只缘古今异时，成殊名耳。商之先世，于建业蒙亳之先（说详下）宅此殷土，则成汤以前先公发祥自北而南之踪迹，可以推知矣。

丙　《诗·商颂》："相土烈烈，海外有截。"试为"景员维河"之国家设想，最近之海为渤海，最近可能之海外为辽东半岛或朝鲜西北境。相土为商代甚早之先王，在契之后，汤之前，并在王恒、王亥之前。以如此早之一代，竟能戡定海外，则其根据地必去渤海不远。纣殁后，殷人以亡国之余，犹得凭箕子以保朝鲜，朝鲜如不早在其统治之内，甚难以亡国余烬，远建海邦。然则箕子之东，只是退保辽水之外，"从先王居"而已，犹之金亡后犹在混同江边保其女真族，元亡后犹在漠南北保其蒙古族[1]。

据以上三事，则最早最可信之史料——《商颂》——已明明告我们，殷代之祖先起自东北方矣！然证据尚不止此。

丁　王恒亦是殷先王世系中甚早者，他与有易有一段相杀的故事（王国维考之甚确）。按，都邑之名每以迁徙而移，水名则不

––––––––––––

[1]　《左》昭九："肃慎燕亳，吾北土也。"此当为亳之本土，说详下。又，朝鲜一词不见六经，按之司马相如上林赋，"齐……斜与肃慎为界"，西汉齐国之斜界正为朝鲜，或者战国以来所谓朝鲜，即古之肃慎耶？说别详。

移。有易之地望可以易水所在推知其概。王恒、王亥、上甲微三世既皆与有易发生关系，而王恒且为有易掳去作牧夫，则此时殷先公之国境，必与有易毗连可知，即必在今河北省境北部或中部可知。查王国维所证与此事有涉之《天问》十二韵云：

> 该（亥）秉季德，厥父是臧，胡终弊于有扈（易之误，据王考），牧夫牛羊？干协时舞，何以怀之？平胁曼肤，何以肥之？有扈（易）牧竖，云何而逢？击床先出，其命何从？恒秉季德，焉得夫朴牛？何徒营班禄，不但（疑旦之误）还来？昏微遵迹，有狄（易之借字，据王考）不宁，何繁鸟萃棘（疑林之误），负子肆情？眩（亥）①弟并淫，危害厥兄，何变化以作诈，后嗣而逢长？

今更据文义推测此一故事之大略面目。一个故事，每因同源异流之故，化为几个不同的面目。现在看看《天问》中这个故事的面目，果与其他记同一故事者合否。照这十几韵中的含义，大约殷王季是这个故事中一个重要的人物，大约服牛之功是当归之于季的，所以谈到他的儿子们，一则曰"该秉季德"，再则曰"恒秉季德"。此点正与《国语·祭统》合，二者皆以为冥（据王考，即季）有大功。然则王氏以为"《山海经》《天问》《吕览》《世本》皆以王亥为始作服牛之人"，在《天问》或不如此。《天问》即曰该恒秉季德，是此一重要制作，在王亥不过承袭父业，或者《天问》作者心中是以王季担此制作之任者。王季有几个儿子，其中亥、恒皆能秉父德，不幸亥之诸

---

① 此处眩字疑亦亥之误字。盖上文正说王亥、王恒、上甲微，下文又说汤之创业，不应中间忽插入舜象故事，如王逸所解者。即使信《国语》"商人禘舜"之舜字不误，亦应列于"简狄在台喾何喜"之前。《天问》骤看似语无伦次者，然若以"故事系统"论其次序，以韵读定其错间或不错，当知实非漫无连贯者。故舜事无论如何解不当入之此处也。又眩胲二字在篆文虽不可乱，在隶书则甚易讹也。

弟(恒当除外)实行"共妻主义"，偏这群人自己没遭祸事，祸事到老兄头上，所谓"危害厥兄"也。此与郭璞《大荒东经》注引《竹书》所云"殷王子亥，宾于有易而淫焉，有易之君绵臣杀而放之"，当系一件故事之不同说法，《竹书》归罪于王亥，《天问》归罪于其弟耳。所谓"昏微遵迹，有狄不宁"者，盖上甲微在国败君亡之后，能振作旧业，压迫有狄，有狄为之不宁，此与《鲁语·祭统》所谓"上甲微能帅契"者相合。不过，据《天问》之发问者，微不是王亥之子，而是亥之弟之子，故有天道难知之感，以并淫作诈害及子兄之人，其后嗣乃能长盛，为不平也。如上所析解此一故事，诸书用之者大同小异，盖此故事至晚周已有不同之面目。然其中有一点绝无异者，即汤之先世在此期中历与有易斗争，卒能胜有易，故后世乃大。夫易水所在，古今未改，有易所在，即可推知。以数世与有易斗争之国，必为有易之邻国可知，必在今河北省中部或南部亦可知矣。

戊 《山海经》中所说之地望，初看似错乱，如匈奴见于南方，流沙见于东方之类。但全部排比一下，颇有一个线索可寻，而《大荒经》中之东西南北，尤不紊乱。今将《大荒东经》中所载一切帝上之迹抄之如下。

东海之外，大壑，少昊之国，少昊孺帝颛顼于此。

大荒之中，有山名曰合虚，日月所出。有中容之国：帝俊生中容。

有司幽之国：帝俊生晏龙，晏龙生司幽。

有白民之国：帝俊生帝鸿，帝鸿生白民。

有黑齿之国：帝俊生黑齿，姜姓。

东海之渚中有神，人面鸟身，珥两黄蛇，践两黄蛇，名曰禺䝓(《北经》作禺号)。黄帝生禺䝓，禺䝓生禺京。禺京处北海，禺貌处东海,是惟海神。

有困民国,勾姓,而食(郝懿行云,勾姓下而食上当有阙脱),有人曰王亥。两手操鸟,方食其头。王亥托于有易,河伯仆牛。有易杀王亥,取仆牛。河念有易,有易潜出为国于兽方食之,名曰摇民。帝舜生戏,戏生摇民。

有五采之鸟相乡弃沙,惟帝后下友。

东荒之中有山,名曰壑明后疾,日月所出,有中容之国。

东海中有流波山……其上有兽。……其名曰夔,黄帝得之,以其皮为鼓。

据此我们可说帝后竟是《大荒东经》中唯一之帝。此外少昊一见,谓其孺颛项于此;黄帝二见,一谓其为处于东海之禺貌之祖,一谓其得夔;舜一见,谓其为摇民之祖;皆不多见。至于中容王亥,一为后之子,一则殷先王,正在一系中。又,帝后之见于他卷者,仅《大荒南经》,"帝后妻娥皇,生此三身之国","帝后生季釐","羲和者,帝后之妻";《大荒西经》,"帝后妻常义",《大荒北经》,"东北海之外,大荒之中,河水之间,附禺之山……帝颛项有九嫔葬焉。……丘方员三百里,丘南帝后竹林在焉,大可为舟……丘西有沉渊,颛项所浴";及《海内经》末段之综记帝族统系。除《海内经》末段另文详论外,所有《大荒经》南西北三方中之帝后,多是娥皇一故事之分化。至《大荒北经》所记帝后竹林,虽列入《北经》,按其所述之地望,实在东北。由此统计以看帝后之迹,及其宗族,独占东北方最重要之位置。帝后既见于殷墟文字,称曰高祖,而帝后之地望如此,则殷代龙兴之所在可知。

综上列五事以看,直接史料与间接史料相互参会,均指示我们商起于东北,此一说谓之为已经证成可也。

二　亳

然而竟有人把商代也算到西方去，其故大概由于亳之地望未看清楚，太史公又曾糊里糊涂说了一句。他说："或曰：'东方物所始生，西方物之成熟。'夫作事者必于东南，收功实者常于西北。故禹兴于西羌；汤起于亳；周之王也，以丰镐伐殷；秦之帝用雍州兴；汉之兴自蜀汉。"这话里边，只汤起于亳一说为无着落，而徐广偏"希意承旨"，以说"京兆杜县有亳亭"，于是三亳、阪尹之外，复有此西亳，而商起东北之事实，竟有太史公之权威作他的反证！[①] 查亳之所在，皇甫谧已辨之，宋人亦有论及。在近代，有孙星衍（见外集《汤都考》）、胡天游（见《石笥山房集》）、郝懿行（见《山海经笺疏》）、金鹗（见《求古录礼说》）、毕亨（见《九水山房文存》）、王国维（见《观堂集林》）皆主偃师之西亳为后起之亳，汤之始都应在东方。汤自东徂西之事，在今日已可为定论。诸家所说，今不具引，仅于所论之外，补申两事：

甲　亳实一迁徙之名。地名之以居者而迁徙，周代犹然。宗周成周虽于周上冠字，其号周则一。鲁本不在今山东南境，燕本不在今河北北境，皆因徙封而迁（说见拙著《大东小东说》）。韩本在渭水流域，而《诗·韩奕》，"燕师所完"，"以为北伯"之韩，必在今河北省境。魏本在河东，而迁大梁后犹号魏。汉虽仍封梁王于此，而

---

① 按，京兆有亳亭一说，《史记》曾言及。《封禅书》记秦地诸祠祀有云："于社亳有三社主之祠。"《秦本纪》云："宁公二年，遣兵伐荡社。三年，与亳战，亳王奔戎，遂灭荡社。"《索隐》曰："西戎之君，号曰亳王。盖成汤之胤。"《集解》引皇甫谧曰："亳王号汤，西夷之国……非殷也。"据此，知周桓王时之亳王，乃西戎君长，不关殷商。其居京兆杜县，当由犬戎之乱，入据畿甸。西周盛时，断不容卧榻之旁，由人酣睡。意者殷克鬼方后，子姓有统率戎人部落者，逮殷之灭，遂袭亳王之号，及周之乱，遂据杜县。无论此说当否，此乃后代事，不能据以证商代之渊源。商人何来，固当以早年地理证之，亳人发迹之所在求之，若求之于八九百年后之地名，恐尤当矣。

曹魏初建国，仍在此地。后世尚如此，早年“无定居”时迁徙较易，则洛邑号周，韦墟号商，亦甚自然。鲁有亳社之遗，可知亳者乃商人最初之国号，国王易其居，而亳易其地，原来不是亳有好些个，乃是亳王好搬动。或者有亳社之地皆可称亳。王国维君证汤之亳为汉之山阳郡薄县（今山东曹县境），以《左传》哀公十四年，“宋景公曰，薄宗邑也”为证，其说至确，然不可谓汤之所居但以此为限。偃师之亳虽无确证，然汤实灭夏，夏之区宇布于今山西、河南省中，兼及陕西，而其本土在河东（详下章）。《史记》：“汤遂率兵以伐夏桀，桀走鸣条。”《集解》引孔安国曰：“地在安邑之西。”按之《吕览》等书记吴起对魏武侯云：“夏之国左河济，右大行，伊阙在其南，羊肠在其北。”则鸣条在河东或不误。然则汤对夏用兵以偃师一带地为根据，亦非不可能者。且齐侯镈钟云：“虩虩成唐（阳），又㪟（严）十（在）帝所。尃受天命，刻（克）伐頣（履）同，散（败）及灵师。伊少（小）臣隹楠（辅）。咸有九州，处禹之堵（都）。”（从孙仲容释）则成汤实灭夏桀而居其土。此器虽是春秋中世之器，然此传说必古而有据。又，南亳虽若偏于南隅，然相传成汤放桀于南巢，南巢竟远在庐州境，则南亳未必非汤所曾至。大凡此等传说，无以证明其然，亦无以证明其不然。如以亳为城郭宫室具备之都邑，则汤之亳自当只有一个。如以其为兵站而有社以祷之所，则正应不止一地。且汤时兵力已甚盛，千里之间，南征北战，当是史实。不过汤之中央都邑，固当以近于商宋者为差是耳。

此外济河流域中以薄或博名者，尚有数处，其来源虽有不可知者，然以声类考之，皆可为亳之音转。

蒲姑。《左传》昭九年，“及武王克商……蒲姑商奄，吾东土也……肃慎燕亳，吾北土也”。《齐世家》作蒲姑。《诗·毛传》同。杜云：“乐安博晶昌北有薄姑城。”按，《汉志》千乘郡已有博昌县，当今山东博兴县。

肃慎燕亳之亳。此亳所在杜无说,孔谓小国不知所在。然既与肃慎燕并举,当邻于肃慎及燕。

据司马相如《子虚赋》,齐"斜与肃慎为界",是古肃慎当即汉之朝鲜,与后世之挹娄无涉。或者此一在东北之亳即亳之初地,亦未可知。

齐博邑。在泰山下,见《齐策》。

汉东郡博平县。在济水之北,今山东博平县境。《田齐世家》之博陵,《苏秦张仪传》之博关,当即此博。

杨守敬曰:"余以为秦县之名率本于前,其有地见春秋战国而汉又有其县者,诸家虽不言秦县,安知其非秦置? ……使读者知秦之立县皆有所因,而《汉志》之不详说者,可消息得之矣。"(见《嬴秦郡县图序》)此说甚通。博、博平二名虽见于后,渊源当有自耳。

又按,"亳""薄"二字,同在唐韵入声十九铎,傍各切。"博"亦在十九铎,补各切。补为帮母之切字,傍为并母之切字,是"亳""薄"二字对"博"之异仅在清浊。蒲姑之"蒲"在平声,然其声类与"亳""薄"同,而蒲姑又在《诗》毛传、《左》杜注中作薄姑,则"蒲"当与"薄"通。又,十八铎之字在古有收喉之入声(-k),其韵质当为 ak,而唇声字又皆有变成合口呼之可能,是则"蒲姑"两字正当"亳"之一音。亳字见于殷墟文字,当是本字(《殷墟文字类编》五卷十五叶)博、薄、薄姑等,为其音转,以声类韵部求之,乃极接近。此虽未能证明之假设,却颇值得留意。

乙　蒲姑、博、薄、亳等地之分配,实沿济水两岸而逆流上行。试将此数地求之于地图上,则见其皆在济水故道之两岸,薄姑至于蒙亳皆如此。到西亳南亳方离开济水之两岸,但去济水流域仍不远。大凡一切荒古时代的都邑,不论在那一州,多是在河岸上的。

一因取水的供给，二因交通的便利。济水必是商代一个最重要的交通河流。殷墟发现的品物中，海产品甚多，贝类不待说，竟有不少的鲸骨。而《卜辞》所记，王常自渔，《左传》所谓渔"非君所及"者，乃全不适用于商王，使人发生其同于辽代君主在混同江上钓鱼之感。又，"济""齐"本是一字，如用以标水名，不着水旁亦可。洹水之"洹"有时作"亘"，可以为证。《卜辞》中有"齐㒸"，而"齐㒸"又近于夷方，此必指济水上地名而言（《殷墟书契前编》卷二第十五叶，"癸巳，卜贞王旬亡㑞，在二月，在齐㒸，隹王来正［征］？［夷］方"。董彦堂先生示我此条）。商之先世或者竟逆济水而向上拓地，至于孟诸，遂有商丘，亦未可定。薄姑旧址去海滨不远。此一带海滨，近年因黄河之排沙，增加土地甚速。古时济漯诸水虽不能如黄河，亦当有同样而较弱之作用。然则薄姑地望正合于当年济水之入海口，是当时之河海大港无疑。至于"肃慎燕亳"之亳，既与肃慎燕并举，或即为其比邻。若然，则此之一亳正当今河北省之渤海岸，去薄姑亦在数百里以至千里之内。今假定商之先世起源于此之一亳，然后入济水流域，逆济水西上，沿途所迁，凡建社之处皆以旧名名之，直到陕西省境，于是有如许多之亳。此设想虽不能直接证明，然如上文所排列之事实，惟似惟有此解能适合之。

三　商代拓土之三朝

商代享国六百年之说，今无从确证。《史记》所载之世系，按之《卜辞》，大体不差。虽帝王之历世甚多，然其间不少兄弟，或者《史记集解》引《汲冢纪年》"汤灭夏，以至于受，二十九王，用岁四百九十六年"之一说，较为可信。在此五百年中，大约有两个时期拓土最力，一是成汤时，一是武丁时，合之汤前之相土，共三个时期。此情形《商颂》中说得很明白。于相土曰："相土烈烈，海外有截。"于汤曰："武王载旆……九有有截。韦顾既伐，昆吾夏桀。"于武丁曰：

"在武丁孙子。武丁孙子,武王靡不胜。龙旂十乘,大糦是承。邦畿千里,维民所止。肇域彼四海,四海来假。"照这样看,并参以他书所记载,这三个时期拓土的范围,当如下文所列。

一、相土的东都,既在太山下,则其西部或及于济水之西岸。又曾戡定海外,当是以渤海为宇的。

二、汤时建国在蒙亳,其广野即是所谓空桑,其大渚即是孟诸(即孟渚),盖已取东夷之国,少昊之故域,而为邦畿,而且北向对韦,西向对夏,南向对淮水流域,均拓土不少。

三、盘庚涉河迁殷后,其西北向之势力更发达。重以"中宗祖乙"(参看初版《观堂集林》九卷二十叶)"治民祇惧,不敢荒宁……享国七十有五年"。"高宗(武丁)时旧劳于外,爰暨小人。……不敢荒宁……嘉靖殷邦……享国五十有九年。""祖甲……旧为小人,作其即位,爰知小人之依,能惠保于庶民,享国三十有三年。"(均见《书·无逸》)故其势力能越太行,过伊洛,而至渭水。彼时南方之疆域今虽不可考,然既至南巢,已越淮水矣。又,周称周侯,崇侯之国在丰,此虽藩国不同邦畿,然亦可见其声威所至。且"高宗伐鬼方,三年克之"一传说(见《易·下经》),证以《诗经》,尤可信。《大雅·荡》云:"文王曰咨,咨女殷商。如蜩如螗,如沸如羹。小大近丧,人尚由乎行。内奰于中国,覃及鬼方。"此虽记殷之衰乱,然衰乱时尚能波及于鬼方,强武时鬼方必为其臣属可知。关于鬼方之记载,初不见于发现之卜辞,今春中央研究院始发现一骨,其辞曰:"己酉,卜贞鬼方,囚。"这样记载的稀少,似是鬼方既为殷人平定或威服之证。及纣之将亡,周人尚称之曰"殷商之旅,其会如林",而周人之剪服东方,历文武周公成王三世而"康克安之"。然则商人所建之帝国,盛时武力甚大,败后死而难僵。此一东起海东,西至岐阳之大帝国,在当时的文化程度中能建设起来,不能不算是一件绝伟大的事。想必凭特殊的武器，及坚固的社会组织，方能做到。

第二章 夏　　迹

商代发迹自东徂西的踪迹已在上一章大致条别清楚，向上推一步便是夏代，我们且看夏代的踪迹分布在何方。

禹的踪迹的传说是无所不在的，北匈奴南百越都说是禹后，而龙门会稽禹之迹尤著名，即在古代僻居汶山（岷山）一带不通中国的蜀人，也一般的有治水传说（见扬雄《蜀王本纪》，臧氏辑本）。虽东方系之商人，也说"浚哲维商，长发其祥。洪水茫茫，禹敷下土方"，明明以禹为古之明神。不过春秋以前书中，禹但称禹，不称夏禹，犹之稷但称稷，不称夏稷或周稷，自启以后方称夏后。启之一字盖有始祖之意，汉避景帝讳改为开，足征启字之诂。其母系出于涂山氏，显见其以上所蒙之禹若虚悬者。盖禹是一神道，即中国之Osiris。禹鲧之说，本中国之创世传说（Genesis）。虽夏后氏祀之为宗神，然其与夏后有如何之血统关系，颇不易断。若匈奴号为夏后之裔，于越号称少康之后，当皆是奉禹为神，于是演以为祖者。如耶稣教之耶和华上帝，本是犹太一族之宗神，故《创世纪》言其世系，而耶稣教推广到他民族时，奉其教之民族，亦群认耶和华为人祖，亚当为始宗矣。然则我们现在排比夏迹，对于关涉禹者应律除去，以后启以下为限，以免误以宗教之范围，作为国族之分布。

所谓夏后氏者，其名称甚怪，氏是族类，后为王号，何以于殷曰殷人，于周曰周人，独于夏曰夏后？意者诸夏之部落本甚多，而有一族为诸夏之盟长，此族遂号夏后氏。今将历代夏后之踪迹辑次如下。

（1）见于《左传》者

　　帝丘　僖三十一："卫迁于帝丘。……卫成公梦康叔曰：

'相夺予享。'公命祀相。宁武子不可,曰:'鬼神非其族类,不歆其祀。杞鄫何事! 相之不享,于此久矣,非卫之罪也!'"杜云:"帝丘,今东郡濮阳县。"

殽　僖三十二:"殽有二陵焉:其南陵,夏后皋之墓也,其北陵,文王之所以避风雨也。"杜云:"殽在弘农渑池县西。"

穷石　此为夏之敌国,事见襄四年,本文及讨论均见下章。空桑又曰穷桑,见昭二十九年。穷石当即空桑之音转。至斟灌过戈鬲诸地所在,则杜云:"有鬲国名,今平原鬲县。""乐安寿光县东南有灌亭,北海平寿县东南有斟亭。""东莱掖县北有过乡,戈在宋郑之间。"

有莘　僖二十八,记晋文城濮之战,有云:"晋侯登有莘之虚,以观师,曰:'少长有礼,其可用也。'遂伐其木,以益其兵。己巳,晋师陈于莘北。"据此,有莘必去城濮甚近。有莘相传为夏诸侯,伊尹其一代之小臣也。

斟灌　斟寻　襄四,杜云:"乐安寿光县东南有灌亭,北海平寿县东南有斟亭。"按,《水经注·巨洋水篇》引薛瓒《汉书集注》云:"汲郡古文,相居斟灌,东郡观是也。"(段玉裁云,《经韵楼集》五今本《水经注》观讹为灌,而戴校未正)据此,斟灌仍在东郡,去帝丘不远。杜释此之误显然。此地既误释,其释斟寻之误亦可推知矣。

东夏　襄二十二:"晋人征朝于郑,郑人使少正公孙侨对曰……间二年,闻君将靖东夏。四月,又朝以听事期。"杜云："谓二十年澶渊盟，先澶渊二月往朝，以听事期。"按以二十年经传所载事，杜说不误。至澶渊所在，杜云："在顿丘县南，今名繁污，此卫地，又近戚田。"按，卫为东夏，则夏之本土当在东夏卫地之西，但持此一条以证夏境不在东土，已充足矣。

又昭元年："子相晋国，以为盟主，于今七年矣。再合诸侯，三合大夫，服齐狄，宁东夏，平秦乱，城淳于。"杜于"宁东夏"下注云："襄二十八年，齐侯白狄朝晋。"

又昭十五："文公受之，以有南阳之田，抚征东夏。"按，晋文东征者为曹卫，此又以曹、卫为东夏。

华夏　襄二十六："子仪之乱，析公奔晋。晋人寘诸戎车之殿，以为谋主。……晋人从之，楚师宵溃，晋遂侵蔡，袭沈，获其君，败申息之师于桑隧，获申丽而还。郑于是不敢南面。楚失华夏，则析公之为也。"此指蔡沈及邻于楚北境诸国为华夏。

观扈　昭元："夏有观扈。"杜云："观国在今顿丘县，扈在始平鄠县。"此皆夏之敌国，当即夏之边境。

大夏　昭元："子产曰：'昔高辛氏有二子，伯曰阏伯，季曰实沈，居于旷林，不相能也。日寻干戈，以相征讨。后帝不臧，迁阏伯于商丘，商人是因，故辰为商星。迁实沈于大夏，主参，唐人是因，以服事夏商。……及成王灭唐，而封太叔焉，故参为晋星。'"杜曰："大夏，晋阳也。"按，大夏与夏墟究竟在晋阳抑在翼，在地理书有异说（如《括地志》），近代学人有异论(如顾亭林、全谢山),二地相去亦数百里。然皆在汾水之旁,不关山东也。

钧台　昭四:"夏启有钧台之享。"杜云:"河南阳翟县南有钧台陂。"

仍缗　昭四:"夏桀为仍之会,有缗叛之。"杜于此不能指其所在,但云"仍缗皆国名",哀元年注亦然。《史记正义》引《帝王世纪》云:"累之杀帝相也,妃仍氏女曰后缗,归有仍,生少康。"(此本哀元年传)《正义》于他地名几皆有说,于此亦无说。

夏墟　定四:"分唐叔以大路密须之鼓,阙巩沽洗,怀姓九宗,职官五品,命以唐诰,而封于夏墟。启以夏政,疆以戎索。"此更直示吾人,晋为夏之本土。

涂山　哀七:"禹合诸侯于涂山,执玉帛者万国。"杜云:"涂山在寿春东北。"按昭四有"三涂"之名,杜云:"在河南陆浑县南。"涂山或即三涂之一。

(2) 见于《国语》者

伊洛　《周语》上:"幽王二年,西周三川皆震。伯阳父曰:'……昔伊洛竭而夏亡,河竭而商亡,今周德若二代之季矣。'"按,伊洛于夏,犹西周三川之于周,河之于殷,据此可知夏之地望以伊洛为本土矣。

崇山　聆隧　《周语》上:"昔夏之兴也,融降于崇山。其亡也,回禄信于聆隧。"韦云:"崇,崇高山也。夏居阳城,崇高所近。"又云:"聆隧,地名也。"按,韦以崇为嵩高。

有崇　《周语》下:"其在有虞,有崇伯鲧,播其淫心,称遂共工之过，尧用殛之于羽山。其后伯禹念前之非……"据上节所引韦解，崇即嵩高。然《诗·文王篇》云"既伐于崇，作邑于丰"，是崇国境当殷末在渭南。渭南之山境亦东与崇高接。又《左传》宣元："晋欲求成于秦，赵穿曰：'我侵崇，秦急崇，必救之（杜云，崇，秦之与国），吾以求成焉。'冬赵穿侵崇，秦弗与成。"然则春秋时晋秦界上犹有以崇为号之国，此亦可知崇在西土。

杞鄫　同节："有夏虽衰，杞鄫犹在。"按，杞在春秋时由今杞县境东迁，鄫则杜云："在琅邪鄫县"（僖十四）。然《国语》记西周亡时事云："申缯西戎方强，王室方骚。……王欲杀太子以成伯服，必求之申。申人弗畀，必伐之。若伐申而缯与西戎会以伐周，周不守矣。"果鄫本在琅邪，势难与申西戎会伐周。然则鄫在琅邪，亦是后来东迁所至。

戎夏　《晋语》一："献公卜伐骊戎，史苏占之。……对曰：'……戎夏交捽。……若晋以男戎胜戎，而戎亦必以女戎胜晋。……诸夏从戎，非败而何？'"此以晋为夏，与《左传》定四封唐叔于夏墟事合。

昆吾　《郑语》："昆吾为夏伯矣。"准以《诗·商颂》"韦顾既伐，昆吾夏桀"之说，昆吾当非诸夏之一，而别为一族，然与夏族当有若何关系。至昆吾所在，则《左传》昭十二楚子云"昔我祖伯父昆吾旧许是宅，今郑人贪赖其田而不我与"，可知昆吾在许，即今许昌一带。

东夏　《楚语》上："析公奔晋，晋人用之，实谮败楚，使不规东夏。"韦云:"东夏,沈蔡也。"按,此即《左》襄二十六事,彼处称华夏,此处称东夏。

诸夏　《吴语》:"昔楚灵王不君……不修方城之内,逾诸夏而图东国。"韦云:"诸夏,陈蔡。东国,徐夷吴越。"此更明证夏之不在东土。

(3) 见于《诗》者

雅　雅之解说不一,《诗序》云:"雅者正也,言王政之所由废兴也。"此真敷衍语。《小雅·鼓钟篇》云"以雅以南",南是地域名(详见《诗经讲义》),则雅之一辞当亦有地名性。《读书杂志》:《荀子·荣辱篇》"君子安雅"条云:"雅读为夏,夏谓中国也,故与楚越对文。《儒效篇》:居楚而楚,居越而越,居夏而夏,是其证。古者夏、雅二字互通,故《左传》齐大夫子雅,《韩子·外储说右篇》作子夏,杨注云,正而有美德谓之雅,则与上下二句不对矣。"(阮元亦以雅言之雅为夏)此真确解,可破历来一切传说者之无知妄解。由此看来,《诗经》中一切部类皆是地名,诸国风不待说,雅为夏,颂分周、鲁、商。然则国风之名,四始之论,皆后起之说耳。雅既为夏,而夏辞之大小雅所载,若一一统计其地望,则可见宗周成周文辞较多,而东土之文辞较少。周自以为承夏绪,而夏朝之地望如此,恰与《左传》、《国语》所记之夏地相合(此说详见我所作《诗经讲义》,未刊,其略见《新获卜辞写本后记跋》,《安阳发掘报告》第三八五页)。

（4）见于《周诰》者

  区夏 《康诰》："惟乃丕显考文王，克明德慎罚，不敢侮鳏寡，庸庸，祗祗，威威，显民，用肇造我区夏，越我一二邦，以修我西土。"按，区字不见《说文》，薛综注《东京赋》云："区，区域也。"然则区夏犹曰有（域）夏，犹曰夏域，即夏国也。文王造邦于西土，而云始造我夏国，则夏之在西土可知。

（5）此外见于《史记》《战国策》者一段（按，《史记》所引杂乱，故不遍举，此节甚关重要，不可遗之）

  河洛 太华 伊阙 羊肠 《吴起列传》："起对曰……夏桀之居，左河济，右泰华，伊阙在其南，羊肠在其北。"按，此语见今本《战国策》二十二。然彼处作"左天门之阴，而右天谿之阳"，虽亦谓左带水而右倚山，未如《史记》言之质实，故录《史记》。金鹗（求《古录礼说》八）据此以证夏桀之都在雒阳。今按，桀都正当雒阳否，另是一问题，然桀之国环雒阳，则依此语当无可疑。

  据以上各书所记夏地，可知夏之区域，包括今山西省南半，即汾水流域，今河南省之西部中部，即伊洛嵩高一带，东不过平汉线，西有陕西一部分，即渭水下流。东方界线，则其盛时曾有济水上流，至于商丘，此便是与夷人相争之线，说详下章。最西所至，我们现在不知究到何处，汉陇西郡有大夏县，命名不知何本，更不知与夏后之夏有否关系。最南所至，我们也不知，《汉·地理志》谓汉水将入江时名夏水，今尚保存江夏诸名，或者诸夏不能如此南被。且

《荀子·儒效篇》云"君子居楚而楚，居夏而夏"，楚夏对称，自不能以楚为夏。楚国之最大版图中，尽可包含一部分诸夏，而诸夏未必能过荆襄而括江汉，或者此之名夏竟是同音异辞。陈范记关羽据荆州北伐曹操事云"威震华夏"，是汉末犹以华夏为三辅三河汝颍等地之专名，未尝括九州而言。我们现在知诸夏西南北三方所至之大齐，而以东夏之称、夷夏之战（此事详上章），确知夏之东界，则以古代河、济、淮、泗的中国全部论，夏实西方之帝国或联盟，曾一度或数度压迫东方而已。与商殷之为东方帝国，曾两度西向拓土，灭夏克鬼方者，正是恰恰相反，遥遥相对。知此形势，于中国古代史之了解，不无小补也。

第三章　夏　夷　交　胜

　　严格意义的诸夏所据之地域已如上章所述，至于夏后一代的大事现在可得而考见的，是些什么呢？答曰：统是和所谓夷人的斗争。夷一个名词应如何解，留在下一章中说明。其字在殷周文书每与人字一样，音亦与人相近，这是很可注意的。现在假定，凡在殷商西周以前，或与殷商西周同时所有今山东全省境中，及河南省之东部、江苏之北部、安徽之东北角，或兼及河北省之渤海岸，并跨海而括辽东朝鲜的两岸，一切地方，其中不是一个民族，见于经典者，有太皞、少皞、有济、徐方诸部，风盈偃诸姓，全叫作夷。《论语》有九夷之称，明其非一类。夏后一代的大事正是和这些夷人斗争。此事现在若失传，然一把经典的材料摆布起来，这事件十分明显。可惜太史公当真不是一位古史家，虽羿浞少康的故事，竟一字不提，为其作正义者所讥。求雅驯的结果，弄到消灭传说中的史迹，保留了哲学家的虚妄。

　　现在说羿浞与夏后少康的故事，先将材料排列出来。

（1）见于《左传》者

魏绛曰……"夏训有之，曰有穷后羿。"公曰："后羿何如。"
对曰："昔有夏之方衰也，后羿自钮迁于穷石，因夏民以代夏
政。恃其射也，不修民事，而淫于原兽。弃武罗、伯因、熊髡、
龙圉，而用寒浞。寒浞，伯明氏之谗子弟也，伯明后寒弃之。
夷羿收之，信而使之，以为己相。浞行媚于内，而施赂于外，愚
弄其民，而虞羿于田。树之诈慝，以取其国家，外内咸服。羿
犹不悛，将归自田，家众杀而亨之，以食其子。其子不忍食诸，
死于穷门。靡奔有鬲氏（杜曰：靡，夏遗臣事羿者。有鬲，国
名，今平原鬲县）。浞因羿室生浇及豷。恃其谗慝诈伪，而不
德于民。使浇用师灭斟灌及斟寻氏，处浇于过，处豷于戈。靡
自有鬲氏收二国之烬以灭浞，而立少康。少康灭浇于过，后杼
灭豷于戈。有穷由是遂亡，失人故也。昔周辛甲之为太史也，
命百官，官箴王阙。于虞人之箴曰：'芒芒禹迹，画为九州。经
启九道，民有寝庙，兽有茂草，各有攸处，德用不扰。在帝夷
羿，冒于原兽，忘其国恤，而思其麀牡。武不可重，用不恢于夏
家。兽臣司原，敢告仆夫。'"（襄四年）

昔有仍氏生女，黰黑而甚美，光可以鉴，名曰玄妻。乐正后
夔取之，生伯封，实有豕心，贪婪无厌，忿类无期，谓之封豕。
有穷后羿灭之，夔是以不祀。（昭二十八年）

伍员曰：不可。臣闻之："树德莫如滋，去疾莫如尽。"昔
有过浇，杀斟灌，以伐斟鄩，灭夏后相。后缗方娠，逃出自窦，
归于有仍。生少康焉，为仍牧正。惎浇能，戒之。浇使椒求
之，逃奔有虞，为之庖正，以除其害。虞思于是妻之以二姚，而
邑诸纶，有田一成，有众一旅。能布其德，而兆其谋，以收夏

众,抚其官职。使女艾谍浇,使季杼诱殪,遂灭过戈,复禹之绩。祀夏配天,不失旧物。(哀元年)

(2)见于《论语》者

南宫适问于孔子曰:"羿善射,奡荡舟,俱不得其死然。禹稷躬稼而有天下。"夫子不答。南宫适出,子曰:"君子哉若人,尚德哉若人!"(《宪问》篇)

(3)见于《楚辞》者

羿淫游以佚畋兮,又好射夫封狐。固乱流其鲜终兮,浞又贪夫厥家。浇身被强圉兮,纵欲而不忍。日康娱而自忘兮,厥首用夫颠陨。(《离骚》)

羿焉彃日?乌焉解羽?……帝降夷羿,革孽夏民。胡射夫河伯,而妻彼雒嫔?冯珧利决,封豨是射。何献蒸肉之膏,而后帝不若?浞娶纯狐,眩妻爰谋。何羿之射革而交吞揆之?阻穷西征,岩何越焉?化为黄熊,巫何活焉?咸播秬黍,莆雚是营。何由并投,而鲧疾修盈?白蜺婴茀,胡为此堂?安得夫良药不能固臧?天式从横,阳离爰死。大鸟何鸣,夫焉丧厥体?蓱号起雨,何以兴之?撰体协胁,鹿何膺之?鳌戴山抃,何以安之?释舟陵行,何以迁之?惟浇在户,何求于嫂?何少康逐犬,而颠陨厥首?女歧缝裳,而馆同爰止,何颠易厥首,而亲以逢殆?(《天问》)

(4)见于《山海经》者

羿与凿齿战于寿华之野,羿射杀之,在昆仑虚东。羿持弓矢,凿持盾。一曰戈。(《海外南经》。按,一口戈三字,或是注文羼入者)

有人曰凿齿，羿杀之。（《大荒东经》）

帝俊赐羿彤弓素矰以扶下国，羿是始去恤下地之百艰。（《海内经》）

非仁羿莫能上。（按，仁字当为夷字之误，两字皆从人，形近故致误）

（5）见于《吕氏春秋》者

夷羿作弓。（《勿躬》）

（6）见于《说文》者

羿，羽之羿风，亦古诸侯也，一曰射师。（四，羽部）

羿，帝喾躬官，夏少康灭之。从弓开声。《论语》曰："羿，善射。"（十二，弓部。又同部弹下引《楚辞》"羿焉弹日"，"羿亦作羿"）

又，《史记》于羿事不载，《正义》讥之。《世本》（见各辑本）谓夷羿作弓。《帝王世纪》所记羿事特详（见宋翔凤辑本）。然数书皆不出上文所举，故不录。

据以上材料，有数点须分解。

一、羿的地位。如罗泌所作传，及其比之于安史，则羿浞只是夏之叛臣。然此说完全无据，以上一切材料全不曾说羿是夏之属臣。然则夷羿必是夏之敌国之君，且此敌国之君并不等闲，以《天问》《山海经》所说，居然是天神，而奉天帝命降于下土者，为夷之君，自鉏迁穷桑，而为后人号为帝羿或曰羿帝。（《御览》八十二引《帝王世纪》）

二、夷为东方主。此说可由其称夷羿及《说文》称羿为帝喾（据王国维考，即帝俊）射官，及其地望等事证之。

三、夷夏之争数十年,在夷一面经羿、翨二宗,在夏一面经相、少康二世,战斗得必然很厉害。《天问》所谓"阻穷西征"者,王逸解之曰:"言尧放鲧羽山,西行度越岑岩之地,因堕死也。"洪兴祖补曰:"羽山东裔,此云西征者,自西徂东也。上文言永遏在西山,夫何三年不施,则鲧非死于道路,此但言何以越岩险而至羽山耳。"按,王说无稽,洪已辩之,然洪强释西征曰自西徂东,古书中全无此文法。此处明明谓阻(即俎)穷(石)之后帝羿西征,而越山岩,不然,西征一词全不可解,正不得以同韵之下句中说鲧化为黄熊事而谓此句亦是鲧事。

　　四、《左传》之神话故事已很伦理化,且《左传》之成分大体为晋、楚、鲁三国之语,而其立点是偏于西国夏、周之正统传说,所以说羿、翨甚不好。但《山海经》之为书,虽已系统化,尚未伦理化,且记东方的帝系较多。这部书中所举夷羿事,很足以表显战国时羿、翨的传说尚甚盛。《山海经》与《天问》互相发明处甚多,《天问》称羿之重要全与《山海经》合。所谓"羿焉毕日",正在《天问》中论创世纪一节中,则羿本是天神。所谓"帝降夷羿"者,正《山海经》所谓"帝俊赐羿彤弓素矰,以扶下国,羿是始去恤下地之百艰"。《天问》一篇,本颇有次序,王逸以为不次序者,乃由于不知《天问》所陈是流行神话故事之次序,不与汉代人之古史传说同,故不能解(余另有说见他处),其羿浞之间插入鲧之一段若甚错乱者,当由于《天问》之次序乃神话之次序;一神话中有数人关涉者,则一次说出,不嫌前后错综。"阻穷西征,岩何越焉"一句,至下文"释舟陵行,何以迁之",凡十二句中,有涉及鲧处,并有若干因失其神话而不可解之故事,皆可据上下文细绎之,以知其正是说夷夏交战事。此节盖谓羿、翨相继西征,曾越山地,自鲧永遏于羽山后,禹平水土,秬、黍、藿皆茂长,巫乃将鲧化为黄熊(《天问》所记鲧事,与《左传》《尚书》

等皆不同。《尚书》《左传》皆谓舜殛鲧于羽山，然《天问》云："永遏在羽山，夫何三年不施。"）当夏代危急，遂与能荡舟之奡战，适其时羿妻窃药而行（本文，"安得夫良药不能固藏"）并有其他怪异（"白蜺婴茀""天式从横"等语），于是大战得雨起山拔，荡舟者不得不释舟陵行，逃归其嫂，而卒为太康并得之。如此解来，则《论语》南宫适之问正甚明白。南宫适这话并不是泛举古帝王羿奡禹稷而强比之，乃是论一段故事，东土强有力者失其国，西土务耕稼者有天下。《鲁语》上："昔烈山氏之有天下也，其子曰柱，能殖百谷百蔬。夏之兴也，周弃继之。"明禹稷可作一事论。孔子对神话也如对鬼神一样敬而远之，且以其"君子相"之故，不愿于此等圣帝明王有所议论，故当面不答，而背后称赞南宫适对此神话之题旨西洋故事中所谓 moral 者，甚能了解。若不如此，而是泛做一篇秦皇、汉武与汉文、宋仁之优劣论，殊不免于糊里糊涂。《论语》中论一事皆以一事为论，尚无策论八股气。南宫适这一段话，正可证明夷羿在当时的传说中并不太坏。若羿、奡不是当时神话中的大人物，何至与传说中功在生民之禹、稷相提并论，岂不不伦的很，不需要的很？

然则夷羿之故事，我们现在尚可见到三种传说。一、以夷羿为自天而降甚高明者，《山海经》《天问》属之。二、以夷羿与夏后为对，而以为一崇力一崇德，故一兴一替者，此等之成败论人，《论语》记南宫适所问之背景如此。三、以夷羿为不合道理者，《左传》如此，然尚称之曰"后"，记其曾"因夏民而代夏政"（夏民者，夏所服属之民，不必改作夏族）。凡读一切神话故事，都须注意及同一题目常因流传之不同而其中是非倒置。此是一例，鲧亦是一例。同在《国语》中，《周语》下谓"崇伯鲧播其淫心，称遂共工之祸"，《鲁语》上谓"鲧鄣洪水"，故夏后"郊鲧"，《吴语》亦谓"鲧禹之功"，我们不可不注意传说之演变及其道德批评之改易。

夏后一代中夷夏之争,不仅见于有穷后羿一段故事,夏代开国亡国时皆有同样的争斗。现在分别说。

(一)夏后启与伯益之争统。关于这件事,战国的传说有两种,一谓启益相让,二谓启益相争。

> 《孟子》:禹荐益于天。七年,禹崩。三年之丧毕,益避禹之子于箕山之阴。朝觐讼狱者,不之益而之启,曰:"吾君之子也!"讴歌者不讴歌益,而讴歌启,曰:"吾君之子也。"

> 《天问》:启代益作后,卒然离蝥。何启惟忧,而能拘是达?皆归射鞠,而无害厥躬?何后益作革,而禹播降?

> 古本《竹书》:益干启位,启杀之。(引见《晋书·束皙传》。《史通》疑古篇、杂说篇两引之)

《孟子》的古史都是些伦理化的话,然这一段中还看出这个故事本来面目的背景,此背景即是说,代禹者几乎是益,而启卒得之。这话里虽不直说有何争执,但还可隐约看出对峙的形势来。至于《竹书》的话,虽不能即信,但益启之有争执,虽《孟子》的话中也表示个破绽。因为让争本是一事的两面,不是相争的形势,不需相让的态度。《天问》的话,因故事遗失不大好讲,然益称后,又曾一度革夏命,则甚明白。

我们再看伯益是如何人。经籍中有伯益、伯翳二人,太史公在《陈杞世家》中分为二人,然住他处则不分。《索隐》议之曰:"秦祖伯翳,解者以翳、益别为一人。今言十一人,叙伯翳,而又别言垂益,则是二人也。且按《舜本纪》叙十人,无翳,而有彭祖。彭祖亦坟典不载,未知太史公意如何,恐多是误。然据《秦本纪》叙翳之功云,佐舜驯调鸟兽,与《尧典》'命益作虞,若予上下草木鸟兽'文同,则为一人必矣,今未详其所以。"按,此议甚是。太史公在此处诚糊

涂。罗泌重申二人不同之说,然全无证,金仁山辩之曰:

> 《尚书》之伯益,即《秦纪》之柏翳也。秦声以入为去,故谓益为翳也。《秦纪》谓柏翳佐禹治水,驯服鸟兽,岂非《书》所谓随山刊木,暨益奉庶鲜食,益作朕虞,若予上下鸟兽者乎? 其事同,其声同,而太史公独以书纪字异,乃析一人而二之,可谓误矣。唐虞功臣,独四岳不名,其余未有无名者。夫岂别有伯翳,其功如此,而《书》反不及乎? 太史公于二帝本纪言益,见《秦本纪》为翳,则又从翳,岂疑而未决,故于《陈杞世家》叙伯益与伯翳为二乎? 抑出于谈迁二手,故其前后谬误也。[梁玉绳说同(见《史记志疑·人表考》),不具引]

金氏此说甚明白,此疑可以更无问题。益、翳既是一人,翳又为秦赵公认之祖,然则即是嬴姓之祖,亦即是徐方之祖,亦即是《逸周书·作雒解》所谓"周公立,相天子,三叔及殷东(东亦地域名,说别见)徐奄及熊盈以略"之盈族之祖,然则伯益正是原原本本的东夷之祖,更无疑义,益启之争,不即是夷夏之争吗?

(二)汤放桀,等于夷灭夏。商人虽非夷,然曾抚有夷方之人,并用其文化,凭此人民以伐夏而灭之,实际上亦可说夷人胜夏。商人被周人呼为夷,有经典可证,说另详。

然则夏后一代的三段大事,开头的益启之争便是夏夷争,中间的羿少康之争又是夷夏之争,末后的汤桀之争还是夷夏之争。夏代东西的斗争如此厉害,而春秋战国的大一统主义哲学家都把这些显然的史迹抹杀了,或曲解了!

第四章 诸 夷 姓

诸夏所在既如上章所述,与之对峙之诸夷,乃并不如诸夏之简单，所谓"夷"之一号，实包括若干族类，其中是否为一族之各宗，或是不同之族，今已不可详考，然各夷姓有一相同之处，即皆在东方，淮济下流一带。现将古来为人称为夷者各族，或其子孙列为东夷者，或其地望正所谓夷地者，分别疏解如下。

一　太皞之族

太皞与太昊为一词，古经籍多谓即是伏羲氏，或作包牺氏。关于太皞之记载见于早年经籍者如下：

> 《左传》僖二十一："任，宿，须句，颛臾，风姓也，实司大皞与有济之祀，以服事诸夏。邾人灭须句，须句子来奔，因成风也。成风为之言于公曰：'崇明祀，保小寡，周礼也；蛮夷猾夏，周祸也。若封须句，是崇皞济而修祀，纾祸也。'"杜云："四国，伏羲之后。任，今任城县，颛臾在泰山南武阳县东北，须句在东平须昌县西北。四国封近于济，故世祀之。"按，杜释有济误。有济正如有夏有殷，乃是古国名，四国其后，或其同姓耳。又，昭十七："太皞氏以龙纪官，故为龙师而龙名。"

> 又，同年："陈，太皞之虚也。"

> 《论语》："季氏将有事于颛臾，……孔子曰：'……昔者先王以为东蒙主，且在邦域之中矣，是社稷之臣也。何以伐为？'"按，此足证颛臾本为鲁之附国。

> 《易·系辞》下："古者包牺氏之王天下也，仰则观象于天，俯则观法于地，观鸟兽之文，与地之宜，近取诸身，远取诸物，于是始作八卦，以通神明之德，以类万物之情。作结绳而为罔罟，以佃以渔，盖取诸离。"按，《御览》七百二十引《帝王世纪》与此大同，惟"作结绳"作"造书契以代结绳之政"，与此异。

> 《帝王世纪》："太昊帝庖牺氏，风姓也。蛇身人首。有圣

德，都陈。作瑟三十六弦。燧人氏没，庖牺氏代之。继天而生，首德于木，为百王先。帝出于震，未有所因，故位在东方，主春，象日之明，是称太昊。制嫁娶之礼，取牺牲以充庖厨，故号曰庖牺氏。后世音谬，故或谓之虑牺。"(《御览》七十八引作《皇王世纪》。自此以下皆据宋翔凤辑本)

又："太皡帝庖牺氏，风姓也。母曰华胥。燧人之世，有大人之迹，出于雷泽之中，华胥履之，生庖牺于成纪，蛇身人首。有圣德，为百王先。帝出于震，未有所因，故位在东，主春，象日之明，是以称太皡。"(《礼记·月令正义》引)

又："女娲氏亦风姓也，承庖牺制度，亦蛇身人首。一号女希，是为女皇。其末，诸侯有共工氏，任智刑，以强伯，而不王。以水承木，非行次，故易不载。及女娲氏没，次有大庭氏，柏皇氏，中央氏，栗陆氏，骊连氏，赫胥氏，尊卢氏，混沌氏，昊英氏，有巢氏，朱襄氏，葛天氏，阴康氏，无怀氏，凡十五世，皆袭庖牺之号。"(《御览》七十八)

又："庖牺作八卦。神农重之为六十四卦。黄帝尧舜引而申之，分为二易。至夏人因炎帝曰连山。殷人因黄帝曰归藏。文王广六十四卦，著九六之爻，谓之周易。"

《古史考》："伏牺作瑟。"(《毛诗谱序正义》引)

又："庖牺作易，弘开大道。"(《书钞·帝王部》引)

综合上列诸说，归纳之可得下之二事。

一、太皡族姓之国部之分配，西至陈，东括鲁，北临济水，大致当今河南东隅，山东西南部之平原，兼包蒙峄山境，空桑在其中，雷泽在其域。古代共认太皡为东方之部族，乃分配于淮济间之族姓。

二、太皡继燧人而有此土，在古代之礼乐系统上，颇有相当之贡献，在生活状态上，颇能作一大进步。当是已进于较高文化之民族，其后世并不为人所贱。在周代虽居采卫，而为"小寡"，世人犹以为"明祀"也。

二　少皞之族

关于少昊之记载，见于早年经籍者如下：

《左》昭十七："郯子来朝，公与之宴，昭子问焉，曰：'少皞氏鸟名官，何故也？'郯子曰：'吾祖也，我知之。昔者黄帝氏以云纪，故为云师而云名。炎帝氏以火纪，故为火师而火名。共工氏以水纪，故为水师而水名。大皞氏以龙纪，故为龙师而龙名。我高祖少皞挚之立也，凤鸟适至，故纪于鸟，为鸟师而鸟名。凤鸟氏，历正也；玄鸟氏，司分者也；伯赵氏，司至者也；青鸟氏，司启者也；丹鸟氏，司闭者也；祝鸠氏，司徒也；鴡鸠氏，司马也；鸤鸠氏，司空也；爽鸠氏，司寇也；鹘鸠氏，司事也。五鸠，鸠民者也。五雉，为五工正，利器用，正度量，夷民者也。九扈，为九农正。扈民无淫者也。自颛顼以来，不能纪远，乃纪于近，为民师而命以民事，则不能故也。'仲尼闻之见于郯子而学之，既而告人曰：'吾闻之，天子失官，学在四夷，犹信。'"（按此乃古代之图腾制。古代称图腾曰"物"，说别详）

昭二十九："少皞氏有四叔，曰重，曰该，曰修，曰熙，实能金木及水。使重为句芒，该为蓐收，修及熙为玄冥。世不失职，遂济穷桑。此其三祀也。"（杜云：穷桑地在鲁北。按，即空桑）

定四："因商奄之民，命以伯禽，而封于少皞之虚。"（据此，知曲阜为少皞氏之本邑。）

《楚语》："及少皞之衰也，九黎乱德。民神杂糅。不可方物。”

《帝王世纪》：“少昊帝，名挚，字青阳，姬姓也。母曰女节。黄帝时，有大星如虹，下流华渚。女节梦接，意感生少昊。是为玄嚣，降居江水。有圣德，邑于穷桑，以登帝位，都曲阜，故或谓之穷桑。帝以金承土，……故称少昊，号金天氏。”（引见《御览》七十九）

《古史考》：“穷桑氏，嬴姓也。以金德王，故号金天氏。或曰，宗师太皞之道，故曰少皞。”（《太平御览·帝王部》引）

《海内经》：“少皞生般，般是始为弓矢，帝俊赐羿彤弓素矰，以扶下国。”

综合以上所记，除其矛盾处以外，其地望大致与太皞同，而位于空桑之野之曲阜，尤为少皞之本邑。太皞少皞皆是部族名号，不是个人私名，在古代记载上本甚明白。所谓伏牺氏、金天氏者，亦非能名之于一人者。至战国末汉初年之易系，始有“尧舜氏”一类的名词。然“尧舜氏”亦是统指一派，而非单指一人。氏本为部类家族之义，《左传》及其他古籍皆如此用。至于太少二字，金文中本即大小，大小可以地域大小及人数众寡论，如大月氏、小月氏。然亦可以先后论，如大康、少康。今观太皞、少皞，既同处一地，当是先后有别。且太皞之后今可得而考见者，只风姓三四小国，而少皞之后今可考见者，竟有嬴己偃允四著姓，当是少皞之族代太皞之族而居陈鲁一带。太皞族之孑遗，仅存太山之南，为零数小部落，而少皞一族，种姓蕃衍。春秋所谓淮夷，每从其姓，商末所谓奄人，亦是嬴姓。且秦赵之祖，皆称嬴姓，比起太皞来，真是有后福的了。今分述少皞四姓于下。

嬴　嬴姓国今可考者有商末之奄，淮夷之徐，西方之秦、赵、梁（《左传》僖十七年，"梁嬴孕过期"）。中原之葛（僖十七，"葛嬴"），东南之江、黄（《史记索隐》引《世本》）。据《史记》，伯翳（按，即伯益，详下）为秦赵之祖，嬴姓之所宗（《世本》同）。秦赵以西方之国，而用东方之姓者，盖商代西向拓土，嬴姓东夷在商人旗帜下入于西戎。《秦本纪》说此事本甚明白。少暤在月令系统中为西方之帝者，当由于秦赵先祖移其传说于西土，久而成土著，后世作系统论者，遂忘其非本土所生。《史记》载嬴氏之西封如下：

《秦本纪》："秦之先，帝颛顼之苗裔（按，颛顼在古帝系统中应属东系，说别详）。孙曰女修。女修织，玄鸟陨卵。女修吞之，生子大业（此东夷之传说，辨详上文）。大业取少典之子，曰女华。女华生大费，与禹平水土。已成，帝锡玄圭。禹受曰：'非予能成，亦大费为辅。'帝舜曰：'咨尔费，赞禹工，其赐尔皂游，尔后嗣将大出。'乃妻之姚姓之玉女，大费拜受。佐舜调驯鸟兽，鸟兽多驯服（按，此即皋陶谟之伯益故事）。是为柏翳，舜赐姓嬴氏。大费生子二人，一曰大廉，实鸟俗氏（按，此即所谓少暤以鸟纪官）。二曰若木，实费氏（按，鲁有费邑，见《左传》《论语》，当即费氏之故居。曲阜为少暤之墟，费氏之居去之不远也）。其玄孙曰费昌，子孙或在中国，或在夷狄。费昌当夏桀之时，去夏归商，为汤御，以败桀于鸣条（此盖汤创业时，先服东夷，后克夏后，故费昌在汤部队中）。太廉玄孙曰孟戏，中衍，鸟身人言。帝大戊闻而卜之使御，吉，遂致使御而妻之。自太戊以下，中衍之后，遂世有功，以佐殷国，故嬴姓多显，遂为诸侯。其玄孙中潏，在西戎，保西垂（此盖殷人拓土西陲，东夷之费氏为之守戎，遂建部队于西陲）。生蜚廉，蜚廉生恶来，恶来有力，蜚廉善走，父子俱以材力事殷纣。周武王之伐纣，并杀恶来。是时蜚廉为纣在北方，还无所报，为坛霍太山而报。得石棺，铭曰：'帝令处父不与殷乱，赐尔石棺。'以华氏死，遂葬于霍太山。蜚廉复有子曰季胜。季胜生孟增，孟增幸于周成王，是为宅皋狼（《赵策》：'智伯之赵，请皋狼之地。'盖智伯自大，故请人之皋狼。在汉为县。曰'宅皋狼'者，谓居于皋狼也）。皋狼生衡父，衡父生造父。造父以善御幸于周缪王，得骥温骊骅骝骤耳之驷。西巡狩，乐而忘归。徐偃王作乱，造父为缪王御，长驱归周以救乱。缪王以赵城封造父，造父族由此为赵氏。自蜚廉生季胜已下五世至造父。别居赵，赵衰其后也。恶来革者，蜚廉子也，早死，有子曰女防。女防生旁皋，旁皋生太几，太几生大骆，大骆生非子。以造父之宠，皆蒙赵城，姓赵氏。非子居犬丘，好马及畜，善养息之。犬丘人言之周孝王，孝王召使主马于汧渭之间，马大蕃息。孝王欲以为大骆适嗣。申侯之女，为大骆妻，生子成，为適。申侯乃言孝王曰：'昔我先郦山之女，为戎胥轩妻，生中潏。以亲故，归周，保西垂。西垂以其故和睦。今我复与大骆妻，生适子成。申骆重婚，西戎皆服，所以为王。王其图之。'[按，周人惯呼殷人曰戎，'戎商必克'，'殪戎殷'，皆其证。则称胥轩为戎者，当亦因其为东方族类也。嬴姓（费氏）为商人置之西垂后，婚于西戎之姜姓（申为姜姓，则骊山氏亦当为姜姓），所生之子，在殷周之末，以母系故，归顺周人。所谓'西垂和睦'者，此其义也]于是孝王曰：'昔柏翳为舜主畜，畜多息，故有土，赐姓嬴。今其后世亦为朕息马，朕其分土为附庸，邑之秦，使复续嬴氏祀。'号曰秦嬴，亦不废申侯之女子为骆适者，以和西戎。秦嬴生秦侯。"（按，秦《史记》未与六国同亡，《太史公书》所记秦之先世必有所本，且此说正与少皥之其他传说相合。纵使

秦有冒充之嫌，其由来已久矣）

《赵世家》："赵氏之先，与秦共祖。至中衍，为帝大戊御。其后世蜚廉，有子二人，而命其一子曰恶来。事纣，为周所杀，其后为秦。恶来弟曰季胜，其后为赵。季胜生孟增，孟增幸于周成王，是为宅皋狼。皋狼生衡父，衡父生造父，造父幸于周缪王。造父取骥之乘匹与桃林盗骊骅騄绿耳献之缪王。缪王使造父御，西巡狩，见西王母，乐之忘归。而徐偃王反，缪王日驰千里马，攻徐偃王，大破之。乃赐造父以赵城，由此为赵氏。"

按，伯翳即伯益（说前详）。伯益与夏有争统之事，其人亦号有平水土之功，已见上文论夷夏交胜一章中，此亦嬴为东夷姓之一证。又，《逸周书·作雒解》："周公立，相天子，三叔及殷东徐奄及熊盈以略。……凡所征熊盈族十有七。"所谓熊者，或是楚之同族（按楚芈姓，而其王名皆曰熊某。金文中熊作酓），所谓盈者，当即嬴之借字。又，宣八年《左传》经文，"夫人嬴氏薨"，"葬我小君敬嬴"。《公》《穀》经文皆作"熊氏""顷熊"，因此近人有疑熊嬴为一名者。然楚王号之熊字本借字，其本字在金文为酓，不可强比。《作雒解》熊嬴并举，不可以为一。且果熊嬴是一姓者，《郑语》详述祝融八姓，不应略此重事，反曰"姜，嬴，荆芈，实与诸姬代相干"。从此可知嬴熊二词同源之说之无根。果此说不误，则《书》所谓践奄，即《逸周书》所谓略盈族也。此固未可谓为确证，然求之地望，按之传说，差为近是矣。

又，《秦本纪·赞》记嬴姓诸氏云："秦之先为嬴姓，其后分封以国为姓。有徐氏，郯氏，莒氏，终黎氏，运奄氏，菟裘氏，将梁氏，黄氏，江氏，修鱼氏，白冥氏，蜚廉氏，秦氏。然秦以其先造父，封赵城,为赵氏。"此亦东方之徐郯,西方之秦赵,同出一祖之证。

己 按,己本祝融八姓之一。然《世本》云:"莒己姓。"(隐二正义引)杜预云:"少皞金天氏,己姓之祖也。"(昭十七注)又云:"莒嬴姓,少昊之后。周武王封兹舆于莒,初都计,后徙莒,今城阳莒县是也。《世本》自纪公以下为己姓,不知谁赐之姓者。"(隐二正义引杜预《世族谱》)据此,祝融八姓之己与莒国之己本非一源,不可混为一事。莒之中道改姓,殊费解。按之文七年《左传》"穆伯娶于莒,曰戴己",是莒己姓有明征,改姓之说,虽或由于"易物",究不能证明或反证之。今应知者,所谓己姓,不出同一之祖,或祖祝融,或祖少皞,或祖黄帝。下文之表,但以祖少皞者为限。

偃 皋陶之后为偃姓,偃姓与嬴姓之关系,可以皋陶与少皞之关系推求之。自《烈女传》曹大家注,以为"皋陶之子伯益"(《诗·秦风》疏引),郑玄以为"伯翳实皋陶之子"(《诗谱·秦风》),王符以为"皋陶……其子伯翳"(《潜夫论·氏姓》),此说在后世著书者遂多所尊信。梁玉绳详辨此说之非(《史记志疑》十九《人表考二·许繇下》),其所举证多近理,至其举《左传》臧文仲皋陶庭坚不祀之叹,以证徐秦之不祖皋陶,即皋陶非伯益之父,尤为确不可易。然古代传说中既有此盛行之一说,自当有所本,盖"皋益同族而异支"(梁玉绳语),以族姓论,二者差近。以时代论,皋陶氏略先于伯益。后世之追造世本者(周末此风甚炽,帝系即如此出来者),遂以为伯益父皋陶矣。今固不当泥于皋陶为伯益父之说,同时亦当凭此传说承认偃嬴二宗,种姓上有亲属关系。

然则皋陶之皞,当即大皞、少皞之皞,曰皋陶者,皋为氏,陶为名,犹丹朱商均,上字是邑号,下字是人名。《易林》需之大畜称之曰陶叔,足征陶为私名。《路史·后纪》七云:"封之于皋,是曰皋陶。"(按,《路史》卖弄文辞而不知别择,好以己意补苴旧文,诚不可据。然宋时所见古书尚多,《世本》等尚未佚,《路史》亦是一部辑佚书,只是书辑得不合法度而已,终不当尽屏而不取)此说或有所本,亦可为此说之一旁证。皋陶之裔分配在英六群舒之地,似去徐州嬴姓较远,然若信皋陶之陶,即少皞之皞,又知周初曾压迫熊盈(即嬴)之旅,所谓平淮夷,惩舒人,皆对此部类用兵者,则当知此部类古先所居,当较其后世所居偏北,少皞之虚,未尝不可为皋陶之邑。

所有少皞诸姓国之地望,今列表如下:

国	姓	时　代	地　望	附　记
郯	嬴(见《史记》《汉志》《潜夫论》)己(杜说)	始建国不知在何时,当为古代部落,春秋后始亡。	今山东有郯城县。	《汉·地理志》:"郯嬴姓国";《春秋》文四年见。杜于郯姓未明说,然昭十七传云:"郯氏来朝,……昭子问焉,曰,少皞氏鸟名官,何故也?郯子曰:吾祖也。"杜云:"少皞金天氏,己姓之祖也。"是杜意以郯为己姓。
莒	嬴己(二姓或同出一源,说见前)	始建国不知在何时,当为古代部落,春秋后灭于楚。	杜云:"今城阳莒县。"	
奄	嬴(《左传》昭二疏,襄二十疏引《世本》)	商代东方大国,灭于周初。	奄在鲁境。	定四:"因商奄之民,命以伯禽,而封于少皞之虚。"按,克商为武王事,践奄为周公事,是奄亡于周公成王时。

国	姓	时 代	地 望	附 记
徐	嬴（见《左传》《史记》等）	殷时旧国，西周中曾一度强大称王。西伐济河，见《檀弓》。齐桓时服事诸夏，后灭于楚。	其本土应在鲁，后为周公、鲁公逐之。保淮水。《左传》僖三年杜注："徐国在下邳僮县东南。"	《书·费誓》，《诗》大雅、小雅、鲁颂，《逸周书·作雒解》等，多记徐事，金文中自称郐王。
江	嬴（《陈杞世家·索隐》引《世本》）	不知建国于何时，文四年，灭于楚。	杜云："江国在汝南安阳县。"	《索隐》引《世本》，江黄并嬴姓。
黄	嬴（同上）	不知建国于何时，僖十二年灭于楚。	杜云："黄国，今弋阳县。"	
赵	嬴（见《左传》《史记》等）	《秦本纪》，缪王以赵城封造父。自晋献公时赵氏世为晋大夫始大。	《集解》引徐广云："赵城在河东永安县。"《正义》引《括地志》云："今晋州赵城县本彘县地，后改永安即造父之邑。"	
秦	嬴（同上）	《秦本纪》，周孝王封非子，邑之秦。	《集解》引徐广曰："今天水陇西县秦亭。"	
梁	嬴（见《左传》《潜夫论》）	不知何时建国，僖十九，灭于秦。	杜云："梁国在冯翊夏阳县。"	

国	姓	时　代	地　望	附　记
葛	嬴(见《左传》《潜夫论》)	《春秋》桓十五,葛人来朝。	杜云:"梁国宁陵县东北。"	《左传》僖十七,有葛嬴为齐桓众夫人之一。据《孟子》,葛与汤为邻。春秋嬴姓之葛与古葛有若何关系,今不可考。
菟裘	嬴(《史记》《潜夫论》)	隐十一:"公曰……使营菟裘。"盖春秋前已亡,为鲁邑。	《寰宇记》:"菟裘故城在泗水县北五十里。"	
费	嬴(《史记·秦本纪》)	《书》有《费誓》,盖灭于周初。	春秋鲁邑,后为季氏私邑,今犹名费县。	《书·费誓》,盖即对徐方嬴姓族用兵之誓。
群舒	偃(文十二疏引《世本》。杜注)	群舒部落,位于淮南。春秋时初灭于徐,卒灭于楚。	僖五,杜曰:"舒国今庐江舒县。"	《左传》文十二:"群舒叛楚。"杜曰:"群舒偃姓,舒庸舒鸠之属。今庐江有舒城,舒城西南有龙舒。"《正义》曰:"《世本》,偃姓,舒庸,舒蓼,舒鸠,舒龙,舒鲍,舒龚。以其非一,故言属以包之。"
六	偃(《陈杞世家·索隐》引《世本》)	《春秋》文五:"楚人灭六。"	杜云:"今庐江六县。"	
蓼	偃(同上)	《左》文五:"楚子灭蓼。"	杜云:"今安丰蓼县。"	《左传》文五:"楚子燮灭蓼。臧文仲闻六与蓼灭,曰,皋陶庭坚,不祀忽诸! 德之不建,民之无援,哀哉。"

国	姓	时　代	地　望	附　　记
英氏	偃（同上）	《春秋》僖十七年："齐人徐人伐英氏。"杜云："英氏，楚与国。"又，《陈杞世家》："皋陶之后，或封英六，楚穆王灭之。"		

　　以上所列，但以见于《左传》《史记》，《世本》佚文、左氏杜注者为限，《潜夫论》所举亦略采及，至于《姓纂》《唐宰相世系表略》等书所列，材料既太后又少有头绪，均不列入。

　　据上表，足知少皞后世之嬴姓一支（宗少皞之己姓国在内）分配在今山东南境、河南东端，南及徐州一带。殷代有奄，为大国。有费，鲁公灭之。盖鲁地本嬴姓本土，所谓"奄有龟蒙，遂荒徐宅，至于海邦，淮夷蛮貊"，是指周人略嬴族之故事。因周人建国于奄土，嬴姓乃南退保淮水，今徐州一带。及周人势力稍衰，又起反抗，西伐济河。周人只能压迫之，却不能灭之，故曰"徐方不回，王曰旋归"，可见是灭不了的。入春秋徐始式微，而殷人所置嬴姓在西土者，转而强大，其一卒并天下。其别系偃姓在今安徽北部、河南东南隅，以及湖北东境者，当亦西周时淮夷部队中人，入春秋，为楚所并。夏商虽有天下，其子孙犹不若此之延绵。若东方人作三代系统，必以之为正统无疑。

　　此外"夷"名号下之部落，有有穷后羿，即所谓夷羿，说已见前。又有所谓伯夷者，为姜姓所宗，当与叔齐同为部族之号，别见姜姓篇。又，祝融八姓之分配在东海者，亦号曰夷，别见祝融八姓篇，今俱不入此文。

又，殷有所谓人方者，似不如释作夷方，其地不知在何处。董彦堂先生示我甲骨文一片，其词云："……在二月，在齐𬇙，佳王来正人方。"是夷方当在济水流域中矣。

上列各部族国邑皆曾为人呼之曰夷，或其后世为人列于夷之一格中。综合其区域所包括，西至今河南之中心，东尽东海，北达济水，南则所谓淮夷徐舒者皆是。这个分布在东南的一大片部族，和分布在偏于西方的一大片部族名诸夏者，恰恰成对峙的形势。这里边的部族，如太皞，则有制八卦之传说，有制嫁娶用火食之传说。如少皞，则伯益一支以牧畜著名，皋陶一支以制刑著名。而一切所谓夷，又皆以弓矢著名。可见夷之贡献于文化者不少。殷人本非夷族，而抚有夷之人民土地，故《吕览》曰："商人服象，为虐于东夷。"虽到宋襄公，还是忘不了东夷，活活的牺牲了夏代的后人以取悦于东夷。殷曾部分的同化于夷，《逸周书》曰："纣越厥夷居而不事上帝。"似乎殷末已忽略其原有之五方帝的宗教，改从夷俗，在亡国时飞廉恶来诸夷人尤为之死。周武王灭商之后，周公之践奄，慭熊盈国，鲁公成王之应付"淮夷徐戎并兴"，仍全是夷夏交争之局面，与启益间，少康羿浞间之斗争，同为东西之斗争。西周盛时，徐能西伐济于河，俨然夷羿陵夏之风势。然经籍中所谓虞夏商周之四代，并无夷之任何一宗，这当是由于虞夏商周四代之说，乃周朝之正统史观，不免偏重西方，忽略东方。若是殷人造的，或者以夷代夏。所谓"裔〔疑即衣（殷）字〕不谋夏，夷不乱华"者，当是西方人的话。夏朝在文化上的贡献何若，今尚未有踪迹可寻，然诸夷姓之贡献却实在不少。春秋战国的思想家，在组织一种大一统观念时，虽不把东夷放在三代之系统内，然已把伯夷皋陶伯益放在舜禹庭中，赓歌揖让，明其有分庭抗礼的资格（四岳为姜姓之祖，亦是另一部落。非一庭之君臣,乃异族之酋长。说详姜姓篇)。《左传》中所谓才子不才子,与《书·尧典·皋陶谟》所举之君臣,本来是些互相斗争的部族和不同时的酋长或宗神,而哲学家造一个全神堂,使之同列在一个朝廷中。"元首股肱",不限于千里之内,千年之间。这真像希腊的全神堂,本是多元,而希腊人之综合的信仰,把他们硬造成一个大系。只是夷夏列国列族的地望世系尚不尽失,所以我们在今日尚可从哲学家的综合系统中,分析出族部的多元状态来。

第五章　总　结　上　文

说到这里,我们可以综合前几章中所论的结果,去讨论古代中国由部落进为王国(后来又进为帝国)的过程中,东西对峙的总局面。

随便看一个有等高线的中国地图,例如最近《申报》出版的丁文江、翁文灏、曾世英合著《中国分省图》,不免觉得黄河下游及淮济流域一带,和太行山及豫西群山以西的地域,有个根本的地形差别。这样东边的一大片,是个水道冲积的大平原,除山东半岛上有些山地以外,都是些一二百公尺以下的平地,水道改变是极平常的事;若非用人工筑堤防,黄河直无水道可言。西边的一大片是些夹在山中的高地,城市惯分配在河流的两岸。平汉铁路似乎是这个东西地形差别的好界线,不过在河南省境内郑州以下东平原超过平汉线西面几百里,在湖北情形更不整齐了。

我们简称东边一片平地曰东平原区,简称西边一片夹在大山中的高地曰西高地系。

东平原区是世界上极平的大块土地之一,平到河流无定的状态中,有人工河流始有定路,有堤防黄河始有水道,东边是大海,还有两个大半岛在望,可惜海港好的太少,海中岛屿又太少,是不能同希腊比的。北边有热、察两省境的大山作屏障，只是这些山脉颇有缺口，山外便是直把辽洮平原（外国书中所谓满洲平原）经天山北路直到南俄罗斯平原连作一气的无障大区域，专便于游牧人生活的。东平原本有她的姊妹行，就是辽洮平原，不过两者中间以热河山地之限制，只有沿海一线可通，所以本来是一个的，分而为不断的两个了。辽洮平原与东平原的气候颇有差别，这个差别在初期农业中是很有意义的，但此外相同处远在东平原与任何平原之上。东平原如以地平论，南端可以一直算到浙西，不过南渡淮水不远，雨量也多了，溪沼也多了，地形与地利全不是一回事了。所以我们的东平原中可有淮南，却不能有江北。东平原中，在古代有更多的泽渚为泄水之用，因垦地及人口之增加，这些泽渚一代比一代少了。这是绝好的大农场而缺少险要形胜，便于扩大的政治，而不便于防守。

西高地系是几条大山夹着几条河流造成的一套高地系。在这些高地里头关中高原最大，兼括渭泾洛三水下流冲积地，在经济及政治的意义上也最重要。其次是汾水区，汾水与黄河夹着成一个"河东"，其重要仅次于渭水区。又其次是伊雒区，这片高地方本不大，不过是关中河东的东面大口，自西而东的势力，总要以雒阳为控制东平原区的第一步重镇。在这三片高地之西，还有陇西区，是泾渭的上游。有洮湟区，是昆仑山脚下的高地。在关中之北，过了洛水的上游，又是大块平的高原了。这大高原在地形上颇接近蒙古高原，甚便于游牧人，如无政治力量，阴山是限不住胡马的。在这三片之南，过了秦岭山脉，便是汉水流域。汉水流域在古代史上大致可分汉中、江汉、汉东三区。就古代史的意义说，汉水是长江的正原，不过这一带地方，因秦岭山脉之隔绝，与我们所谓西高地系者不能混为一谈。西高地系在经济的意义上，当然不如东平原区，然而也还不太坏，地形尤其好，攻人易而受攻难。山中虽不便农业，但天然的林木在早年社会发展上是很有帮助的，陵谷的水草是便于畜牧的。这样的地理形势，容易养成强悍部落。西高地系还有一个便利处，也可以说是一种危险处，就是接近西方，若有文化自中央亚细亚或西方亚细亚带来，它是近水楼台。

人类的住家不能不依自然形势，所以在东平原区中好择高出平地的地方住，因而古代东方地名多叫做丘。在西高地系中好择近水流的平坦地住，因而古代西方地名多叫做原。

在前四章中，我们把夷夏殷的地望条理出来，周代之创业岐阳又是不用证的。现在若把他们分配在本章的东西区域，我们可说夷与殷显然属于东系，夏与周显然属于西系。

同在东区之中，殷与夷又不同。诸夷似乎以淮济间为本土，殷人却是自北而南的。殷人是不是东方土著，或是从东北来的，自是可以辩论的问题，却断乎不能是从西北来的，如太史公所说。他们南向一过陇海线，便向西发展，一直伸张到陕甘边界或更西。夷人中，虽少皞一族，也不曾在军事上政治上有殷人的成功。但似乎人口非常众多，文化也有可观。殷人所以能建那样一个东起辽海西至氐羌的大帝国，也许是先凭着蓟辽的武力，再占有淮济间的经济与人力，所以西向无敌。

同在西系之中，诸夏与周又不尽在一处。夏以河东为土，周以岐渭为本。周在初步发展时，所居比夏更西，但他们在东向制东平原区时，都以雒邑为出口，用同样的形势临制东方（夏都洛阳说，考见《求古录·礼说》）。

因地形的差别，形成不同的经济生活，不同的政治组织，古代中国之有东西二元，是很自然的现象。不过，黄河淮水上下流域到底是接近难分的地形。在由部落进为帝国的过程达到相当高阶段时，这样的东西二元局势，自非混合不可，于是起于东者，逆流压迫西方。起于西者，顺流压迫东方。东西对峙，而相争相灭，便是中国的三代史。在夏之夷夏之争，夷东而夏西。在商之夏商之争，商东而夏西。在周之建业，商奄东而周人西。在东方盛时，"自彼氐羌，莫敢不来享。莫敢不来王，曰商是常"。在西方盛时，"东人之子，职劳不来。西人之子，粲粲衣服"。秦并六国，虽说是个新局面，却也有夏周为他们开路。关东亡秦，虽说是个新局面，却也有夷人"释舟陵行"，殷人"覃及鬼方"，为他们作前驱。且东西二元之局，何止三代，战国以后数百年中，又何尝不然？秦并六国是西胜东，楚汉亡秦是东胜西，平林赤眉对新室是东胜西，曹操对袁绍是西胜东。不过，到两汉时，东西的混合已很深了，对峙的形势自然远不如三代时之明了。到了东汉，长江流域才普遍的发达。到孙氏，江南才成一个政治组织。从此少见东西的对峙了，所见多是南北对峙的局面。然而这是汉魏间的新局面，凭长江发展而生之局面，不能以之追论三代事。

　　现在将自夏初以来"东西对峙"的局面列为一表，以醒眉目。

正线的东西相争		结　　局	斜线的东西相争		东　　西
东	西		东	西	
夷——夏		东西互胜，夷曾一度灭夏后氏，夏亦数度克夷，但夏终未尽定夷地。	殷——鬼方 淮夷——周		东胜西 虽淮夷曾再度危及成周，终归失败。
商——夏 殷——周 六国——秦 陈项等——秦 楚——汉		东胜西 西胜东 西胜东 东胜西 西胜东			

据此表,三代中东胜西之事较少,西胜东之事甚多。胜负所系,不在一端,或由文化力,或由战斗力,或由组织力。大体说来,东方经济好,所以文化优。西方地利好,所以武力优。在西方一大区兼有巴蜀与陇西之时,经济上有了天府,武力上有了天骄,是不易当的。然而东方的经济人文,虽武力上失败,政治上一时不能抬头,一经多年安定之后,却是会再起来的。自春秋至王莽时,最上层的文化只有一个重心,这一个重心便是齐鲁。这些话虽在大体上是秦汉的局面,然也颇可以反映三代的事。

谈到这里,读者或不免要问,所谓东平原区,与所谓西高地系,究竟每个有没有它自己的地理重心,如后世之有关洛、邺都、建业、汴京、燕山等。答曰:在古代,社会组织不若战国以来之发达时,想有一个历代承继的都邑,是不可能的。然有一个地理的重心,其政治的、经济的,因而文化的区域,不随统治民族之改变而改变,却是可以找到的。这样的地理重心,属于东平原区者,是空桑,别以韦为辅。属于西高地系者,是隗邑,别以安邑为次。请举其说如下:

在东平原区中,其北端的一段,当今河北省中部偏东者,本所谓九河故道,即是黄河近海处的无定冲积地。这样地势,在早期社会中是很难发达的,所以不特这一段(故天津府、河间府、深冀两直隶州一带)在夏殷无闻,就是春秋时也还听不到有何大事在此地发生。齐燕之交,仿佛想像有一片瓯脱样的。到了春秋下半,凭借治水法子之进步(即是堤防的法子进步,所谓以邻国为壑),这一带"河济间之沃土",始关重要。这样的一块地方,当然不能成为早期的历史重心。至于山东半岛,是些山地,便于小部落据地固守,在初时的社会阶段之下,亦难成为历史的重心。只有这个大平原区的南部,即是西起陈、东至鲁一带,是理想的好地方,自荥泽而东,接连不断的有好些蓄水湖泽，如菏泽孟诸等，又去黄河下游稍远，所以天然的水患不大，地是最肥的，交通是最便当的。果然，历史的重心便在此地排演。太昊都陈，炎帝自陈徙曲阜（《周本纪·正义》引《帝王世纪》）。曲阜一带，即空桑之地。穷桑有穷，皆空桑一名之异称。所谓空桑者，在远古是一个极重要的地方。少昊氏的大本营在这里，后羿立国在这里，周公东征时的对象奄国在这里，这些事都明白指示空桑是个政治中心。五祀之三，勾芒、蓐收、玄冥，起于此地（《左传》昭二十九及他书），后羿立国在此地。此地土著之伊尹，用其文化所赋之智谋，以事汤，遂灭夏。此地土著之孔子凭借时势，遂成儒宗。这些事都明白指示空桑是个文化中心。古代东方宗教中心之太山，有虞氏及商人所居之商丘，及商人之宗邑蒙亳，皆在空桑外环。这样看，空桑显然是东平原区之第一重心，政治的及文化的。

在东平原区中，地位稍次于空桑之重心，是邶。邶读如衣，衣即是殷（见《吕氏·慎大览》高诱注）。殷地者，其都邑在今河南省北端安阳县境，汤灭韦而未都，其后世自河南迁居于此。在商人统治此地以前，此地之有韦，大约是一个极重要的部落，所以《诗·商颂》中拿他和夏桀并提。商人迁居此地之目的，大约是求便于对付西方，自太行山外而来的戎祸，即所谓鬼方者，恰如明成祖营北平而使子孙定居，是为对付北鞑者一般。商人居此地数百年，为人称曰殷商，即等于称在殷之商。末世虽号称都朝歌，朝歌实尚在邶地范围，所以成王封唐叔于卫，曰"封于殷墟"（定四）。此地入周朝，尤为兵政之重镇（看白懋父敦等）。又，八百年后人于秦，为东郡，又成控制东方之重镇。到了汉末，邺为盛都，五胡时，割据中原者多都之，俨然为长安雒阳的敌手。

在西高地系内，正中有低地一条，即汾洛泾渭伊雒入河之规形长条,此长条在地形上之优点,地图已明白宣示,不待历史为它说明。它是一群高地所环绕的交通总汇,东端有一个控制东平原的大出口。利用这个形势成为都邑,便是雒阳。如嫌雒阳过分出于形胜的高地之外,则雒阳以西经过殽函之固,又过了河,便是安邑。雒阳为夏周两代所都,其政治的重要不待说(夏亦曾都雒阳,见《求古录·礼说》)。安邑一带,是夏代之最重要区域。在后世,唐叔受封,而卒成霸业。魏氏受邑,而卒成大名。直到战国初,安邑仍为三晋领袖之魏国所都,用以东临中原,西伺秦胡者。河东之重要,自古已然,不待刘渊作乱,李氏禅隋,方才表显它的地理优越性。

以上所举,东方与西土之地理重心,在东平原区中以南之空桑为主,以北之有邶为次;在西高地系中,以外之雒阳为主,内之安邑为次,似皆是凭借地形,自然长成,所以其地之重要,大半不因朝代改变而改变。此四地之在中国三代及三代以前史中,恰如长安、雒邑、建康、汴梁、燕山之在秦汉以来史。秦汉以来,因政治中心之迁移,有此各大都邑之时隆时降。秦汉以前,因部落及王国之势力消长,有本文所说。四个地理重心虽时隆时降,其为重心却是超于朝代的。认识此四地在中国古代史上的意义,或者是一件可以帮助了解中国古代史"全形"的事。

战国子家叙论①

（一）论哲学乃语言之副产品，西洋哲学即印度 日耳曼语言之副产品　汉语实非哲学的 语言　战国诸子亦非哲学家

　　世界上古往今来最以哲学著名者有三个民族：一、印度之亚利安人；二、希腊；三、德意志。这三个民族有一个共同点，就是在他的文化忽然极高的时候，它的语言还不失印度日耳曼系语言之早年的烦琐形质。思想既以文化提高了，而语言之原形犹在，语言又是和思想分不开的，于是乎繁丰的抽象思想，不知不觉地受它的语言之支配，而一经自己感觉到这一层，遂为若干特殊语言的形质作玄学的解释了。以前有人以为亚利安人是开辟印度文明的，希腊人是开辟地中海北岸文明的，这完全是大错而特错。亚利安人走到印度时，它的文化，比土著半黑色的人低，它吸收了土著的文明而更增高若干级。希腊人在欧洲东南也是这样，即地中海北岸赛米提各族人留居地也比希腊文明古得多，野蛮人一旦进于文化，思想扩张了，而语言犹昔，于是乎凭借他们语言的特质而出之思想

---

　　① 原文系作者1928年在中山大学之讲稿，收入1952年台湾大学出版的《傅孟真先生集》第二册。

当作妙道玄理了。今试读汉语翻译之佛典，自求会悟，有些语句简直莫名其妙，然而一旦做些梵文的工夫，可以化艰深为平易，化牵强为自然，岂不是那样的思想很受那样的语言支配吗？希腊语言之支配哲学，前人已多论列，现在姑举一例：亚里士多德所谓十个范畴者，后人对之有无穷的疏论，然这都是希腊语法上的问题，希腊语正供给我们这么些观念，离希腊语而谈范畴，则范畴断不能是这样子了。其余如柏拉图的辩论，亚里士多德的分析，所谓哲学，都是一往弥深的希腊话。且少谈古代的例，但论近代。德意志民族中出来最有声闻的哲人是康德，此君最有声闻的书是《纯理评论》。这部书所谈的不是一往弥深的德国话吗？这部书有法子翻译吗？英文中译本有二：一、出马克斯谬勒手，他是大语言学家；二、出麦克尔江，那是很信实的翻译。然而他们的翻译都有时而穷，遇到好些名词须以不译了之。而专治康德学者，还要谆谆劝人翻译不可用，只有原文才信实；异国杂学的注释不可取，只有本国语言之标准义疏始可信。哲学应是逻辑的思想，逻辑的思想应是不局促于某一种语言的，应是和算学一样的容易翻译，或者说不待翻译，然而适得其反，完全不能翻译。则这些哲学受他们所由产生之语言之支配，又有什么疑惑呢？即如 Ding an Sich 一词，汉语固不能译它，即英文译了亦不像；然在德文中，则 an Sich 本是常语，故此名词初不奇怪。又如最通常的动词，如 Sein 及 Werden，及与这一类的希腊字曾经在哲学上作了多少祟，习玄论者所共见。又如戴卡氏之妙语"Cogito ergo Sum"，翻译成英语已不像话，翻成汉语更做不到。算学思想，则虽以中华与欧洲语言之大异，而能涣然转译；哲学思想，则虽以英德语言只不过方言差别，而不能翻译。则哲学之为语言的副产物，似乎不待繁证即可明白了。印度日耳曼族语之特别形质，例如主受之分、因致之别、过去及未来、已完及不满、质之与量、体之与抽，以及各种把动词变作名词的方式，不特略习梵文或希腊文方知道，便是略习德语也就感觉到这麻烦。这些麻烦便是看来"仿佛很严重"的哲学分析之母。

汉语在逻辑的意义上，是世界上最进化的语言（参看叶斯波森著各书），失掉了一切语法上的繁难，而以句叙（Syntax）求接近逻辑的要求。并且是一个实事求是的语言，不富于抽象的名词，而抽象的观念，凡有实在可指者，也能设法表达出来。文法上既没有那么多的无意识，名词上又没有那么多的玄虚，则哲学断难在这个凭借发生，是很自然的了。

"斐洛苏非"译言爱智之义，试以西洋所谓爱智之学中包有各问题与战国秦汉诸子比，乃至下及魏晋名家宋明理学比，像苏格拉底那样的爱智论，诸子以及宋明理学是有的；像柏拉图所举的问题，中土至多不过有一部分，或不及半；像亚里士多德那样竟全没有；像近代的学院哲学自戴卡以至康德各宗门，一个动词分析到微茫，一个名词之语尾变化牵成溥论（如 Cangality 观念之受 Instrnmental 或 Ablative 字位观念而生者），在中土更毫无影响了。拿诸子名家理学各题目与希腊和西洋近代哲学各题目比，不相干者如彼之多，相干者如此之少，则知汉土思想中原无严意的斐洛苏非一科，"中国哲学"一个名词本是日本人的贱制品，明季译拉丁文之高贤不曾有此，后来直到严几道、马相伯先生兄弟亦不曾有此，我们为求认识世事之真，能不排斥这个日本贱货吗？

那么，周秦汉诸子是些什么？答曰：他们是些方术家。自《庄子·天下篇》至《淮南鸿烈》，枚乘《七发》皆如此称，这是他们自己称自己的名词，犹之乎西洋之爱智者自己称自己为斐洛苏非。这是括称，若分言，则战国子家约有三类人：

（一）宗教家及独行之士；

（二）政治论者；

（三）"清客"式之辩士。

例如墨家大体上属于第一类的，儒者是介于一、二之间的，管、晏、申、韩、商、老是属于第二类的，其他如惠施、庄周、邹衍、慎到、公孙龙等是侯王、朝廷、公子、卿大夫家所蓄养之清客，作为辩谈以悦其"府主"的。这正合于十七八世纪西欧洲的样子，一切著文之人，靠朝廷风尚，贵族栽培的，也又有些大放其理想之论于民间的。这些物事，在西洋皆不能算作严格意义下之哲学，为什么我们反去借来一个不相干的名词，加在不相干的古代中国人身上呀？

（二）论战国诸子除墨子外皆出于职业

《七略》《汉志》有九流十家皆出于土官之说。其说曰：儒家者流盖出于司徒之官，道家者流盖出于史官，阴阳家者流盖出于羲和之官，法家者流盖出于理官，名家者流盖出于礼官，墨家者流盖出于清庙之守，纵横家者流盖出于行人之官，杂家者流盖出于议官，农家者流盖出于农稷之官，小说家者流盖出于稗官。胡适之先生驳之，说见所著《中国古代哲学史》附录。其论甚公直，而或者不尽揣得其情。谓之公直者，出于王官之说实不可通，谓之不尽揣得其情者，盖诸子之出实有一个物质的凭借，以为此物质的凭借即是王官者误，若忽略此凭借，亦不能贯彻也。百家之说皆由于才智之士在一个特殊的地域当一个特殊的时代凭借一种特殊的职业而生。现在先列为一表，然后择要疏之。

家　名	地　　　域	时　代	职　　业	附　记
孔　丘	鲁其说或有源于宋者。	春秋末	教人	
卜　商	由鲁至魏	春秋战国间	教人	

家　名	地　域	时　代	职　业	附　记
曾　参	鲁	春秋战国间	教人	
言　偃	吴	春秋战国间	教人	
孔　伋	由鲁至宋	春秋战国间	教人亦曾在宦。	
颛孙师	陈	春秋战国间	教人	
漆雕开	今本《家语》云蔡人。	春秋战国间		近于侠
孟　轲	邹鲁游于齐梁。	战国中期	教人亦为诸侯客。	近于游谈
荀　卿	赵	战国末期	教人	
				以上儒宗
墨　翟	宋或由鲁反动而出。	春秋战国间	以墨子书中情形断之，则亦业教人之业者。	
禽滑釐	曾学于魏仕于宋。	战国初期		
孟　胜	仕于荆	战国初期	墨者巨子，为阳城君守而死。	
田　襄	宋	战国初期	墨者巨子	
腹　䵍	居秦	战国中期	墨者巨子	
田　俅	齐	战国中期		
相里勤	南方			
相夫氏	南方			
邓陵子	南方			

家　名	地　　域	时　代	职　业	附　记
苦　获	南方			
己　齿	南方			
				以上墨宗
宋　钘	或是宋人,然作为华山之冠,必游于秦矣。	战国中期	游说止兵	
尹　文				
				以上近墨者
史　鳝	卫	春秋末	太史	
陈　仲	齐	战国中期	独行之士	
许　行	楚	战国中期	独行之士	
				以上独行之士
管　仲	齐	管仲春秋中季人,然托之著书者,至早在战国初。	齐相	
晏　婴	齐	晏婴春秋末人,然托之者,至早在战国初。	齐相	
老聃即太史儋	周	战国初	太史	
关喜或太史儋同时人	周	战国初	关尹	

家　名	地　　域	时　代	职　业	附　记
商　鞅	卫韩秦	战国初,然托之著书,至早在战国中。	秦相	
申不害	韩	战国初	韩相	
韩　非	韩	战国末	韩国疏族	
				以上政论
苏　秦	周人而仕六国。	战国中期	六国相	苏秦、张仪书皆为纵横学者所托。
张　仪	魏人而仕秦。	战国中	秦相	
				以上纵横之士
魏　牟	魏	战国中	魏卿	
庄　周	宋	战国中	诸侯客,或亦独行之士。	
惠　施	仕魏	战国中	魏卿	
公孙龙	赵	战国中	诸侯客	
邓　析	郑	春秋末		
彭　蒙	齐			
邹　忌	齐	战国初	齐卿	
邹　衍	齐	战国中	诸侯客	
淳于髡	齐	战国中	齐稷下客	

家　名	地　　　域	时　代	职　　业	附　记
慎　到	赵	战国中	齐稷下客	
田　骈	齐	战国中	齐稷下客	
接　子	齐	战国中	齐稷下客	
环　渊	楚	战国中	齐稷下客	
			以上以言说侈谈于诸侯朝廷,若后世所谓"清客"者。	

附记

一、列子虽存书,然伪作,其人不可考,故不录入。

二、一切为东汉后人所伪托之子家不录入。

三、《吕氏春秋》之众多作者皆不可考,且是类书之体,非一家之言,故不列入。就上表看,虽不全不尽,然地方、时代、职业三事之与流派有相关系处,已颇明显,现在更分论之。

一、所谓儒者乃起于鲁流行于各地之"教书匠"。儒者以孔子为准,而孔子之为"教书匠"在《论语》中甚明显。

子曰:学而时习之,不亦悦乎?

子曰:弟子,入则孝,出则悌,谨而信,泛爱众,而亲仁。行有余力,则以学文。

子谓子夏曰:女为君子儒,无为小人儒。

子曰:默而识之,学而不厌,诲人不倦,何有于我哉?

子曰:德之不修,学之不讲,闻义不能徙,不善不能改,是吾忧也。

子曰:志于道,据于德,依于仁,游于艺。

子曰：自行束脩以上，吾未尝无诲焉。

子曰：不愤不启，不悱不发，举一隅不以三隅反，则不复也。

子曰：兴于《诗》，立于《礼》，成于《乐》。

子疾病，子路使门人为臣。病间，曰：久矣哉，由之行诈也！无臣而为有臣，吾谁欺？欺天乎？

子曰：小子何莫学夫《诗》？《诗》，可以兴，可以观，可以群，可以怨；迩之事父，远之事君，多识于鸟兽草木之名。

子路使子羔为费宰，子曰：贼夫人之子！子路曰：有民人焉，有社稷焉，何必读书，然后为学？子曰：是故恶夫佞者。

上文不过举几个例，其实一部《论语》三分之二是教学生如何治学、如何修身、如何从政的。孔子诚然不是一个启蒙先生，但他既不是大夫，又不是众民，开门受徒，东西南北，总要有一个生业。不为匏瓜，则只有学生的束脩；季孟、齐景、卫灵之“秋风”，是他可资以免于“系而不食”者。不特孔子如此，即他的门弟子，除去那些做了官的以外，也有很多这样。《史记·儒林传叙》："自孔子卒后，七十子之徒，散游诸侯，大者为师傅卿相，小者友教士大夫，或隐而不见。故子路居卫，子张居陈，澹台子羽居楚，子夏居西河，子贡终于齐。如田子方、段干木、吴起、禽滑厘之属，皆受业于子夏之伦，为王者师。"这样进则仕，退则教的生活，既是儒者职业之所托，又是孔子成大名之所由。盖一群门弟子到处教人，即无异于到处宣传。儒者之仕宦实不达，在魏文侯以外没有听说大得意过，然而教书的成绩却极大。《诗》《书》《礼》《乐》《春秋》本非儒者之专有物，而以他们到处教人的缘故，弄成孔子删述六经啦。

二、墨为儒者之反动,其一部分之职业与儒者同,其另一部分则各有其职业。按:墨为儒者之反动一说,待后详论之。墨与儒者同类而异宗,也在那里上说世主,下授门徒。但墨家是比儒者更有组织的,而又能吸收士大夫以下之平民。既是一种宗教的组织,则应有以墨为业者,而一般信徒各从其业。故儒、纵横、刑、名、兵、法皆以职业名,墨家独以人名。

三、纵横、刑、法皆是一种职业,正所谓不辩自明者。

四、史官之职,可成就些多识前言往行、深明世故精微之人。一因当时高文典册多在官府,业史官者可以看到;二因他们为朝廷做记录,很可了彻些世事。所以把世故人情看得最深刻的老聃出于史官,本是一件自然的事。

五、若一切不同的政论者,大多数是学治者之言,因其国别而异趋向。在上列的表内管、晏、关、老、申、商、韩非之列中,管、晏、商君都不会自己做书的,即申不害也未必能自己著书,这都是其国后学从事于学政治者所托的。至于刑名之学,出于三晋周郑官术,更是一种职业的学问,尤不待说了。

六、所有一切名家辩士,虽然有些曾做到了卿相的,但大都是些诸侯所养的宾客,看重了便是大宾,看轻了便同于"优倡所蓄"。这是一群大闲人,专以口辩博生活的。有这样的职业,才成就这些辩士的创作;魏齐之廷,此风尤盛。

综括前论,无论有组织的儒墨显学,或一切自成一家的方术论者,其思想之趋向多由其职业之支配。其成家之号,除墨者之称外,如纵横、名、法等等,皆与其职业有不少关联。今略变《汉志》出于王官之语,或即觉其可通。若九流之分,本西汉中年现象,不可以论战国子家,是可以不待说而明白的。

流　　别	《七略》所释	今　　　　释
儒家者流	出于司徒之官。	出于"教书匠"。
道家者流	出于史官。	有出于史官者,有全不相干者。汉世道家本不是单元。按道家一词,入汉始闻。
阴阳家者流	出于羲和之官。	出于业文史星历卜祝者。
法家者流	出于理官。	法家非单元,出于齐晋秦等地之学政习法典刑者。
名家者流	出于礼官。	出于诸侯朝廷中供人欣赏之辩士。
墨家者流	出于清庙之守。	出于向儒者之反动,是宗教的组织。
纵横家者流	出于行人之官。	出于游说形势者。
杂家者流	出于议官。	"杂"固不成家,然汉世淮南东方却成此一格,其源出于诸侯朝廷广置方术殊别之士,采者不专主一家,遂成杂家矣。
小说家者流	出于稗官。	出于以说故事为职业之诸侯客。以上所谓"名""杂""小说"三事,简直言之,皆出于所谓"清客"。

故《七略》《汉志》此说,其辞虽非,其意则似无谓而有谓。

（三）论只有儒墨为有组织之宗派,其余
虽多同声相应、同气相求者,
然大体是自成一家之言

诸子百家中,墨之组织为最严整,有巨子以传道统,如加特力法皇达喇喇嘛然。又制为一切墨者之法而自奉之,且有死刑(《吕氏春秋·去私篇》:腹䵍为墨者巨子,居秦,其子杀人。秦惠王曰:

"先生之年长矣，非有他子也。寡人已令吏弗诛矣，先生之以听寡人也。"腹䵍对曰："墨者之法，杀人者死，伤人者刑，此所以禁杀伤人也。"云云）。此断非以个人为单位之思想家，实是一种宗教的组织自成一种民间的建置，如所谓"早年基督教"者是。所以墨家的宗旨，一条一条固定的，是一个系统的宗教思想（尚贤、尚同、兼爱、非攻、节用、节葬、天志、明鬼、非乐）。又建设一个模范的神道（三过家门而不入之禹），作为一切墨家的制度。虽然后来的墨者分为三（或不止三），而南方之墨者相谓别墨，到底不至于如儒墨以外之方术家，人人自成一家。孟子谓杨墨之言盈天下，墨为有组织之宗教，杨乃一个人的思想家，此言应云，如杨朱一流人者盈天下，而墨翟之徒亦盈天下。盖天下之自私自利者极多，而为人者少，故杨朱不必做宣传，而天下滔滔皆杨朱；墨宗则非宣传不可。所以墨子之为显学，历称于孟、庄、荀、卫、吕、刘、司马父子，《七略》《汉志》，而杨朱则只孟子攻之，《天下篇》所不记，《非十二子》所不及，《五蠹》《显学》所不括，《吕览》《淮南》所不称，六家、九流所不列。这正因为"纵情性、安恣睢、禽兽行"之它嚣魏牟固杨朱也。庄子之人生观，亦杨朱也。所以儒墨俱为传统之学，而杨朱虽号为言盈天下，其人犹在若有若无之间。至于其他儒墨以外各家，大别可分为四类。

一、独行之士　此固人自为说，不成有组织的社会者，如陈仲、史鰌等。

二、个体的思想家　此如太史儋之著五千言，并非有组织的学派（但黄老之学至汉初年变为有组织之学派）。

三、各地治"治术"一种科学者　此如出于齐之管仲、晏子书，出于三晋之李悝书，出于秦之商子书，出于韩之申子书及自己著书之韩公子非。这都是当年谈论政治"科学"。

四、诸侯朝廷之"清客"论　　所谓一切辩士,有些辩了并不要实行的,有些所辩并与行事毫不相干的(如"白马非马"),有些全是文士。这都是供诸侯王之精神上之娱乐者。梁孝王朝武帝朝犹保存这个战国风气。

(四) 论春秋战国之际为什么诸家并兴

在回答这个问题之前,我们先要问诸子并兴是不是起于春秋战国之际。近代经学家对于中国古代文化的观念大别有两类:一类以为孔子有绝大的创作力,以前朴陋得很。江永、孔广森和好些今文学家都颇这样讲;而极端例是康有为,几乎以为孔子以前的东西都是孔子想像的话,诸子之说,皆创于晚周。一类以为至少西周的文化已经极高,孔子不过述而不作,周公原是大圣,诸子之说皆有很长的渊源,戴震等乾嘉间大师每如此想,而在后来代表这一说之极端者为章炳麟。假如我们不是在那里争今古文的门户,理当感觉到事情不能如此简单。九流出于王官,晚周文明只等于周公制作之散失之一说,虽绝对不可通;然若西周春秋时代文化不高,孔老战国诸子更无从凭借以生其思想。我们现在关于西周的事知道得太不多了,直接的材料只有若干金文,间接的材料只有《诗》《书》两部和些不相干的零碎,所以若想断定西周时的文化有几多高,在物质的方面还可盼望后来的考古学有大成功,在社会人文方面恐怕竟要绝望于天地之间了。但西周晚年以及春秋全世,若不是有很高的人文、很细的社会组织、很奢侈的朝廷、很繁丰的训典,则直接春秋时代而生之诸子学说,如《论语》中之"人情"、《老子》中之"世故"、墨子之向衰败的文化奋抗、庄子之把人间世看作无可奈何,皆都若无所附丽。在春秋战国间书中,无论是述说朝上典言的《国语》(《左传》在内),或是记载个人思想的《论语》,或是把深刻的观察合着沉郁的感情的《老子》五千言,都只能生在一个长久发达的文化之后,周密繁丰的人文之中。且以希腊为喻,希腊固是一个新民族,在他的盛时一切思想家并起,仿佛像是前无古人者。然近代东方学发达之后,希腊人文承受于东方及埃及之事件愈现愈多,其非无因而光大,在现在已全无可疑。东周时中国之四邻无可向之借文化者,则其先必有长期的背景,以酝酿这个东周的人文,更不能否认。只是我们现在所见的材料,不够供给我们知道这个背景的详细的就是了。然而以不知为不有,是谈史学者极大的罪恶。

《论语》有"述而不作"的话,《庄子》称述各家皆冠以"古之道述有在于是者"。这些话虽不可固信,然西周春秋总有些能为善言嘉训,如史佚、周任,历为后人所称道者。

既把前一题疏答了,我们试猜春秋战国间何以诸子并起之原因。既已书缺简脱,则一切想象,无非求其为合理之设定而已。

一、春秋战国间书写的工具大有进步。在春秋时,只政府有力作文书者,到战国初年,民间学者也可著书了。西周至东周初年文籍现在可见者,皆是官书。《周书》《雅》《颂》不必说,即如《国风》及《小雅》若干篇,性质全是民间者,其著于简篇当在春秋之世。《国语》乃由各国材料拼合而成于魏文侯朝,仍是官家培植之著作,私人无此力量。《论语》虽全是私家记录,但所记不过一事之细,一论之目,稍经辗转,即不可明了。礼之宁俭,丧宁戚,或至以为非君子之言,必当时著书还甚受物质的限制,否则著书不应简括到专生误会的地步。然而一到战国中期,一切丰长的文辞都出来了,孟子的长篇大论,邹衍的终始五德,庄子的危言日出,惠施的方术五车,若不是当时学者的富力变大,即是当时的书具变廉,或者兼之。这一层是战国子家记言著书之必要的物质凭借。

二、封建时代的统一固然不能统一得像郡县时代的统一,然若王朝能成文化的中心，礼俗不失其支配的势力，总能有一个正统的支配力，总不至于异说纷纭。周之本土既丧于戎，周之南国又亡于楚，一入春秋，周室只是亡国。所谓"尊天子"者，只是诸侯并争不得其解决之遁词，外族交逼不得不团结之口号。宋以亡国之余，在齐桓晋文间竟恢复其民族主义（见《商颂》）；若《鲁颂》之鲁，也是俨然以正统自居的。二等的国家已这样，若在齐楚之富、秦晋之强，其"内其国而外诸夏"，更不消说。政治无主，传统不能支配，加上世变之纷繁，其必至于摩擦出好些思想来，本是自然的。思想本是由于精神的不安定而生，"天下恶乎定？曰：定于一""思想恶乎生？曰：生于不一"。

三、春秋之世，保持传统文化的中原国家大乱特乱，四边几个得势的国家却能大启土宇。齐尽东海，晋灭诸狄，燕有辽东，以鲁之不强也还在那里开淮泗；至于秦楚吴越之本是外国，不过受了中国文化，更不必说了。这个大开拓、大兼并的结果，第一，增加了全民的富力，繁殖了全民的生产。第二，社会中的情形无论在经济上或文化上都出来了好些新方面，更使得各国自新其新，各人自是其是。第三，春秋时代部落之独立，经过这样大的扩充及大兼并不能保持了，渐由一切互谓蛮夷互谓戎狄的，混合成一个难得分别"此疆尔界"的文化，绝富于前代者。这自然是出产各种思想的肥土田。

四、因上一项所叙之扩充而国家社会的组织有变迁。部落式的封建国家进而为军戎大国，则刑名之论当然产生。国家益大，诸侯益侈，好文好辩之侯王，如枚乘《七发》中对越之太子，自可"开第康庄，修大夫之列"，以养那些食饱饭、没事干，专御人以口给的。于是惠施、公孙龙一派人可得养身而托命。且社会既大变，因社会之大变而生之深刻观察可得丰衍，如《老子》。随社会之大变而造之系统伦理，乃得流行，如墨家。大变大紊乱时，出产大思想大创作，因为平时看得不远，乱时刺得真深。

综括上四项：第一，著书之物质的凭借增高了，古来文书仕官，学不下庶人，到战国不然了；第二，传统的宗主丧失了；第三，因扩充及混合，使得社会文化的方面多了；第四，因社会组织的改变，新思想的要求乃不可止了。历传的文献只足为资，不能复为师，社会的文华既可以为用，复可以为戒。纷纭扰乱，而生摩擦之力；方面复繁，而促深彻之观。方土之初交通，民族之初混合，人民经济之初向另一面拓张，国家社会根本组织之初变动，皆形成一种新的压力，这压力便是逼出战国诸子来的。

（五）论儒为诸子之前驱，亦为诸子之后殿

按，儒为诸子中之最前者，孔子时代尚未至于百家并鸣，可于《论语》《左传》《国语》各书得之。虽《论语》所记的偏于方域，《国语》所记的不及思想，但在孔丘的时代果然诸子已大盛者，孔丘当不至于无所论列。孔丘以前之儒，我们固完全不曾听说是些什么东西；而墨起于孔后，更不成一个问题。其余诸子之名中，管、晏两人之名在前，但著书皆是战国时人所托，前人论之已多。著书五千言之老子乃太史儋，汪容甫、毕秋帆两人论之已长；此外皆战国人。则儒家之兴，实为诸子之前驱，是一件显然的事实。孔子为何如人，现在因为关于孔子的真材料太少了，全不能论定。但《论语》所记他仍是春秋时人的风气，思想全是些对世间务的思想，全不是战国诸子的放言高论。即以孟、荀和他比，孟子之道统观、论性说，荀子之治本论、正儒说，都已是系统的思想；而孔丘乃是"毋意""毋必""毋固""毋我"的"学愿"。所以孔丘虽以其"教"教出好些学生来，散布到四方，各自去教，而开诸子的风气，自己仍是一个春秋时

代的殿军而已。

儒者最先出，历对大敌三：一、墨家；二、黄老；三、阴阳。儒墨之战在战国极剧烈，这层可于孟、墨、韩、吕诸子中看出。儒家黄老之战在汉初年极剧烈，这层《史记》有记载。汉代儒家的齐学本是杂阴阳的，汉武帝时代的儒学已是大部分糅合阴阳，如董仲舒；以后纬书出来，符命图谶出来，更向阴阳同化。所以从武帝到光武虽然号称儒学正统，不过是一个名目，骨子里头是阴阳家已篡了儒家的正统。直到东汉，儒学才渐渐向阴阳求解放。

儒墨之战、儒道之战，儒均战胜。儒与阴阳之战（此是相化非争斗之战），儒虽几乎为阴阳所吞，最后仍能超脱出来。战国一切子家一律衰息之后，儒者独为正统，这全不是偶然，实是自然选择之结果。儒家的思想及制度中，保存部落时代的宗法社会性最多，中国的社会虽在战国大大地动荡了一下子，但始终没有完全进化到军国，宗法制度仍旧是支配社会伦理的。所以黄老之道，申韩之术，可为治之用，不可为社会伦理所从出。这是最重要的一层理由。战国时代因世家之废而尚贤之说长、诸子之言兴，然代起者仍是士人一个阶级，并不是真正的平民。儒者之术恰是适应这个阶级之身份、虚荣心，及一切性品的。所以墨家到底不能挟民众之力以胜儒，而儒者却可挟王侯之力以胜墨，这也是一层理由。天下有许多东西，因不才而可绵延性命。战国之穷年大战，诸侯亡秦，楚汉战争，都是专去淘汰民族中最精良、最勇敢、最才智的分子的。所以中国人经三百年的大战而后，已经"锉其锐，解其纷，和其光，同其尘"了。淘汰剩下的平凡庸众最多，于是儒家比上不足、比下有余的稳当道路成王道了。儒家之独成"适者的生存"，和战国之究竟不能全量的变古，实在是一件事。假如楚于城濮之战，灭中原而开四代（夏、商、周、楚）；匈奴于景武之际，吞区夏而建新族，黄河流域的人文历史应该更有趣些,儒家也就不会成正统了。又假如战国之世,中国文化到了楚吴百越而更广大,新民族负荷了旧文化而更进一步,儒者也就不会更延绵了。新族不兴,旧宪不灭,宗法不亡,儒家长在。中国的历史,长则长矣;人民,众则众矣。致此之由,中庸之道不无小补,然而果能光荣快乐乎哉?

(六)论战国诸子之地方性

凡一个文明国家统一久了以后,要渐渐地变成只剩了一个最高的文化中心点,不管这个国家多么大。若是一个大国家中最高的文化中心点不止一个时,便要有一个特别的原因,也许是由于政治的中心点和经济的中心点不在一处,例如明清两代之吴会;也许是由于原旧国家的关系,例如罗马帝国之有亚历山大城,胡元帝国之有杭州。但就通例说,统一的大国只应有一个最高的文化中心点的。所以虽以西汉关东之富,吴梁灭后,竟不复闻类于吴苑梁朝者。虽以唐代长江流域之文华,隋炀一度之后,不闻风流文物更炽于汉皋吴会。统一大国虽有极多便宜,然也有这个大不便宜。五季十国之乱,真是中国历史上最不幸的一个时期了,不过也只有在五季十国那个局面中,南唐西蜀乃至闽地之微,都要和僭乱的中朝争文明的正统。这还就单元的国家说,若在民族的成分颇不相同的一个广漠文明区域之内,长期的统一之后,每至消磨了各地方的特性,而减少了全部文明之富度,限制了各地各从其性之特殊发展。若当将混而未融之时,已通而犹有大别之间,应该特别发挥出些异样的文华来。近代欧洲正是这么一个例,或者春秋战国中也是这样子具体而微吧?

战国诸子之有地方性,《论语》《孟子》《庄子》均给我们一点半点的记载,若《淮南·要略》所论乃独详。近人有以南北混分诸子者,其说极不可通。盖春秋时所谓"南"者,在文化史的意义上与楚全不相同(详拙论《南国》),而中原诸国与其以南北分,毋宁以东西分,虽不中,犹差近。在永嘉丧乱之前,中国固只有东西之争,无南北之争(晋楚之争而不决为一例外)。所以现在论到诸子之地方性,但以国别为限不以南北西东等泛词为别。

齐燕附 战国时人一个成见,或者这个成见正是很对,即是谈到荒诞不经之人,每说他是齐人。《孟子》:"此齐东野人之语也。"《庄子》:"齐谐者,志怪者也。"《史记》所记邹衍等,皆其例。春秋战国时,齐在诸侯中以地之大小比起来,算最富的(至两汉尚如此),临淄一邑的情景,假如苏秦的话不虚,竟是一个近代大都会的样子。地方又近海,或以海道交通而接触些异人异地;并且从早年便成了一个大国,不像邹鲁那样的寒酸。姜田两代颇出些礼贤下士的侯王。且所谓东夷者,很多是些有长久传说的古国,或者济河岱宗以东,竟是一个很大的文明区域。又是民族迁徙自西向东最后一个层次(以上各节均详别论)。那么,齐国自能发达他的特殊文化,而成到了太史公时尚为人所明白见到的"泱泱乎大国风",正是一个很合理的事情。齐国所贡献于晚周初汉的文化大约有五类(物质的文化除外)。

甲,宗教 试看《史记·秦始皇本纪》《封禅书》,则知秦皇、汉武所好之方士,实原自齐,燕亦附庸在内。方士的作祸是一时的,齐国宗教系统之普及于中国是永久的。中国历来相传的宗教足道教,但后来的道教造形于葛洪、寇谦之一流人,其现在所见最早一层的根据,只是齐国的神祠和方士。八祠之祀,在南朝几乎成国教;而神仙之论,竟成最普及、最绵长的民间信仰。

乙,五行论 五行阴阳论之来源已不可考,《甘誓》《洪范》显系战国末人书(我疑《洪范》出自齐,伏生所采以人廿八篇者),现在可见之语及五行者，以《荀子·非十二子篇》为最多。荀子訾孟子、子思以造五行论，然今本《孟子》《中庸》中全无五行说，《史记·孟子荀卿列传》中却有一段，记驺衍之五德终始论最详：

> 齐有三驺子。其前驺忌，以鼓琴干威王，因及国政，封为成侯而受相印，先孟子。其次驺衍，后孟子。驺衍睹有国者益淫侈，不能尚德，若《大雅》整之于身，施及黎庶矣。乃深观阴阳消息而作怪迂之变，《终始》《大圣》之篇十余万言。其语闳大不经，必先验小物，推而大之，至于无垠。先序今以上至黄帝，学者所共术，大并世盛衰，因载其祎祥度制，推而远之，至天地未生，窈冥不可考而原也。先列中国名山大川、通谷禽兽、水土所殖，物类所珍，因而推之，及海外人之所不能睹。称引天地剖判以来，五德转移，治各有宜，而符应若兹。以为儒者所谓中国者，于天下乃八十一分居其一分耳。中国名曰赤县神州，赤县神州内自有九州，禹之序九州是也，不得为州数。中国外如赤县神州者九，乃所谓九州也。于是有裨海环之，人民禽兽莫能相通者，如一区中者，乃为一州。如此者九，乃有大瀛海环其外，天地之际焉。其术皆此类也。然要其归必止乎仁义节俭，君臣上下六亲之施，始也滥耳。王公大人初见其术，惧然顾化，其后不能行之。是以驺子重于齐。适梁，惠王郊迎，执宾主之礼；适赵，平原君侧行撇席。如燕，昭王拥彗先驱，请列弟子之座而受业，筑碣石宫，身亲往师之，作《主运》。

驺子出于齐，而最得人主景仰于燕，燕齐风气，驺子一身或者是一个表象。驺子本不是儒家，必战国晚年他的后学者托付于当时的显学儒家以自重，于是谓五行之学创自子思、孟轲，荀子习而不察，遽以之归罪子思、孟轲，遂有《非十二子》中之言。照这看来，这个五行论在战国末很盛行的,诸子《史记》不少证据。且这五行论在战国晚年不特托于儒者大师,又竟和儒者分不开了。《史记·秦始皇本纪》:

> 卢生说始皇曰:"臣等求芝奇药仙者常弗遇,类物有害之者。方中人主时为微行以辟恶鬼,恶鬼辟,真人至。至人主所居而人臣知之,则害于神。真人者,入水不濡,入火不爇,陵云气,与天地久长。今上治天下,未能恬惔。愿上所居官毋令人知,然后不死之药殆可得也。"于是始皇曰:"吾慕真人,自谓真人,不称朕。"乃令咸阳之旁二百里内宫观二百七十,复道甬道相连,帷帐钟鼓美人充之,各案署不移徙。行所幸,有言其处者,罪死。始皇帝幸梁山宫,从山上见丞相车骑众,弗善也。中人或告丞相,丞相后损车骑。始皇怒曰:"此中人泄吾语。"案问,莫服。当是时,诏捕诸时在旁者,皆杀之。自是后莫知行之所在。听事,群臣受决事,悉于咸阳宫。侯生、卢生相与谋曰:"始皇为人,天性刚戾自用,起诸侯,并天下,意得欲从,以为自古莫及己。专任狱吏,狱吏得亲幸。博士虽七十人,特备员,弗用。丞相诸大臣皆受成事,倚办于上。上乐以刑杀为威,天下畏罪持禄,莫敢尽忠。上不闻过而日骄,下慑伏谩欺以取容。秦法,不得兼方,不验,辄死。然候星气者至三百人,皆良士,畏忌讳谀,不敢端言其过。天下之事无小大皆决于上,上至以衡石量书,日夜有呈,不中呈,不得休息。贪于权势至如此,未可为求仙药。"于是乃亡去。始皇闻亡,乃大怒曰:"吾前收天下书不中用者尽去之,悉召文学方术士甚众,欲以兴太平,方士欲练以求奇药。今闻韩众去不报,徐市等费以巨万计,终不得药,徒奸利相告日闻。卢生等吾尊赐之甚厚,今

乃诽谤我，以重吾不德也。诸生在咸阳者，吾使人廉问，或为妖言以乱黔首。"于是使御史悉案问诸生，诸生传相告引，乃自除犯禁者四百六十余人，皆坑之咸阳，使天下知之，以惩后。益发谪徙边。始皇长子扶苏谏曰："天下初定，远方黔首未集，诸生皆诵法孔子，今上皆重法绳之，臣恐天下不安。惟上察之。"始皇怒，使扶苏北监蒙恬于上郡。

这真是最有趣的一段史料，分析之如下：

一、卢生等只是方士，决非邹鲁之所谓儒；

二、秦始皇坑的是这些方士；

三、这些方士竟"皆诵法孔子"，而坑方士变作了坑儒。

则侈谈神仙之方士，为五行论之诸生，在战国末年竟儒服儒号，已无可疑了。这一套的五德终始阴阳消息论，到了汉朝，更养成了最有势力的学派，流行之普遍，竟在儒老之上。有时附儒，如儒之齐学，《礼记》中《月令》及他篇中羼入之阴阳论皆是其出产品；有时混道，如《淮南鸿烈》书中不少此例，《管子》书中也一样。他虽然不能公然的争孔老之席，而暗中在汉武时，已把儒家换羽移宫，如董仲舒、刘向、刘歆、王莽等，都是以阴阳学为骨干者。五行阴阳本是一种神道学（Theology），或曰玄学（Metaphysics），见诸行事则成迷信。五行论在中国造毒极大，一切信仰及方技都受它影响。但我们现在也不用笑它了，十九世纪总不是一个顶迷信的时代罢？德儒海格尔以其心学之言盈天下，三四十年前，几乎统一了欧美大学之哲学讲席。但这位大玄学家发轫的一篇著作是用各种的理性证据——就是五德终始一流的——去断定太阳系行星只能有七，不能有六，不能有八。然他这本大著出版未一年，海王星之发现宣布了！至于辨氏 Dialektik，还不是近代的阴阳论吗？至若我们只瞧不起我们两千年前的同国人，未免太宽于数十年前的德国哲学家了。

丙，托于管晏的政论　管晏政论在我们现在及见的战国书中并无记之者（《吕览》只有引管子言行处，没有可以证明其为引今见《管子》书处），但《淮南》《史记》均详记之。我对于《管子》书试作的设定是：《管子》书是由战国晚年汉初年的齐人杂著拼合起来的。《晏子》书也不是晏子时代的东西，也是战国末汉初的齐人著作。此义在下文殊方之治术一篇及下一章《战国子家书成分分析》中论之。

丁，齐儒学　这本是一个汉代学术史的题目，不在战国时期之内，但若此地不提明此事，将不能认清齐国对战国所酝酿汉代所造成之文化的贡献，故略说几句。儒者的正统在战国初汉均在鲁国，但齐国自有他的儒学，骨子里只是阴阳五行，又合着一些放言侈论。这个齐学在汉初的势力很大，武帝时竟夺鲁国之席而为儒学之最盛者，政治上最得意的公孙弘，思想上最开风气的董仲舒，都属于齐学一派。公羊氏《春秋》，齐《诗》，田氏《易》，伏氏《书》，都是太常博士中最显之学。鲁学小言詹詹，齐学大言炎炎了。现在我们在西汉之残文遗籍中，还可以看出这个分别。

戊，齐文辞　战国文辞，齐楚最盛，各有其他的地方色彩，此事待后一篇中论之（《论战国杂诗体》一章中）。

鲁　鲁是西周初年周在东方文明故域中开辟的一个殖民地。西周之故域既亡于戎，南国又亡于楚，而"周礼尽在鲁矣"。鲁国人揖让之礼甚讲究，而行事甚乖戾（太史公语），于是拿诗书礼乐做法宝的儒家出自鲁国，是再自然没有的事情。盖人文既高，仪节尤备，文书所存独多，又是个二等的国家，虽想好功矜伐而不能。故齐楚之富，秦晋之强，有时很足为师，儒之学发展之阻力，若鲁则恰成发展这一行的最好环境。"儒是鲁学"这句话，大约没有疑问吧？且儒学一由鲁国散到别处便马上变样子。孔门弟子中最特别的是"堂堂乎张"和不仕而侠之漆雕开，这两个人后来皆成显学。然上两个人是陈人，下两个人是蔡人。孔门中又有个子游，他的后学颇有接近老学的嫌疑，又不是鲁人（吴人）。宰我不知何许人，子贡是卫人，本然都不是鲁国愿儒的样子，也就物以类聚跑到齐国，一个得意，一个被杀了。这都是我们清清楚楚地认识出地方环境之限制人。墨子鲁人（孙诒让等均如此考定），习孔子之书，业儒者之业（《淮南·要略》），然他的个性及主张，绝对不是适应于鲁国环境的，他自己虽然应当是鲁国及儒者之环境逼出来的一个造反者，但他总要到外方去行道，所以他自己的行迹，便也在以愚著闻的宋人国中多了。

宋　宋也是一个文化极高的国家，且历史的绵远没有一个可以同他比：前边有几百年的殷代，后来又和八百年之周差不多同长久。当桓襄之盛，大有殷商中兴之势，直到亡国还要称霸一回。齐人之夸、鲁人之拘、宋人之愚，在战国都极著名。诸子谈到愚人每每是宋人，如《庄子》"宋人资章甫而适诸越，越人断发文身，无所用之"；《孟子》"宋人有闵其苗之不长而揠之者"；《韩非子》宋人守株待兔。此等例不胜其举，而《韩非子》尤其谈到愚人便说是宋人。大约宋人富于宗教性，心术质直，文化既古且高，民俗却还淳朴，所以学者辈出，思想疏通致远而不流于浮华。墨家以宋为重镇，自是很自然的事情。

三晋及周郑　晋国在原来本不是一个重文贵儒提倡学术的国家，"晋所以伯，师武臣之力也"。但晋国接近周郑，周郑在周既东之后，虽然国家衰弱，终是一个文化中心，所以晋国在文化上受周郑的影响多（《左传》中不少此例）。待晋分为三之后，并不保存早年单纯军国的样子了,赵之邯郸且与齐之临淄争奢侈,韩魏地当中原,尤其出来了很多学者,上继东周之绪,下开名法诸家之盛,这一带地方出来的学者,大略如下:

太史儋　著所谓《老子》五千言(考详后)。关尹不知何许人,然既为周秦界上之关尹,则亦此一带之人。

申不害、韩非　刑名学者。管、晏、申、韩各书皆谈治道者,而齐晋两派绝异。

惠施、邓析、公孙龙　皆以名理为卫之辩士。据《荀子》,惠施、邓析,一流人;据《汉志》,则今本《邓析子》乃申韩一派。

魏牟　放纵论者。

慎到　稷下辩士。今存《慎子》不可考其由来,但《庄子》中《齐物论》一篇为慎到著十二论之一,说后详。

南国　"南国"和"楚"两个名词断不混的。"南国"包陈、蔡、许、邓、息、申一带楚北夏南之地,其地在西周晚季文物殷盛(详说论《周颂》篇),在春秋时已经好多部分入楚,在战国时全入楚境之内了。现在论列战国事自然要把南国这个名词放宽些,以括楚吴新兴之人众。但我们终不要忘楚之人文是受自上文所举固有之南国的。胜国之人文、新族之朝气,混合起来,自然可出些异样的东西。现在我们所可见自春秋末年这一带地方思想的风气,大略有下列几个头绪:

厌世达观者　如孔子适陈、蔡一带所遇之接舆、长沮、桀溺、荷蓧丈人等。

独行之士　许行等。

这一带地方又是墨家的一个重镇,且这一带的墨学者在后来以偏于名辩著闻。

果下文所证所谓苦县之老子为老莱子,则此一闻人亦是此区域之人。

秦国 秦国若干风气似晋之初年，并无学术思想可言，不知《商君书》一件东西是秦国自生的政论，如管晏政论之为齐学一样？或者是六国人代拟的呢？

中国之由分立进为一统，在政治上固由秦国之战功，然在文化上则全是另一个局面，大约说来如下：

齐以宗教及玄学统一中国（汉武帝时始成就）。

鲁以伦理及礼制统一中国（汉武帝时始成就）。

三晋一带以官术统一中国（秦汉皆申韩者）。

战国之乱，激出些独行的思想家；战国之侈，培养了些作清谈的清客。但其中能在后世普及者，只有上列几项。

（七）论墨家之反儒学

在论战国墨家反儒学之先，要问战国儒家究竟是怎个样子。这题目是很难答的，因为现存的早年儒家书，如《荀子》《礼记》，很难分哪些是晚周，哪些是初汉，《史记》一部书中的儒家史材料也吃这个亏。只有《孟子》一部书纯粹，然孟子又是一个"辩士"，书中儒家史料真少。在这些情形之下，战国儒家之分合，韩非所谓八派之差异，竟是不能考的问题。但他家攻击儒者的话中，反要存些史料，虽然敌人之口不可靠，但攻击人者无的放矢，非特无补，反而自寻无趣：所以《墨子》《庄子》等书中非儒的话，总有着落，是很耐人寻思的。

关于战国儒者事，有三件事可以说几句：

一、儒者确曾制礼作乐，虽不全是一个宗教的组织，却也是自成组织，自有法守。三年之丧并非古制，实是儒者之制，而儒者私居演礼习乐，到太史公时还在鲁国历历见之。这样的组织，正是开墨子创教的先河，而是和战国时一切辩士之诸子全不同的。

二、儒者在鲁国根深蒂固，竟成通国的宗教。儒者一至他国，则因其地而变，在鲁却能保持较纯净的正统，至汉而多传经容礼之士。所以在鲁之儒始终为专名，一切散在列国之号为儒者，其中实无所不有，几乎使人疑儒乃一切子家之通名。

三、儒者之礼云乐云，弄到普及之后，只成了个样子主义（mannerism），全没有精神，有时竟像诈伪。荀卿在那里骂贱儒，骂自己的同类，也不免骂他们只讲样子，不管事作。《庄子·外物篇》中第一段形容得尤其好：

> 儒以《诗》《礼》发冢（王先谦云："求《诗》《礼》发古冢。"此解非是。下文云，大儒胪传，小儒述《诗》，犹云以《诗》《礼》之态发冢。郭注云："《诗》《礼》者，先王之陈迹也。苟非其人，道不虚行。故夫儒者乃有用之为奸，则迹不足恃也。"此解亦谓以《诗》《礼》发冢，非谓求《诗》《礼》发冢）。《大儒胪传》曰："东方作矣，事之若何？"小儒曰："未解裙襦，口中有珠。《诗》固有之曰：'青青之麦，生于陵陂。生不布施，死何食珠为。'"接其鬓，压其顪，儒以金椎控其颐，徐别其颊，无伤口中珠！

这是极端刻画的形容，但《礼》云《乐》云而性无所忍，势至弄出这些怪样子来的。

墨子出于《礼》云《乐》云之儒者环境中，不安而革命，所以墨家所用之具全与儒同，墨家所标之义全与儒异。儒者称《诗》《书》，墨者亦称《诗》《书》；儒者道《春秋》，墨者亦道《春秋》（但非止鲁《春秋》）；儒者谈先王、谈尧舜，墨者亦谈先王、谈尧舜；儒者以禹为大，墨者以禹为至；儒墨用具之相同远在战国诸子中任何两家之上。然墨者标义则全是向儒者痛下针砭，今作比较表如下：

墨 者 义	儒 者 义	附 记
尚贤 《墨子》:"古者圣王甚尊尚贤而任使能,不党父兄,不偏贵富,不嬖颜色。"	亲亲 如《孟子》所举舜封弟象诸义,具见儒者将亲亲之义置于尚贤之前。	儒者以家为国,《墨子》以天下为国,故儒者治国以宗法之义,墨者则以一视同仁为本。
尚同 一切上同于上:"上同乎天子,而未尚同乎天者,则大灾将犹未止也。"	事有差等 儒者以为各阶级应各尽其道以事上,而不言同乎上,尤不言尚同乎天。	尚同实含平等义,儒者无之。
兼爱 例如"报怨以德"之说。《墨子》以为人类之无间"此疆尔界"。	爱有等差 例如《孟子》:"有人于此,越人关弓而射之,则己谈笑而道之,其兄关弓而射之,则已垂涕泣而道之。"《孟子》之性善论如此。	
非攻 非一切之攻战。	别义战与不义战。	
节用	居俭侈之间。	
节葬	厚葬	《韩非子》:"儒者倾家而葬,人主以为孝,墨者薄葬,人主以为俭。"此为儒墨行事最异争论最多之点。
天志 《墨子》明言天志,以为"天欲义而恶其不义"。	天命 儒者非谓天无志之自然论者,但不主明切言之。《论语》:"天何言哉?四时行焉,百物生焉。"又以命为天,《孟子》:"吾之不遇鲁侯,天也。"	此两事实一体,儒者介于自然论取宗教家之中。而以甚矛盾之行事感其不可知之谊。

墨 者 义	儒 者 义	附　记
明鬼　确信鬼之有者。	敬鬼神而远之　《论语》:"祭如在,祭神如神在。"又,"未能事人,焉能事鬼"。	此两事实一体,儒者介于自然论取宗教家之中。而以甚矛盾之行事感其不可知之谊。
非乐	放郑声而隆雅乐。	
非命	有命　《论语》:"道之将行也与? 命也! 道之将废也与? 命也! 公伯寮其如命何?"《孟子》:"吾之不遇鲁侯,天也! 臧氏之子,焉能使予不遇哉?"儒者平日并不言命,及失败时,遂强颜谈命以讳其失败。	

就上表看,墨者持义无不与儒歧别。其实逻辑说去,儒墨之别常是一个度的问题:例如儒者亦主张任贤使能者,但更有亲亲之义在上头;儒者亦非主张不爱人,如魏牟杨朱者,但谓爱有差等;儒者亦非主战阵,如纵横家者,但还主张义战;儒者亦非无神无鬼论者,但也不主张有鬼。乐葬两事是儒墨行事争论的最大焦点,但儒者亦放郑声,亦言"礼与其奢也宁俭,丧与其易也宁戚"。然而持中者与极端论者总是不能合的,两个绝相反的极端论者,精神上还有多少的同情;极端论与持中者既不同道,又不同情,故相争每每最烈。儒者以为凡事皆有差等,皆有分际,故无可无不可。在高贤尚不免于妥协之过,在下流则全成伪君子而已。这样的不绝对主张,正是儒者不能成宗教的主因;虽有些自造的礼法制度,但信仰无主,不吸收下层的众民,故只能随人君为抑扬,不有稀世取荣之公

孙弘，儒者安得那样快当的成正统啊！

（八）《老子》五千言之作者及宗旨

汪容甫《老子考异》一文所论精澈，兹全录之如下：

> 《史记·孔子世家》云："南宫敬叔与孔子俱适周问礼，盖见老子云。"《老庄申韩列传》云："孔子适周，问礼于老子。"按，老子言行今见于曾子问者凡四，是孔子之所从学者可信也。夫助葬而遇日食，然且以见星为嫌，止柩以听变，其谨于礼也如是；至其书则曰："礼者忠信之薄，而乱之首也。"下殇之葬，称引周召史佚，其尊信前哲也如是；而其书则曰："圣人不死，大盗不止。"彼引乖违甚矣！故郑注谓古寿考者之称，黄东发《日抄》亦疑之，而皆无以辅其说。其疑一也。《本传》云："老子楚苦县厉乡曲仁里人也。"又云："周守藏室之史也。"按，周室既东，辛有入晋（《左传》昭二十年），司马适秦（《太史公自序》），史角在鲁（《吕氏春秋·当染篇》），王官之符，或流播于四方，列国之产，惟晋悼尝仕于周，其他固无闻焉。况楚之于周，声教中阻，又非鲁郑之比。且古之典籍旧闻，惟在瞽史，其人并世官宿业，羁旅无所置其身。其疑二也。《本传》又云："老子，隐君子也。"身为王官，不可谓隐。其疑三也。今按《列子·黄帝》《说符》二篇，凡三载列子与关尹子答问之语（《庄子·达生篇》与《列子·黄帝篇》文同，《吕氏春秋·审己篇》与《列子·说符篇》同）。而列子与郑子阳同时，见于本书。《六国表》："郑杀其相驷子阳。"在韩列侯二年，上距孔子之殁凡八十二年。关尹子之年世既可考而知，则为关尹著书之老子，其年亦从可知矣。《文子·精诚篇》引《老子》曰："秦楚燕魏之

歌，异传而皆乐。"按，燕终春秋之世，不通盟会。《精诚篇》称燕自文侯之后始与冠带之国（燕世家有两文公，武公子文公，《索隐》引《世本》作闵公，其事迹不见于《左氏春秋》，不得谓始与冠带之国。桓公子亦称文公，司马迁称其予车马金帛以至赵，约六国为纵，与文子所称时势正合）。文公元年上距孔子之殁凡百二十六年，《老子》以燕与秦楚魏并称，则《老子》已及见文公之始强矣。又，魏之建国，上距孔子之殁凡七十五年，而《老子》以之与三国齿，则《老子》已及见其侯矣。《列子·黄帝篇》载老子教杨朱事（《庄子·寓言篇》文同，惟以朱作子居，今江东读朱如居，张湛注《列子》云：朱字子居，非也）。《杨朱篇》禽子曰："以子之言问老聃、关尹则子言当矣，以吾言问大禹、墨翟，则吾言当矣。"然则朱固老子之弟子也。又云："端木叔者，子贡之世也。"又云："其死也，无瘗埋之资。"又云："禽滑厘曰，端木叔，狂人也，辱其祖矣。段干生曰：端木叔，达人也，德过其祖矣。"朱为老子之弟子，而及见子贡之孙之死，则朱所师之老子不得与孔子同时也。《说苑·政理篇》："杨朱见梁主，言治天下如运诸掌。"梁之称王自惠王始，惠王元年上距孔子之殁凡百十八年；杨朱已及见其王，则朱所师事之老子其年世可知矣。《本传》云："见周之衰，乃遂去，至关。"抱朴子以为散关，又以为函谷关。按，散关远在岐州，秦函谷关在灵宝县，正当周适秦之道，关尹又与郑之列子相接，则以函谷为是。函谷之置，旧无明文。当孔子之世，二崤犹在晋地，桃林之塞，詹瑕实守之。惟贾谊《新书·过秦篇》云："秦孝公据崤函之固。"则是旧有其地矣。秦自躁怀以后，数世中衰，至献公而始大，故《本纪》献公二十一年："与晋战于石门，斩首六万。"二十三年："与魏晋战少梁，虏其将公孙痤。"然则是关之置，在献公之世矣。由是言之，孔子所问礼者聃也，其人为周守藏室之史，言与行则曾子问所在者是也。周太史儋见秦献公，《本纪》在献公十一年，去魏文侯之殁十三年，而老子之子宗为魏将封于段干(《魏世家》，安釐王四年魏将段干子请予秦南阳以和。《国策》，华军之战，魏不胜秦，明年将使段干崇割地而讲。《六国表》，秦昭王二十四年，白起击魏华阳军。按，是时上距孔子之卒，凡二百一十年)，则为儋之子无疑。而言道德之意五千余言者，儋也。其入秦见献公，即去周至关之事。《本传》云："或曰，儋即老子。"其言踳矣。至孔子称老莱子，今见于太傅礼卫将军文子篇，《史记·仲尼弟子列传》亦载其说，而所云贫而乐者，与隐君子之文正合。老莱之为楚人，又见《汉书·艺文志》，盖即苦县厉乡曲仁里也。而老聃之为楚人，则又因老莱子而误，故《本传》老子语孔子"去子之骄色与多欲，态心与淫志"。而《庄子·外物篇》则曰，老莱子谓孔子"去汝躬矜与汝容知"。《国策》载老莱子教孔子语，《孔丛子·抗志篇》以为老莱子语子思，而《说苑·敬慎篇》则以为常枞教老子(《吕氏春秋·慎大篇》，表商容之间。高诱注，商容，殷之贤人，老子师也。商常容枞音近而误。《淮南·主术训》，表商容之间，注同。《缪称训》：老子学商容，见舌而知守柔矣。《吕氏春秋·离谓篇》，箕子商容以此穷。注，商容，纣时贤人，老子所从学也)。然则老莱子之称老子也旧矣。实则三人不相蒙也。若《庄子》载老聃之言，率原于道德之意，而《天道篇》载孔子西藏书于周室，尤误后人。"寓言十九"，固已自揭之矣。

容甫将《老子列传》中之主人分为三人，而以著五千文者为史儋，孔子问礼者为老聃，家于苦县者为老莱子。此种分析诚未必尽是，然实是近代考证学最秀美之著作。若试决其当否，宜先审其推论所本之事实，出自何处。一、容甫不取《庄子》，以为"寓言十九，固自揭之"。按，今本《庄子》，实向秀、郭象所定之本（见《晋书》本传），西晋前之《庄子》面目，今已不可得见，郭氏于此书之流行本，大为删刈。《经典释文》卷一引之曰："故郭子云，一曲之才，妄窜奇说，若关奕意修之首，危言游凫子胥之篇，凡诸巧杂十分有三。"子玄非考订家，其所删削，全凭自己之理会可知也。《庄子》之成分既杂，今本面目之成立又甚后，（说详下文释《庄子》节）则《庄子》一书本难引为史料。盖如是后人增益者，固不足据，如诚是自己所为，则"寓言十九，固自己揭之"也。《庄子》书中虽有与容甫说相反者，诚未足破之。二、容甫引用《列子》文，《列子》固较《庄子》为可信耶？《列子》八篇之今本，亦成于魏晋时，不可谓其全伪，以其中收容有若干旧材料也。不可谓其不伪，以其编制润色增益出自后人也。《列子》书中所记人事，每每偶一复核，顿见其谬者；今证老子时代，多取于此，诚未可以为定论。

然有一事足证汪说者，《史记》记老子七代孙假仕汉文朝，假定父子一世平均相差三十五年不为不多，老子犹不应上于周安王。安王元年，上距孔子之生犹百余年。且魏为诸侯在威烈王二十三年（西历前 403），上距孔子之卒（西历前 479）七十六年，若老子长于孔子者，老子之子焉得如此之后？又，《庄子·天下篇》（《天下篇》之非寓言，当无异论），关尹、老聃并举，关尹在前，老聃在后。关尹生年无可详考，然周故籍以及后人附会，无以之为在诸子中甚早者；关尹如此，老子可知。《史记》记老子只四事：一、为周守藏史；二、孔子问礼；三、至关见关尹；四、子宗仕魏。此四事除问礼一事外，无不与儋合（儋为周史，儋入关见秦献公，儋如有子，以时代论恰可仕于魏）。容甫所分析宜若不误也。五千言所谈者，大略两端：一、道术；二、权谋。此两端实亦一事，道术即是权谋之扩充，权谋亦即道术之实用。"知其雄，守其雌，为天下溪；知其荣，守其枯，为天下谷"；"人皆取先，已独取后"云云者，固是道术之辞，亦即权谋之用。五千言之意，最洞彻世故人情，世当战国，人识古今，全无直观之论，皆成深刻之言。"将欲取之，必故与之"；即荀息灭虢之策，阴谋之甚者也。"夫惟弗吾，是以不去"，即所谓"精华既竭，蹇裳去之"者之廉也。故《韩非子》书中《解老》《喻老》两篇所释者，诚《老子》之本旨，谈道术乃其作用之背景，阴谋术数乃其处世之路也。"当其无有车之用"，实帝王之术。"国之利器，不可示人"，亦御下之方。至于柔弱胜刚强，无事取天下，则战国所托黄帝、殷甲、伊尹、太公皆如此旨。并竞之世，以此取敌；并事一朝，以此自得。其言若抽象，若怪谲，其实乃皆人事之归纳，处世之方策。《解老》以人间世释之，《喻老》以故事释之，皆最善释老者。王辅嗣敷衍旨要，故已不及；若后之侈为玄谈，曼衍以成长论，乃真无当于《老子》用世之学者矣。《史记》称汉文帝好黄老刑名，今观文帝行事，政持大体，令不扰民，节用节礼，除名除华，居平勃之上，以无用为用，介强藩之中，以柔弱克之，此非庸人多厚福，乃是帷幄有深谋也。洛阳贾生，虽为斯公再传弟子，习于刑名，然年少气盛，侈言高论，以正朔服色动文帝，文帝安用此扰为？窦太后问辕固生《老子》何如，辕云："此家人言耳。"可见汉人于《老子》以为处世之论而已，初与侈谈道体者大不同，尤与神仙不相涉也。又，汉初为老学者曰黄老，黄者或云黄帝，或云黄生（例如夏曾佑说）。黄生汉人，不宜居老之上。而《汉志》列黄帝者四目，兵家举黄帝风后力牧者，又若与道家混。是黄老之黄，乃指黄帝，不必有异论。五千文中，固自言"以正治国，以奇用兵，以无事取天下"；则无为之论，权谋术数之方，在战国时代诚可合为一势者矣。

综上所说，约之如下：五千文非玄谈者，乃世事深刻归纳。在战国时代，全非显学。孔子孟子固未提及，即下至战国末，荀子非十二子，老氏关尹不与；韩非斥显学，绝五蠹，道家黄老不之及；仅仅《庄子·天下篇》一及之，然所举关尹之言乃若论道，所称老聃之言只是论事。《庄子·天下篇》之年代，盖差前乎荀卿，而入汉后或遭润色者（说别详）。是战国末汉初之老学，应以《韩子·解》《喻》两篇者为正；文帝之治为其用之效，合阴谋，括兵家，为其域之广。留侯黄石之传说，河上公之神话，皆就"守如处女，出如脱兔"之义敷衍之，进为人君治世之衡，退以其说为帝王师，斯乃汉初之黄、老面目。史儋以其职业多识前言往行，处六百年之宗主国，丁世变之极殷（战国初年实中国之大变，顾亭林曾论之），其制五千言固为情理之甚可能者。今人所谓"老奸巨猾"者，自始即号老矣。申、韩刑名之学，本与老氏无冲突处，一谈其节，一振其纲，固可以刑名为用，以黄、老为体矣。此老氏学最初之面目也。

"老学既黄"（戏为此词），初无须大变老氏旨也，盖以阴谋运筹帷幄之中，以权略术数决胜千里之外，人主之取老氏者本以此，则既黄而兵家权略皆入之，亦固其所。然黄帝实战国末汉初一最大神道，儒道方士神仙兵家法家皆托焉，太史公足迹所至，皆闻其神话之迹焉（见《五帝本纪·赞》）。则既黄而杂亦自然之势矣。老学一变而杂神仙方士，神仙方士初与老氏绝不相涉也（白居易诗"玄元圣祖五千言，不言药，不言仙，不言白日升青天"），神仙方士起于燕齐海上，太史公记之如此，本与邹鲁之儒学无涉，周郑三晋之道论（老子），官术（申韩），不相干。然神仙方术之说来自海滨，无世可纪，不得不比附显学以自重于当时。战国末显学儒墨也（见《韩非子》），故秦始皇好神仙方士，乃东游，竟至邹峄山，聚诸生而议之。其后怒求神仙者之不成功，大坑术士，而扶苏谏曰："诸生皆诵法孔子，今上皆重法绳之，臣恐天下不安。"坑术士竟成坑儒，则当时术士自附于显学之儒可知。儒者在战国时，曾西流三晋，南行楚吴；入汉而微，仅齐鲁之故垒不失。文景时显学为黄老，于是神仙方士又附黄老，而修道养性长寿成丹各说皆与老子文成姻缘，《淮南》一书，示当时此种流势者不少。故神仙方士之入于道，时代为之，与本旨之自然演化无涉也。

武帝正儒者之统，行阴阳之教，老学遂微。汉初数十年之显学，虽式微于上，民间称号终不可熄。且权柄刑名之论，深于世故者好取之，驭下者最便之，故宣帝犹贤黄老刑名，而薄儒术。后世治国者纵惯以儒术为号，实每每阴用黄、老、申、韩焉。又，百家废后，自在民间离合，阴阳五行既已磅礴当世，道与各家不免借之为体，试观《七略》《汉志》论次诸子，无家不成杂家，非命之墨犹须顺四时而行（阴阳家说），其他可知矣。在此种民间混合中，老子之号自居一位，至于汉末而有黄巾道士，斯诚与汉初老学全不相涉也。

东汉以来，儒术凝结，端异者又清澈之思，王充、仲长统论言于前，王弼、钟会注书于后，于是老氏之论复兴。然魏晋之老乃庄老，与汉初黄老绝不同。治国者黄老之事，玄谈者庄老之事。老庄之别，《天下篇》自言之，老乃世事洞明，而以深刻之方术驭之者；庄乃人情练达，终于感其无可奈何，遂"糊里糊涂以不了了之"者。魏晋间人，大若看破世间红尘，与时俯仰，通其狂惑（如阮嗣宗），故亦卮言曼行，"以天下为沉浊不可与庄语"，此皆庄书所称。若老子则有积极要求，潜藏虽有之，却并非"不遣是非以与世俗处"者。干令升《晋纪·总论》云："学者以庄老为宗而绌六经"，不言老庄。太史公以庄释老，遂取庄书中不甚要各篇，当时儒道相绌之词，特标举之。甚不知庄生自有其旨。魏晋人又以老释庄，而五千言文用世之意，于以微焉。例如何平叔者，安知陈、张、萧、曹之术乎？乃亦侈为清谈，超机神而自比于犹龙，志存吴、蜀，忘却肘腋之患，适得子房之反，运筹千里之外，决败帷幄之中矣。此种清谈绝非《老子》之效用也。

老学之流变既如上述，若晋人葛洪神仙之说，魏人寇嫌之符箓之术，皆黄巾道士之支与裔，与老子绝无涉者。老莱子一人，孔子弟子列传既引之，大约汉世乃及战国所称孔子问礼之事每以老莱子当之，以老聃当之者，其别说也。孔子事迹后人附会极多，今惟折中于《论语》，差为近情。《论语》未谈孔子问礼事，然记孔子适南时所受一切揶揄之言，如长沮、桀溺、荷蓧丈人、接舆等等，而凤兮之叹流传尤多。孔子至楚乃后来传说，无可考证，若厄陈、蔡则系史实。苦为陈邑，孔子卒时陈亡于楚，则老莱子固可为孔子适陈、蔡时所遇之隐君子，苦邑人亦可因陈亡而为楚人厉，之与莱在声音上同纽，或亦方言之异也。老莱子责孔子以"去汝躬矜与汝容知"之说，容有论事，则老莱亦楚狂一流之人；不然，亦当是凭借此类故事而生之传说，初无涉乎问礼。及老聃（或史儋）之学浸浸与显学之儒角逐，孔老时代相差不甚远，从老氏以绌儒学者，乃依旧闻而造新说，遂有问礼之论，此固是后人作化胡经之故智。六朝人可将老聃、释迦合，战国末汉初人独不可将仲尼、老聃合乎？《论语》《孟子》《荀子》及《曲礼》《檀弓》诸篇，战国儒家史今存之材料也，其中固无一言及此，惟《曾子问》三言之。今观《曾子·檀弓问》所记，皆《礼》之曲节，阴阳避忌之言，传曾掌故之语，诚不足当问礼之大事。明堂《戴记》中，除《曲礼》数篇尚存若干战国材料外，几乎皆是汉博士著作或编辑，前人固已言其端矣。（太史公、班孟坚、卢植明指《王制》为汉文时博士作，甚显之《中庸》，亦载"今天下车同轨"及"载华岳而不重"之言。）

附记

韩文公已开始不信问礼事,《原道》云:"老者曰:孔子吾师之弟子也,为孔子者习闻其说,乐其诞而自小也,亦曰吾师亦尝师之云尔。不惟举之于其口,而又笔之于其书。"然《史记》一书杂老学,非专为儒者。

儋、聃为一人,儋、聃亦为一语之方言变异。王船山曰:"老聃亦曰太史儋,儋、聃音盖相近。"毕沅曰:"古瞻、儋字通。《说文解字》有聃云:'耳曼也。'又有瞻字云:'垂耳也,南方瞻耳之国。'《大荒北经》《吕览》瞻耳字并作儋。又,《吕览》老聃字,《淮南王书》瞻耳字皆作耽。《说文解字》有耽字云:'耳大垂也。'盖三字声义相同,故并借用之。"此确论也。儋、聃既为一字之两书,孔子又安得于卒后百余年从在秦献公十一年入关之太史儋问礼乎?总而言之,果著五千文者有人可指当为史儋,果孔子适南又受揶揄,当为老莱子也。

上说或嫌头绪不甚清晰,兹更约述之。

一、《老子》五千言之作者为太史儋,儋既为老聃,后于孔子。此合汪、毕说。

二、儋、聃虽一人,而老莱则另一人,莱、厉或即一语之转。

三、孔子无问礼事,《曾子问》不可据。问礼说起于汉初年儒老之争。

四、始有孔子受老莱子揶揄之传说,后将老子代老莱。假定如此。

五、《老子》书在战国非显学,入汉然后风靡一世。

六、老、庄根本有别,《韩子》书中《解老》《喻老》两篇,乃得《老子》书早年面目者。

《庄子》书最杂,须先分析篇章然后可述说指归,待于下篇中详辨之。

（九）齐晋两派政论

一种政论之生不能离了它的地方人民性，是从古到今再显明没有的事情。例如放任经济论之起于英，十八世纪自由论之起于法，国家论及国家社会论起于德，所谓"拜金主义"者之极盛于美，都使我们觉得有那样土田，才生那样草木。中国在春秋战国间东西各部既通而未融，既混而未一，则各地政论之起，当因地域发生很不同的倾向，是自然的事。战国时风气最相反的莫如齐、秦，一以富著，一以强称，一则宽博，一则褊狭，一则上下靡乐，一则人民勇于公战，一则天下贤士皆归之，一则自孝公以来即燔灭诗书（见《韩非子·和氏篇》）。齐则上下行商贾之利，秦则一个纯粹的军国家，齐之不能变为秦，犹秦之难于变为齐。秦能灭齐而不能变其俗，秦地到了汉朝，为天下之都，一切之奢侈皆移于关中，而近秦之巴蜀，山铁之富甲于世间，然后其俗少变，然关西犹以出将著闻（时谚："关东多相，关西多将。"）。在这样的差异之下，齐晋各有其不同的政治，亦即各有其政论是应该的。

但秦在缪公一度广大之后，连着几代不振作，即孝公令中所谓"厉躁简公出子之不宁"者。及献孝两世，然后又有大志于中国，而关东贤士，因秦地自然之俗而利导之，如卫鞅。不有关东贤士，无以启秦地之质，不有秦地之质，亦无以成关东贤士之用。此样政治之施用在秦，而作此样政论者则由三晋。晋在初年亦全是一个军国家，和东方诸侯不同，和秦国历代姻戚，边疆密迩，同俗之处想必密切，即如晋国最大之赵孟，本是秦之同宗，晋之大夫出奔，每至于秦。晋在后来既强大，且富庶，渐失其早年军国的实在。既分为三晋后，只有赵国沿保持早年的武力；韩魏地富中国，无土可启（魏始有上郡，后割于秦，遂失边境），有中土之侈靡可学，遂为弱国。在不能开富不能启土范围之内，想把国家弄得强且固，于是造成一种官术论，即所谓中子之学，而最能实行这些官术论者，仍然是秦。

所以战国时的政治论，略去小者不言，大别有东西两派。齐为东派，书之存于后者有《管子》《晏子》。这个政论的重要题目是：如何用富而使人民安乐，如何行权而由政府得利，如何以富庶致民之道德，如何以富庶戒士卒之勇敢，如何富而不侈，如何庶而不淫。《管子》书中论政全是以经济为政治论，《晏子》书论政全是以杜大国淫侈为政体论。反观韩魏官术之论，及其行于秦国之迹，则全不是这些话，富国之术，只谈到使民务本事，而痛抑商贾之操纵，执法立信，信赏必罚，"罚九赏一""燔灭诗书"，重督责而绝五蠹（《商君书》作"六虱"）。盖既富之国，应用其富，而经济政策为先（齐）；既衰之国，应强其政，而刑名之用为大（韩魏）；新兴之国，应成一种力大而易使之民俗，以为兼并之资，而所谓商君之法者以兴。这便是《管子》《晏子》书对于《商君》《韩非》书决然不同的原因。

《管》《晏》《商》《韩》四部书都很驳杂，须待下篇论诸子分析时详说，此处但举齐学晋论几个重要分素。

齐学 《管子》书没有一个字能是管子写的，最早不过是战国中年的著作，其中恐怕有好些是汉朝的东西。今姑以太史公所见几篇为例，《牧民》《山高》《乘马》《轻重》之旨要，太史公约之云：

> 管仲既任政相齐，以区区之齐在海滨，通货积财，富国强兵，与俗同好恶。故其称曰："仓廪实而知礼节，衣食足而知荣辱，上服度则六亲固。四维不张，国乃灭亡。下令如流水之原，令顺民心。"故论卑而易行。俗之所欲，因而与之，俗之所否，因而去之。其为政也，善因祸而为福，转败而为功。贵轻重，慎权衡。桓公实怒少姬，南袭蔡，管仲因而伐楚，责包茅不

入贡于周室。桓公实北征山戎，而管仲因而令燕修召公之政。于柯之会，桓公欲背曹沫之约，管仲因而信之。诸侯由是归齐。故曰："知与之为取，政之宝也。"

轻重权衡《管子》书中言之极详，现在不举例。《管子》书中义，谲中有正，变中有常，言大而夸，极多绝不切实用者，如《轻重戊》一段，思将天下买得大乱，而齐取之；齐虽富，焉能这样？这固全是齐人的风气。然其要旨皆归于开富源以成民德，治民对邻，皆取一种适宜的经济政策。《晏子》书文采甚高，陈义除贬孔丘外，皆与儒家义无相左处。齐人好谏，好以讽辞为谏，晏子实淳于髡所慕而为其隐语讽辞者（见《史记》），齐人后来且以三百篇为谏书。

三晋论 齐虽那样富，"泱泱乎大国风"，但其人所见颇鄙，大有据菑莱而小天下之意。孟子每言齐人所见不广，妄以自己所有为天下先，如云："子诚齐人也，知管仲晏子而已矣！"若晋则以密迩东西周之故，可比齐人多知道天下之大，历史之长，又以历为百余年中国伯主，新旧献典，必更有些制作，故三晋政论当不如齐国之陋，然又未免于论术多而论政少，或竟以术为政。关于刑名之学之所起，《淮南·要略》说得很好：

> 申子者，韩昭侯之佐。韩、晋之别国也。地激民险，而介于大国之间。晋国之故礼未灭，韩国之新法重出，先君之令未收，后君之令又下，新故相反，前后相缪，百官背乱，莫知所用：故刑名之书生焉（此言亦见《韩子·定法篇》，《韩子》书不出一人手，不知此言是谁抄谁者）。

申子刑名之学用于秦晋，用于汉世，此种官术自其小者言之，不过是些行政之规，持柄之要。申子书今虽不可见，然司马子长以为"申子卑卑施之于名实"。大约还没有很多的政治通论。不过由综核名实发轨，自然可成一种溥广的政论。所以韩子之学，虽许多出于名实之外；然"引绳墨，切事情"，亦即名实之推广；不必因狭广分申、韩为二，两人亦皆是韩地的地道出产。申子书今佚，然故书所传申子昭侯事，颇有可引以证其作用者。

> 申子尝请仕其从兄，昭侯不许，申子有怨色。昭侯曰："所为学于子者，欲以治国也。今将听子之谒，而废子之术乎？已其行子之术，而废子之请乎？子尝教寡人修功劳，视次第，今有所私求，我将奚听乎？"申子乃辞舍请罪，曰："君真其人也！"
>
> 昭侯有敝袴，命藏之。侍者曰："君亦不仁者矣！不赐左右而藏之。"昭侯曰："吾闻明王爱一颦一笑，颦有为颦，笑有为笑。今袴岂特颦笑哉？吾必待有功者！"（上两事见《韩子》《说苑》等，文从《通鉴》所引）

《韩非子》的杂篇章多是些申申子之意者，但韩非政论之最精要处在《五蠹》《显学》两篇，这是一个有本有末的政论，不可仅把他看作是主张放弃儒墨文学侠士者。《显学》已抄在前篇，《五蠹》文长，不录。

《商君书》纯是申韩一派中物，《靳令篇》言"六虱"，即《韩子》中"五蠹"之论。商君决不会著书，此书当是三晋人士，因商君之令而为之论。《韩非子》说家有其书，则托于商君之著书，战国末年已甚流行，《韩非子》议论从其出者不少。

我们现在可以申韩商君为一派，而以为其与齐学绝不同者，《韩非子》书中有显证。

> （《定法》第四十三）问者曰："申不害、公孙鞅，此二家之言孰急于国？"应之曰："是不可程也。人不食十日则死，大寒之隆，不衣亦死，论之衣食孰急于人，则是不可一无也，皆养生之

具也。今申不害言术，而公孙鞅为法。术者，因任而授官，循名而责实，操杀生之柄，课群臣之能者也，此人主之所执也。法者，宪令著于官府，赏罚必于民心，赏存乎慎法，而罚加乎奸令者也，此臣之师也。君无术则弊于上，臣无法则乱于下，此不可一无，皆帝王之具也。”

（同篇下文又云）二子之于法术，皆未尽善也。

（《难二》第三十七）景公过晏子，曰：“子宫小，近市，请徙子家豫章之圃。”晏子再拜而辞曰：“且婴家贫，待市食而朝暮趋之，不可以远。”景公笑曰：“子家习市，识贵贱乎？”是时景公繁于刑。晏子对曰：“踊贵而履贱。”景公曰：“何故？”对曰：“刑多也。”景公造然变色曰：“寡人其暴乎？”于是损刑五。或曰：“晏子之贵踊，非其诚也，欲便辞以止多刑也，此不察治之患也。夫刑当，无多；不当，无少。无以不当闻，而以太多说，无术之患也。败军之诛以千百数，犹且不止，即治乱之刑如恐不胜，而奸尚不尽。今晏子不察其当否，而以太多为说，不亦妄乎？夫惜草茅者耗禾穗，惠盗贼者伤良民，今缓刑罚，行宽惠，是利奸邪而害善人也。此非所以为治也。”

齐桓公饮酒，醉，遗其冠，耻之，三日不朝。管仲曰：“此非有国之耻也。公胡不雪之以政？”公曰：“善。”因发仓囷，赐贫穷，论囹圄，出薄罪。处三日而民歌之，曰：“公乎，公乎！胡不复遗其冠乎？”

或曰：“管仲雪桓公之耻于小人，而生桓公之耻于君子矣！使桓公发仓囷而赐贫穷，论囹圄而出薄罪，非义也，不可以雪耻；使之而义也，桓公宿义须遗冠而后行之，则是桓公行义非为遗冠也；是虽雪遗冠之耻于小人，而亦遗义之耻于君子矣。且夫发囷仓而赐贫穷者，是赏无功也；论囹圄而出薄罪者，是不诛过也。夫赏无功则民偷,幸而望于上;不诛过则民不惩,而易为非。此乱之本也,岂可以雪耻哉?"

按,上段必是当时流行《晏子》谏书中一节,下段必是当时流行《管子》书中一节,所谓"因祸以为福,转收以为功"者。为韩子学者,皆不取此等齐人政论。

今本管、韩书中皆多引用《老子》文句处,管子在《汉志》中列入道家,而太史公以为申韩皆原于道德之义。按,此非战国末年事,此是汉初年编辑此类篇章者加入之采色,待下篇论诸子文籍分析时详说。

(十) 梁朝与稷下

战国时五光十色的学风,要有培植的所在,犹之乎奇花异树要有它们的田园。欧洲十七八世纪的异文异说,靠诸侯朝廷及世族之家的培养;十九世纪的异文异说,靠社会富足能养些著文卖书的人。战国时诸子,自也有他们的生业,他们正是依诸侯大族为活的。而最能培植这些风气的地方,一是梁朝,一是稷下。这正同于路易王李失路丞柏下之巴黎,伏里迭利二世之柏林,加特林后之彼得斯堡。

梁朝之盛,在于文侯之世。

> (《史记·魏世家》)文侯之师田子方……。文侯受子夏经艺,客段干木,过其闾,未尝不轼也。

> 秦尝欲伐魏。或曰:"魏君贤人是礼,国人称仁,上下和合,未可图也。"文侯由此得誉于诸侯。

《汉志》儒家有魏文侯六篇,早已佚。然《乐记》《吕览》《说苑》《新序》引魏文侯事语甚多,盖文侯实是战国时最以礼贤下士重师崇儒著闻者。《汉志》儒家魏文侯六篇后又有李克七篇,班注云:"子夏弟子,为魏文侯相。"子夏说教西河,是儒学西行一大关键。禽滑釐相传即于此受业。文侯朝中又有吴起,亦儒者曾参弟子。文侯卒,武侯立。文侯武侯时魏甚强。武侯卒,公孙缓与惠侯争立,几乎亡国。惠王初年,魏尚强,陵厉韩赵,后乃削于齐楚,尤大困于秦,去安邑而徙大梁。《史记·魏世家》:"惠王数败于军旅,卑礼厚币,以招贤者。邹衍,淳于髡,孟轲,皆至梁。"惠侯卒(惠王之称王乃追谥,见《史记》。),襄王立,更削于秦。卒,哀王立。哀王卒,昭王立,魏尤削于秦。昭王卒,安釐王立。是时魏以"一万乘之国……西面而事秦,称东藩,受冠带,祠春秋"。然以信陵君之用,占邯郸,却秦军,又"率五国兵攻秦,败之河内,走蒙骜"。自秦献孝东向以临诸侯之后,关东诸侯无此盛事。《韩非子·有度篇》以齐桓、楚庄、魏安釐之伯合称,魏安釐王必也是一个好文学者,不然他家中不会有许多书。

(《晋书·束皙传》)初,太康二年,汲郡人不准盗发魏襄王墓,或言安釐王冢,得竹书数十年。其《纪年》十三篇,记夏以来至周幽王为犬戎所灭,以晋接之,三家分,仍述魏事,至安釐王之二十年。盖魏国史书,大略与《春秋》皆多相应。其中经传大异,则云:夏年多殷,益干启位,启杀之;太甲杀伊尹;文丁杀季历;自周受命至穆王百年,非穆王寿百岁也;幽王既亡,有共伯和者摄行天子事,非二相共和也。其《易经》二篇与《周易·上下经》同,《易繇阴阳卦》二篇,与《周易》略同,《繇辞》则异。《卦下易经》一篇,似说卦而异。《公孙段》二篇,公孙段与邵陟论《易》。《国语》三篇,言楚晋事。《名》三篇,似《礼记》,又似《尔雅》《论语》。《师春》一篇,书《左传》诸卜筮,师春似是造书者姓名也。《琐语》十一篇，诸国卜梦妖怪相书也。《梁丘藏》一篇，先叙魏之世数，次言丘藏金玉事。《缴书》二篇，论弋射法。《生封》一篇，帝王所封。《大历》二篇，邹子谈天类也。《穆天子传》五篇，言周穆王游行四海，见帝台西王母。《图诗》一篇，书赞之属也。又，《杂书》十九篇，周食田法，周书，论楚事，周穆王美人盛姬死事。大凡七十五篇。七篇简书折坏，不识名题。冢中又得铜剑一枚，长二尺五寸。漆书皆科斗字。初发冢者烧策照取宝物，及官收之，多烬简断札。文既残缺，不复诠次。

烧策之余，尚有如许多书，恐怕当时诸侯不是人人这样好学罢？魏地入秦，大梁为墟（见《史记·魏世家赞》），历经楚汉，王侯易主，而梁朝在汉之盛犹以多文学贤士闻，梁地风气所流者远矣。

齐以其富更可以致天下贤士，炫于诸侯。《史记·孟荀列传》：

> 自驺衍与齐之稷下先生，如淳于髡、慎到、环渊、接子、田骈、驺奭之徒，各著书，言治乱之事，以干世主，岂可胜道哉？……自如淳于髡以下，皆命曰列大夫，为开第康庄之衢，高门大屋，尊宠之，览天下诸侯宾客，言齐能致天下贤士也。……田骈之属皆已死，齐襄王时，而荀卿最为老师。齐尚修列大夫之缺，而荀卿三为祭酒焉。

又，《田完世家》：

> 宣王喜文学游说之士，自如驺衍、淳于髡、田骈、接子、慎到、环渊之徒七十六人，皆赐列第，为上大夫，不治而议论。是以齐稷下学士复盛，且数百千人。（按，言复盛必其前曾盛，然《史记》无明文，不知是在威王时或在姜氏朝？）

战国中期方术文学之士闻名于后者,几乎皆是客游梁朝稷下之人(试以《汉志·诸子略》各家名称较之),可见这样朝廷与这样风气的关系。荀卿时,齐已一度亡于燕,尚修列大夫之缺,梁安釐王亦在四战之世,还都如此。

(十一) 独行之士(存目)
(十二) 坚白异同之辨(存目)

(以上两章非仓促所能写就,待后补之)

(十三) 机祥之重兴与五行说之盛

中国古来和一切古国家一样,都是最重巫卜的。即如安阳殷墟出土卜辞数量之多,可知当时无事不卜。到了周世史官所职,仍以卜事为先。春秋战国时人民的理性大发达,卜事大废,而一切怪力乱神之说为学者所摈弃。乃战国晚年齐国又以它的民间迷信及它的哲学化的迷信——五行论——渐渐普遍中国,这些东西便是汉朝学术思想的一个开端。当时的明理之儒,对这些东西很愤恨的。《史记·荀子列传》:"荀卿嫉浊世之政,亡国乱君相属,不遂大道,而营于巫祝,信机祥。"《荀子》书中有《非相》等篇,痛论这些物事。《非十二子篇》中排五行论,正是对这种风气而发,不过把造作五行论的罪加在子思、孟轲身上,大约是冤枉他们俩了。

阴阳之教、五行之论、消息之说、封禅之事,虽由秦皇汉武之培植而更盛,然秦皇汉武也只是取当时民间的流行物而好尚之,不是有意制造。《汉志》中所录关于这一类的东西极多,不过现在都不存在,所以这一派在汉之极盛虽是一件显然的事实,而这些齐学之原渊除《史记》论驺衍的一段外,竟无材料可考,我们只知道它是战国末年已成就的一种大风气罢了。

(十四) 所谓"杂家"

《汉志》列杂家一门，其叙论曰："兼儒墨，合名法，知国体之有此，见王治之无不贯。"按，杂而曰家，本不词；但《吕览》既创此体，而《淮南》述之，东方朔等著论又全无一家之归，则兼儒墨合名法而成一家书之现象，在战国晚年已成一段史实。《吕氏春秋》一书，即所谓八览、六论、十二纪之集合者，在思想上全没有一点创作，体裁乃是后来人类书故事集之祖。现在战国子家流传者，千不得一，而《吕览》取材之渊源，还有好些可以找到的。这样著书法在诸子的精神上是一种腐化，因为儒家果然可兼，名法果然可合，诸子果无不可贯的话，则诸子固已"挫其锐，解其纷，和其光，同其尘"了。稷下诸子不名一家，而各自著其书，义极相反；"府主"并存而不混之，故诸子各尽其长。这个阳翟大贾的宾客，竟为吕氏做这么一部赝书，故异说各存其短。此体至《淮南》而更盛，而《淮南书》之矛盾乃愈多。因吕氏究竟不融化，尚不成一种系统论，孔墨并被称者，以其皆能得众，皆为后世荣之，德容所以并论者，以其兼为世主大人所乐听，此尚是超乎诸子之局外，立于世主大人之地位，而欣赏诸子者。若《淮南》书，则诸子局外之人，亦强入诸子之内，不复立于欣赏辩说之客者地位，而更求熔化得成一系统论。《吕览》这部书在著书体裁上是个创作，盖前于《吕览》者，只闻著篇不闻著成系统之一书。虽慎子著《十二论》以《齐物》为始，仿佛像是一个系统论，但慎子残文见于《庄子》等书者甚少，我们无以见他的《十二论》究竟原始要终系统到什么地步。自吕氏而后，汉朝人著文，乃造系统，于是篇的观念进而为书的观念。《淮南》之书，子长之史，皆从此一线之体裁。

《吕氏》《淮南》两书，自身都没有什么内含价值，然因其为"类书",保存了不少的早年材料,所以现在至可贵。犹之乎《北堂书钞》《艺文类聚》《太平御览》等书,自身都是无价值的,其价值在其保存材料。《永乐大典》的编制法,尤其不像一部书,然古书为他保存了不少。

(十五) 预述周汉子家衔接之义

周汉诸子是一气,不能以秦为断,是一件再明显没有的事实。盖入秦而实行的政策如焚书,入汉而盛行的风气,如齐学之阴阳五行,如老子学,如黄帝各论,如神仙,如诸子的淆杂,无不在战国晚年看到一个端绪。而战国各种风气到了汉朝,差不多还都有后世,如儒墨,如名法,如辩士之好尚,乃至纵横,应该是随分裂之歇息而止的了,却反不然,直到武帝朝主父偃尚为纵横长短之术。盖诸子学风气之转移在汉武帝时,武帝前虽汉家天下已七八十年,仍是由战国风流而渐变,武帝以后,乃纯入一新局面。果然以秦为断,在诸子学,在文籍学,乃至在文辞学,都讲不通的。不过做文学史的讲稿时,不能不迁就时代,所以此论以战国为限者,只为编书之方便,并非史实之真相。

论孔子学说所以适应于秦汉以来的社会的缘故[①]

（一）

孟真兄：

弟有一疑难问题，乞兄一决：

在《论语》上看，孔子只是旧文化的继续者，而非新时代的开创者。但秦汉以后是一新时代，何以孔子竟成了这个时代的中心人物？

用唯物史观来看孔子的学说，他的思想乃是封建社会的产物。秦汉以下不是封建社会了，何以他的学说竟会支配得这样长久？

商鞅、赵武灵王、李斯一辈人，都是新时代的开创者，何以他们造就了新时代之后，反而成为新时代中的众矢之的？

弟觉得对于此问题，除非作下列的解释才行：

孔子不是完全为旧文化的继续者，多少含些新时代的理想，经他的弟子们的宣传，他遂甚适应于新时代的要求。

商鞅们创造的新时代，因为太与旧社会相冲突，使民众不能安定，故汉代调和二者而立国。汉的国家不能脱封建社会的气息，故

---

① 此文原载《语言历史学研究所周刊》第 1 集第 2 期，1927 年 11 月。

孔子之道不会失败。汉后两千年,社会不曾改变,故孔子之道会得传衍得这样长久。

兄觉得这样解释对吗?请批评,愈详细愈好。

弟　颉刚

十五、十一、十八

(二)

颉刚兄:

十八日信到,甚喜。

你提出的这个问题,我对于这个问题本身有讨论。你问:"在《论语》上看……何以孔子成了这个时代的中心人物?"我想,我们看历史上的事,甚不可遇事为它求一理性的因,因为许多事实的产生,但有一个"历史的积因",不必有一个理性的因。即如佛教在南北朝隋唐时在中国大行,岂是谓佛教恰合于当年社会?岂是谓从唯物史观看来,佛教恰当于这时兴盛于中国?实在不过中国当年社会中人感觉人生之艰苦太大(这种感觉何时不然,不过有时特别大),而中国当年已有之迷信与理性不足以安慰之,有物从外来,谁先谁立根基,不论它是佛,是祆,是摩尼,是景教,先来居势,并不尽由于佛特别适于中国。且佛之不适于中国固有历史,远比景教等大。那种空桑之教,无处不和中国人传统思想相反。然而竟能大行,想是因为这种迷信先别种迷信而来,宣传这种迷信比宣传别种迷信的人多,遂至于居上。人们只是要一种"有说作"的迷信,从不暇细问迷信的细节。耶稣教西行,想也是一个道理。我们很不能说那萨特的耶稣一线最适宜于庞大而颓唐的罗马帝国,实在那时罗马帝国的人们但要一种"有说作"的迷信以安慰其苦倦,而恰有那萨特的耶稣一线奋斗的最力,遂至于接受。我常想,假如耶稣教东来到中国,佛教西去欧洲,未必不一般地流行,或者更少困难些。因为佛教在精神上到底是个印度日耳曼人的出产品,而希伯来传训中,宗法社会思想之重,颇类中国也(此等事在别处当详说)。

我说这一篇旁边话,只是想比喻儒家和汉以来的社会,不必有"银丁扣"的合拍。只要儒家道理中有几个成分和汉以来的社会中主要部分有相用的关系,同时儒家的东西有其说,而又有人传,别家的东西没有这多说,也没有这多人传,就可以几世后儒家统一了中等阶级的人文。儒家尽可以有若干质素甚不合于汉朝的物事,但汉朝找不到一个更有力的适宜者,儒家遂立足了。一旦立足之后,想它失位,除非社会有大变动,小变动它是能以无形的变迁而适应的。从汉武帝到清亡,儒家无形的变动甚多,但社会的变化究竟曾变到使它四方都倒之势。它之能维持两千年,不见得是它有力量维持两千年,恐怕是由于别家没有力量举出一个 Alternative(别家没有这个机会)。

儒家到了汉朝统一中国,想是因为历史上一层一层积累到势必如此,不见得能求到一个汉朝与儒家直接相对的理性的对当。

这恐怕牵到看历史事实的一个逻辑问题。

说孔子于旧文化之成就,精密外,更有何等开创,实找不出证据。把《论语》来看,孔子之人物可分为四条。

(一)孔子是个入世的人,因此受若干楚人的侮辱。

(二)孔子的国际政治思想,只是一个霸道,全不是孟子所谓王道,理想人物即是齐桓、管仲。但这种浅义,甚合孔子的时代(此条长信已说)。

(三)孔子的国内政治思想,自然是"强公室杜私门"主义。如果孔子有甚新物事贡献,想就是这个了。这自然是甚合战国时代的。但孔子之所谓正名，颇是偏于恢复故来的整齐（至少是他所想象的故来），而战国时之名法家则是另一种新势力之发展。且战国时之名法家，多三晋人，甚少称道孔子，每每讥儒家。或者孔子这思想竟不是战国时这种思想之泉源。但这种思想，究竟我们以见之于孔子者为最早。

（四）孔子真是一个最上流十足的鲁人。这恐怕是孔子成为后来中心人物之真原因了。鲁国在春秋时代，一般的中产阶级文化，必然是比哪一国都高，所以鲁国的风气，是向四方面发展的。齐之"一变至于鲁"，在汉朝已是大成就，当时的六艺，是齐鲁共之的。这个鲁化到齐从何时开始，我们已不可得而知，但战国时的淳于髡、驺衍等，已算是齐彩色的儒家。鲁化到三晋，我们知道最早的有子夏与魏文侯的故事。中央的几国是孔子自己"宣传"所到，他的孙子是在卫的。荀卿的思想，一面是鲁国儒家的正传，一面三晋的彩色那么浓厚。鲁化到楚，也是很早的。陈良总是比孟子前一两辈的人，他已经是北学于中国了。屈原的时代，在战国不甚迟，《离骚》一部书，即令是他死后恋伤他的人之作，想也不至于甚后，而这篇里"上称帝喾，下道齐桓，中述汤武，远及尧舜"四端中，三端显是自鲁来的。又，《庄子·天下篇》，自然不是一篇很早的文，但以它所称与不称的人比列一下子，总也不能甚迟，至迟当是荀卿、吕不韦前一辈的人。且这文也看不出是鲁国人做的痕迹。这篇文于儒家以外，都是以人为单位，而于邹鲁独为一 Collective 之论，这里边没有一句称孔子的话，而有一大节发挥以邹鲁为文宗。大约当时人谈人文者仰邹鲁，而邹鲁之中以孔子为最大的闻人。孔子之成后来中心人物，想必是凭借鲁国。

《论语》上使我们显然看出孔子是个吸收当时文化最深的人。大约记得的前言往行甚多，而于音乐特别有了解、有手段。他不必有什么特别新贡献，只要鲁国没有比他更大的闻人，他已经可以凭借着为中心人物了。

鲁国的儒化有两个特别的彩色：

（一）儒化最好文饰，也最长于文饰。抱着若干真假的故事，若有真假的故事，务皮毛者必采用。所以好名高的世主，总采儒家，自魏文侯以至汉武帝。而真有世间阅历的人，都不大看得起儒家，如汉之高宣。

（二）比上项更有关系的，是儒家的道德观念，纯是一个宗法社会的理性发展。中国始终没有脱离了宗法社会。世界上自有历史以来，也只有一小部分的希腊及近代欧洲，脱离了宗法社会。虽罗马也未脱离的。印度日耳曼民族中，所以能有一小部分脱离宗法社会的缘故，想是由于这些民族的一个最特别的风俗是重女子（张骞的大发明）。因为女子在家庭中有力量，所以至少在平民阶级中，成小家庭的状态，而宗法因以废弛。中国的社会，始终以家为单位。三晋的思想家每每只承认君权，但宗法社会在中国的中等阶级以上，是难得消失的，这种自完其说的宗法伦理渐渐传布，也许即是鲁国文化得上风的由来。

本来宗法社会也是一个有产阶级的社会，在奴婢及无产业人从来谈不到宗法。宗法的伦理必先严父，这实于入战国以来专制政治之发达未尝不合。那样变法的秦伯，偏谥为孝公。秦始皇统一后，第一举即是到峄山下，聚诸儒而议礼，迨议论不成，然后一人游幸起来。后来至于焚书坑儒，恐俱非其本心。秦王是个最好功喜名的人，儒家之文饰，自甚合他的本味。试看峄山刻石，特提"孝道显明"，而会稽刻石，"匡饬异俗"之言曰："有子而嫁，背死不贞，防隔内外，禁止淫佚，男女絜诚，夫为寄豭，杀之无罪，男秉义程，妻为逃嫁，子不得母。"看他这样以鲁俗匡饬越俗的宗旨，秦国的宗法伦理，在上流社会上是不会堕的。故始皇必以清议而纳母归。孝之一字必在世家方有意义，所以当时孝字即等于 decency，甚至如刘邦一类下等流氓，亦必被人称为大孝，而汉朝皇帝无一不以孝为谥。暴发户学世家，不得不如此耳。有这个社会情形，则鲁儒宗之伦理传布，因得其凭借。

封建一个名词之下，有甚多不同的含义。西周的封建，是开国殖民，所以封建是谓一种特殊的社会组织。西汉的封建是割裂郡县，所以这时所谓封建但是一地理上之名词而已。宗周或以灭国而封建，如殷、唐等；或以拓新土而封建，如江汉。其能封建稍久的，在内则公室贵族平民间相影响成一种社会的组织。其中多含人民的组织。人民之于君上，以方域小而觉亲，以接触近而觉密。试看《国风》那时人民对于那时公室的兴味何其密切。那时一诸侯之民，便是他的战卒，但却不即是他的俘虏。这种社会是养成的。后来兼并愈大，愈不使其下层人民多组织（因为如此最不便于虏使）。其人民对于其公室之兴味，愈来愈小。其为政者必使其人民如一团散沙，然后可以为治。如秦始皇之迁天下豪杰于咸阳，即破除人民的组织最显明的事。封建社会之灭，由于十二国七国之兼并，秦只是把六国灭了罢了。封建的社会制早已亡，不待秦。

中国之由春秋时代的"家国"演进为战国时代的"基于征服之义"之国，是使中国人可以有政治的大组织，免于匈奴、鲜卑之灭亡我们的；同时也是使中国的政治永不能细而好的。因为从战国秦的局面，再一变，只能变到中央亚细亚大帝国之局面，想变到欧洲政治之局面是一经离开封建制以后不可能的（从蒙古灭宋后，中国之国家，已经成了中央亚细亚大帝国之局面了。唐宋的政治虽腐败，但比起明清来，到底多点"民气"）。

在汉初年，假如南粤赵氏多传一百年，吴濞传国能到宣元时，或者粤吴重新得些封建社会的组织。但国既那么大，又是经过一番郡县之后，这般想是甚不自然的。汉初封建只是刘家家略，"刘邦们"想如此可以使姓刘的长久，遂割郡县以为国。这是于社会的组织上甚不相涉的。顶多能够恢复到战国的七雄，绝不能恢复到成周春秋之封建。封建之为一种社会的组织，是在战国废的，不是在秦废的。汉未尝试着恢复这社会的组织，也正不能。

我觉得秦国之有所改变，只是顺当年七国的一般趋势，不特不曾孤意的特为改变，而且比起六国来反为保守。六国在战国时以经济之发展，侈靡而失其初年军国之精神（特别是三晋），秦国则立意保存，从孝公直到秦皇。

汉初一意承秦之续，不见得有一点"调和二者"的痕迹。这层汉儒是很觉得的。太史公把汉看得和秦一般，直到王莽时，扬雄剧秦美新，亦只是剧汉美新耳。东汉的儒家，方才觉得汉不是秦。

儒家虽由汉武定为国教，但儒家的政治理想，始终未完全实现。东汉晚年礼刑之辩，实是春秋理想与战国理想之争，鲁国理想与三晋理想之争。鲁国以国小而文化久，在战国时也未曾大脱春秋时封建气。儒家的理想，总是以为国家不应只管政刑，还要有些社会政策，养生送死，乃至仪节。三晋思想总是以为这都非国家所作为、所应为，国家但执柄。其弊是儒家从不能有一种超予 Ethics 的客观思想，而三晋思想家所立的抽象的机作，亦始终不可见，但成君王之督责独裁而已。

近代最代表纯正儒家思想者，如顾亭林，其《封建十论》，何尝与柳子厚所论者为一件事？柳子厚的问题是：封建（即裂土，非成俗）于帝室之保全，国内之秩序为便呢，或是但是郡县？亭林的问题是：封建（即成俗，非裂土）能安民或者郡县？亭林答案，以为"郡县之弊其弊在上"，必层层设监，愈不胜其监。刺史本是行官，旋即代太守；巡按本是行官，旋即代布政，愈防愈腐，以人民之中未有督责也。

中国离封建之局（社会的意义），遂不得更有欧洲政治的局面，此义我深信深持，惜此信中不能更详写下。

商鞅、赵武灵王、李斯实在不是一辈人。商鞅不是一个理想家，也不是一个专看到将来的人。他所行的法，大略可以分作四格：（一）见到晋国霸业时之军国办法，以此风训练秦国；（二）使警察成人民生活的习惯；（三）抑制财富的势力侵到军国。此亦是鉴予晋之颓唐；（四）使法令绝对地实行。商君到底是个三晋人。自孝公以来秦所以盛，我试为此公式"以戎秦之粗质，取三晋之严文"。

商鞅这种变法，是与后来儒家的变成法家，如王莽、王安石等，绝然不同的。

赵武灵王不曾变法，只是想使人民戎俗而好战，以便开拓胡地中山，并以并秦。他是一个甚浪漫的人，但不见得有制度思想。

李斯的把戏中，真正太多荀卿的思想。荀卿所最痛言的"壹天下建国家之权称"，李斯实现之。他的事作与商君的事作甚不类。商君是成俗，李斯是定权衡。

这些人不见得在当时即为"众矢之的"。我们现在读战国的历史，只能靠一部《史记》。《战国策》已佚，今存当是后人辑本（吴汝纶此说甚是），而这部《史记》恰恰是一部儒家思想的人做的。商君的人格，想也是很有力量而超越平凡的。看他答公孙痤之言，何其有见识而有担当。且后来一靠孝公，不为私谋，秦国终有些为他诉冤的人。即令有人攻击他，也必是攻击他的私人，不闻以他之法为众矢之的。至于李斯，后人比忠者每称之。《史记》上有一个破绽："人皆以斯极忠而被五刑。察其本，乃与俗议之异。不然，斯之功且与周召列矣。"可见子长时人尚皆称许李斯,非子长一人在《史记》上作翻案文章耳。子长最痛恨公孙弘,最看不起卫、霍一流暴发户,最不谓然的是好大喜功,故结果成了一部于汉武帝过不去的谤书。他这"一家之言",我们要留神的。陈涉造反,尚用扶苏的名义,可见当时蒙将军之死,必是世人歌泣的一件事。蒙氏有大功,而被大刑,不合太史公的脾胃,把他一笔抹杀,这岂能代表当年的舆论哉?如果《史记》有好处,必是它的"先黄老而后六经,退处士而进奸雄,羡货利而羞贱贫"。但头一句尚是它的老子的好处,它的儒家思想之重,但这书但成"一家之言"。假若现在尚有当年民间的著述,必另是一番议论。我们现在切不可从这不充足的材料中抽结论。

到了后世甚远,儒家思想、儒家记载,专利了,当年民间真正的舆论就不见了。

宋前,曹操在民间的名誉不坏;从宋起,儒家思想普及民间,而曹公变为"众矢之的"。当年何曾是如此的?

以上一气写下,一时想到者,意实未尽也。

弟　斯年
十五、十一、廿八

（三）

颉刚兄:

兄弟六信提出一事,弟于上次信叙了我的意思很多。我现在补说下列几句:

中国社会的变迁,在春秋战国之交,而不在秦。七国制、秦制、汉制,都差不多。其得失存亡,在政而不在制。

商鞅一般人不见得在当时受恶名。我又举下列两事:(一)李斯上书,举商君以为客之益秦之例;(二)公孙衍、张仪,孟子的学生大称之,大约是当时时论,而遭了孟子大顿骂。孟子是儒家,不见得能代表当时时论。

有一人颇有一部分像商君者,即吴起,在其能制法明令以强国。而吴起所得罪的人,也正是商君所得罪的,即是当时的贵族。大约战国初年的趋势,是以削贵族的法子强国。

弟　斯年

十五、十二、七

《史记》研究①

（一）《史记》研究参考品类

《史记》一部书之值得研究处，大致可分为四个意义。第一，《史记》是读古书治古学的门径，我们读汉武帝以前之遗文，没有一书不用把它来做参考。它自己既是一部金声玉振的集大成书，又是一部很有别择力的书，更是一部能够多见阙疑，并存异说的书，且是汉武帝时代的一部书，还没有被着后来治古文学者一套的"向壁虚造"之空气，虽然为刘子骏等改了又改，确已引行了很多"向壁虚造"去，究竟因矛盾可见其增改，又已早为刘申受等所识破。在合好的时代，以壮大的才力，写了这一部集合他当年所及见一切书的书，在现在竟作了我们治古学之入门了。第二，《史记》研究可以为治古书之训练，将《史记》和经传子籍参校，可以做出许多有意义的工夫。且《史记》一书为后人补了又补，改了又改，因此出了许多考证学的问题，拿来试作若干，引人深思远想。第三，太史公既有大综合力，以整齐异说，又有独到的创见，文辞星历，综于一人，八书、《货殖》诸传之作，竟合近代史体，非希腊、罗马史学家所能比拟，所以在史学上建树一个不朽的华表，在文辞上留给后人一个伟

---

① 　此文作于 1928 年，收入《傅斯年全集》第二册。

壮的制作，为《史记》研究《史记》，也真值得。第四，《史记》作于汉武时，记事迄于天汉（考详后）。武帝时代正是中国文化史政治史上一个极重要的时代，有他这一部书，为当年若干事作含讥带讽的证据，我们借得不少知识。

然而《史记》不是容易研究的书，所有困难，大概可以别为三类：第一，太史公书百三十篇，当他生时本未必已写定本，"既死后，其书稍出，宣帝时，迁外孙平通侯杨恽祖述其书，遂宣布焉"，而恽又遭戮，同产弃市。其后褚少孙等若干人补之，刘歆等若干人改之，杨终等删之，至于唐时，已经无数转改，现在竟成古籍中最紊乱者。第二，太史公所据之书，现在无不成问题者，《世本》已佚，《战国策》是否原本，吴挚甫对之成一有价值之设论，《尚书》则今文各篇，现在惟凭附伪孔传而行，而《左氏春秋》尤成莫大之纠纷，今只有互校互订，以长时间，略寻出若干端绪。第三，《史记》一书之整理，需用若干专门知识，如语言学、天文学等，必取资以考《春秋左氏》者，亦即是《史记》一书之问题，不仅辨章史事，考订章句而已。虽然工作之趣，在与困难奋斗时，不在怡然理顺之后，《史记》研究既有此价值，则冒此困难，毕竟值得。

如果想以一人之力，成《史记》之考订，是办不到的。幸而近代两百年中，学者对于《史记》中大节细事，解决不少，提议的问题尤多，如能集合之加以整理，益以新观点，所得已经不少。又，《八书》中若干事，及《匈奴》《大宛》诸传之考实，巴黎沙万君于翻译时增甚多考释，极为有价值，而今古学之争，自刘逢禄至崔适，虽不免合着甚多"非尝异议，可怪之论"，究竟已经寻出好多东西来，这都是我们的凭借，且他地尚有若干学者，我们可以通函询问。我们第一步自然是把《史记》从头到尾细读一遍，这是我们设这一课的第一个目的。第二步是找出若干问题，大家分别研究去。第三步，如果大家长期努力,或将《史记》一书中若干头绪整理出不少来,共同写成一书,也是一番事业。

司马子长生世第一

《史记·太史公自序》 因每人须备《史记》一部,故不抄录。

《汉书·司马迁传》 仅录班氏抄完自序以后之文。

《魏志·王肃传》 录一段

王国维《太史公行年考》 按,自乾嘉时,孔氏、庄氏以来之今文说,王氏俱不采。此等今文说诚有极可笑者,然亦有不可易者。王君既挟此成见,则论《史记》宜有所蔽,如"从孔安国问故""十岁读古文"等,为之空证纷纭矣。

(二)老子申韩列传第三①

老子者,

《礼记·曾子问》郑注:"老聃者古寿考者之号也,与孔子同时。"老非氏非地,寿考者皆可称之,如今北方称"老头子"。儋、聃、老莱子,三名混而为一,恐正由此称之不为专名。

楚苦县厉乡曲仁里人也。

苦县之名始于何时,不可知。苦邑未必始于秦汉,然苦县之名容是秦灭楚为郡后改从秦制者也。楚称九县,仍是大名,郡县未分小大(郡即君之邑,七国时关东亦封君,楚初称公如叶公,后亦称君,如春申君。至于县是否六国亦用之,待考。汉人书固有叙六国地称县者,然汉人每以当时之称称古,未可即据也。后来秦置守尉,郡存而君亡矣。郡县"悬附之义"乃封建之词,而后来竟成与封建相对之制)。苦在汉属淮阳,淮阳时为国,时为郡。东汉改为陈

---

① 编者按:《史记》卷六十三作《老子韩非列传第三》,传中言硬申不害。

郡，盖故陈地也（见《汉书·地理志》陈分野节）。《史记·十二诸侯年表》，敬王四十一年，即鲁哀公十六年，楚惠王十年，陈湣公二十三年，楚灭陈，其年孔子卒。故如老子是楚人，则老子乃战国人，不当与孔子同时，老子如与孔子同时，乃苦之老子，非楚人也。又，汉人称楚每括故楚诸郡，不专指彭城等七县，太史公盖以汉之楚称加诸春秋末战国初人耳。

姓李氏，

案姓氏之别，在春秋末未泯，战国末始大乱，说详顾亭林《原姓篇》，《论世本》一节中当详引之。太史公心中是叙说一春秋末人，而曰姓某氏，盖姓氏之别，战国汉儒多未察，太史公有所谓轩辕氏高阳氏者，自近儒考证学之精辨衡之，疏陋多矣（《论语》称夏曰夏后氏，称殷曰殷人，盖殷虽失王，有宋存焉，夏则无一线绍述之国，杞一别支而已，必当时列国大夫族氏中有自称出自夏后者，遂有夏后氏之称，"固与"夏氏甚不同义。如顾氏所考，王室国君均有姓无氏也）。

名耳，字伯阳，谥曰聃。

《史记·志疑》二十七："案：老子是号，生即皓然，故号老子（见三国葛孝先《道德经序》），耳其名（《神仙传》名重耳），聃其字（《吕览·不二》《重言》两篇作老耽），非字伯阳。字而曰谥者，读若王褒赋谥为洞箫之谥，非谥法也（说在《孟尝君传》）。盖伯阳父乃周幽王大夫，见《国语》，不得以老子当之。又，《墨子·所染》《吕氏春秋·当染》并称舜染于许由伯阳，则别一人，并非幽王时之伯阳父。乃高诱注《吕》，于《当染篇》以伯阳为老子，舜师之（《吕·本意篇》，尧舜得伯阳续耳也）；而于《重言篇》以老耽为论三川竭之伯阳，孔子师之（《周纪集解》引唐固亦云，伯阳甫老子也）：岂不谬哉？但《索隐》本作名耳字聃，无'伯阳谥曰'四字；与《后书》桓纪延熹八年注引《史》合。并引许慎云：聃，耳曼也，故名耳，字聃，有本字伯阳，非正。老子号伯阳父，此传不称，则是后人惑于神仙家之传会，妄窜史文。《隶释·老子铭》《神仙传》《抱朴子·杂应》《唐书·宗室表》《通志·氏族略四》《路史·后纪七》，并仍其误耳。至《路史》载老子初名元禄（注谓出《集真录》），《酉阳玉格》言老子具三十六号、七十二名，又有九名，俱属荒怪，儒者所不道。"案：梁说是也，惟谓老子生即皓然，恐仍是魏晋以来神仙家之说，陆德明亦采此，盖唐代尊老子，此说在当时为定论矣。

孔子适周，将问礼于老子。

《孔子世家》云："鲁南宫敬叔言鲁君曰，请与孔子适周，鲁君与之一乘车两马一竖子，俱适周，问礼，盖见老子云。辞去，而老子送之，曰'吾闻富贵者送人以财，仁人者送人以言。吾不能富贵，窃仁人之号，送子以言，曰，聪明深察而近于死者，好议人者也，博辩广大危其身者，发人之恶者也，为人臣者毋以有己，为人子者毋以有己'。"与此处所叙绝异。此盖道家绌儒学之言，彼乃儒家自认之说，故分存之也。孔子见老子否，说详后。

至关，关令尹喜曰："子将隐矣，强为我著书。"

关尹、老聃，《庄子·天下篇》并称之，盖一派也。其书在《汉志》所著录者久佚，今传本乃唐宋所为，宋濂以来，辩之已详。

莫知其所终。

此为后来化胡诸说所依据，太史公如此言，彼时道家已杂神仙矣（《淮南子》一书可见）。

或曰：老莱子亦楚人也。

《庄子·外物篇》举孔子问礼事，即明称老莱子。

以其修道而养寿也。

黄老之学，原在阴谋术数及无为之论，杂神仙后始有此说。

自孔子死之后百二十九年，而史记周太史儋见秦献公。

此事见《周本纪》烈王二年，及《秦本纪》献公十一年，上溯孔子卒于敬王四十一年，为百有六年，与百二十九年之数不合。"故与秦国合"，谓西周时秦马蕃息洴渭间也。"离"，谓东周迁也。"离五百岁而复合"谓秦灭周也。"合七十岁而霸王者出"，霸王当指秦皇，然赧王之世，秦皇乃生，西周灭后，至秦皇立，恰十年，非七十年。此说在《史记》四见，《周纪》《秦纪》《封禅书》《老子传》，或作十七，或作七十，或作七十七。无论如何算，皆不合。恐实是十岁、两七字皆衍，或则谶语本不可确切求之也。

此所谓史记当是秦史记，彼时秦早有王天下之心，故箕子抱祭器适周之说，有拟之者矣。

或曰，儋即老子，或曰非也，世莫知其然否。老子，隐君子也。

子长时，老子传说必极复杂矛盾，子长能存疑，不能自决（《孔子弟子列传》亦书两老子为孔子所严事者，此外尚有遽伯玉、晏平仲、孟公绰、长弘、师襄，又是后人增之者。子长此处但凭书所记者列举之，正无考核及伦次也）。世之学老子者则绌儒学，儒学亦绌老子。

老子儒学之争，文景武世最烈。辕固生几以致死（见《儒林传》)，武帝初年窦婴、田蚡、王绾皆以儒术为窦太后所罢。及武帝实秉政，用公孙宏、董仲舒言，黄老微矣。谈先黄老而后六经，迁则儒家，然述父学，故于老氏儒家之上下但以道不同不相为谋了之耳。

与梁惠王、齐宣王同时。

如此则亦孟子同时人。

然其要本归于老子之言。

老庄不同，《天下篇》自言之。阴谋术数之学，庄书中俱无之，庄书中有敷衍道德五千言之旨者，亦有直引五千言中文句者（如"故曰鱼不可脱于渊，国之利器不可以示人"），然庄书不纯，不能遽以此实其为老子之学也。子长之时，庄非显学，传其书者，恐须托黄、老以自重，故子长所见多为比附老氏者。

作《渔父》《盗跖》《胠箧》，以诋讥孔子之徒，以明老子之术。《畏累虚》《亢桑子》之属，皆空语，无事实。

今本《庄子》，西晋人向秀所注，郭象窃之，附以《秋水》诸篇之注，而题为郭象注者（见《晋书》）。此本以外者，今并不存，但有甚分类书等所引可辑耳。子长所举诸篇，在今本《庄子》中居外篇杂篇数列，而子长当时竟特举之，盖今本《庄子》乃魏晋间人观念所定，太史公时，老氏绌儒学，儒学绌老氏，故此数篇独重。司马贞云："按，庄子，畏累虚，篇名也，即老聃弟子畏累。"今本无此篇，仅《庚桑楚》云，老聃之役有庚桑楚者，遍得老聃之道以北居畏累之山。此与司马子正所见不合矣。是子正犹及见与向郭注本不同之《庄子》也。

京人也。

《左传》隐元年，"请京，使居之，谓之京城大叔"，或申子郑之京人也。

本于黄老，而主刑名。

黄老一说，恐汉初始有之，孟子论杨墨，《庄子·天下篇》，《韩非·显学篇》，以及《吕览》，均不及此词。盖申实刑名之学，汉世述之者自附于黄老，故子长见其原于道德之意。

而其本归于黄老。

如可据今本《韩子论》，韩子乃归于阴谋权数之黄老耳。

人或传其书，至秦，秦王见《孤愤》、《五蠹》之书，曰："嗟乎，寡人得见此人，与之游，死不恨矣。"

此所记恰与子长《报任少卿书》所云"韩非囚秦，《说难》《孤愤"相悖，彼是此必非。今本《五蠹》《孤愤》《说难》等篇，皆无囚秦之迹可指，大约《报任少卿书》所云正亦子长发愤之词耳（《吕览》成书，悬金国门，决非迁蜀后事）。

申子卑卑。

言其专致综核名实之小数也。

皆原于道德之意。

刻薄寡恩，而皆原于道德之意，此甚可思之辞也。道德一词，儒用之为积极名词，道用之为中性名词。故儒不谈凶德，而道谈盗者之道。韩文公云，道与德为虚位，仁与义为定名，此非儒者说，五千文中之说耳。刑名此附于道德五千言，《韩子书》中亦存《解老》《喻老》，虽"其极惨礉"，仍是开端于五千文中。故曰皆原于道德之意。

按《老子申韩列传》，在唐以宗老子故，将老子一节升在伯夷上，为列传第一，今存宋刻本犹有如此者。此至可笑之举，唐之先世是否出于陇西，实未明了，在北周时，固用胡姓大野矣，而自托所宗于老子。当时人笑之者已多，所谓圣祖玄元皇帝，诚滑稽之甚。

黄老、刑名相关处甚多，故老、庄、申、韩同传。三驺子比傅儒家言，而齐之方士又称诵习孔子之业（《始皇本纪》扶苏语），故三驺与孟、荀同传，亦以稷下同地故也。

（三）十篇有录无书说叙

《汉书·司马迁传》云："十篇缺，有录无书。"张晏曰："迁没之后，亡《景纪》《武纪》《礼书》《乐书》《兵书》《汉兴以来将相年表》《日者列传》《三王世家》《龟策列传》《傅靳列传》。元成之间，褚先生补缺，作《武帝纪》《三王世家》《龟策日者列传》，言辞鄙陋，非迁本意也。"又，十篇有录无书说，亦见于《汉·艺文志》。东汉人引《史记》，无与此相反者。卫宏汉《旧仪注》云："太史公作《暴帝纪》，极言其短，及武帝过，武帝怒而削去。"《魏书·王肃传》云："帝（明帝）又问，司马迁以受刑之故，内怀隐切，著《史记》，非贬孝武，令人切齿。对曰：司马迁记事不虚美，不隐恶，刘向、扬雄称其善叙事，有良史之材，谓之实录。汉武帝闻其述《史记》，取孝景及己本纪览之，于是大怒，削而投之，于今此两纪有录无书。后遭李陵事，遂下蚕室。此为隐切在孝武而不在于史迁也。"按，卫宏所记，每多虚妄（如谓太史公位在丞相上），明帝之语，有类小说，固不可遽信，然必东汉魏人不见《景纪》，然后可作此说，否则纵好游谈，亦安得无所附丽乎？子长没后三百年中，十篇缺亡，一旦徐广、裴骃竟得之，在赵宋以后，刻板盛行，此例犹少，在汉魏之世，书由绢帛，藏多在官，亡逸更易，重见实难，三百年中一代宗师所不见，帝王中秘所不睹，而徐裴独获之于三百年后，无是理也。故十篇无书之说，实不可破，而张晏所举，《景纪》外固无疑问，《景纪》之亡，则卫说王传皆证人也。今本十篇之续貂俱在，清儒多因而不信张晏说，即《史记志疑》之作者梁君，几将《史记》全书三分之二认为改补矣，反独以《景纪》《傅传》为不亡，是其疏也。今试分述十篇续貂之原，以疏张晏之论。

《景纪》 《景纪》之亡，有《魏书·王传》为证，无可疑者。然梁君曰："此纪之文，亦有详于《汉书》者，如三年徙济北王以下五王，五年徙广川王为赵王，六年封中尉赵绾为建陵侯，至梁楚二王皆薨，班书皆无之，则非取彼以补也。盖此纪实未亡尔。"不知此类多过《汉书》之处，皆别见《史记·汉兴以来诸侯表》《惠景间侯者表》中，记载偶有出入，然彼长此短，若更据《汉书》各表、各传以校之，恐今本《史记》无一句之来历不明也。补书有工拙，此书之补固工于礼乐诸书，然十篇之补不出一人，讵可以彼之拙，遂谓工者非补书耶？且张晏举补者之名，仅及一纪一世家二传，未云其他有补文，则此十篇今本非出于一手甚明矣。

《武纪》 此书全抄《封禅书》，题目亦与自叙不合。太史公未必及见世宗之卒，而称其谥，此为其伪不待辩也。钱大昕《考异》云："余谓少孙补史，皆取史公所缺，意虽浅近，词无雷同，未有移甲以当乙者也，或魏晋以后，少孙补篇亦亡，乡里妄人取此以足其数耳。"

《汉兴以来将相年表》 梁云："案《表》云，孝景元年置司徒官，不知哀帝始改丞相为大司徒，光武去大乃称司徒，孝景时安得有此官（此说自清官本始），又述事至孝成鸿嘉元年，殆自表其非材妄续耶？"按，梁说是也。此篇当是据《汉书·百官公卿表》所记，参以《太史公自叙》"国有贤相良将，民之师表也。维见《汉兴以来将相名臣年表》，贤者记其治，不贤者彰其事，作《汉兴以来将相名臣年表第十》"诸语敷衍而成者。其中竟有大事记，作表有此，本纪何为者？（又《国除削爵亡卒》，在他表均不倒文，在此篇独倒，明其为后人所为也）

《礼书》《乐书》 《礼书》抄自《荀子·礼论》，《乐书》抄自乐记，篇前均有太史公曰一长段，容可疑此书仅存一叙，然《礼》《乐》两书之叙，体裁既与《封禅》等书不合，且其中实无深义，皆模仿太史公文以成之敷衍语。即如《乐书》之叙，开头即是摹《十二诸侯表》叙语，然彼则可缘以得鲁诗之遗，此则泛泛若无所谓。是此两叙皆就《汉书·礼乐志》中之故实，摹子长之文意，而为之；今如将此两篇与诸表之叙校，即见彼多深刻之言，存汉初年儒者之说，此则敷衍其词，若无底然，亦无遗说存乎其中，更将此两篇与《汉·礼乐志》校，又宜见其取材所自也。

《兵书》 今本目中题《律书》，然就自叙所述之意论之，固为

《兵书》也,今本乃竟专谈律,又称道"闻疑",强引孙吴,以合自叙,愈见其不知类。此篇初论兵家,次论阴阳,末述律吕,杂乱无比。汉魏人《乐书》不存,惜不能就其所据之材料而校核之也。张晏称之曰《兵书》,盖及见旧本,《颜书》据今本《律书》驳之,不看自序文义,疏误之甚。

《三王世家》 《三王世家》之来源,褚先生自说之,其文云:"臣幸得以文学为侍郎……而解说之。"乃今本《三王世家》竟有太史公曰一段,且谓燕齐之事无足采者,为此伪者真不通之至。子长著书之时,三王年少,无世可纪,无事可录,故但取其策文,今乃曰其事无足采者,是真不知子长为何时人,三王当何年封矣(三王当元狩六年封)。

此篇"王夫人者……"以下,不知又是何人所补,然此实是汉世掌故及传说之混合,与礼乐诸书有意作伪者不同也。

《日者列传》 此书之补,褚先生曰以下者,应在先,司马季主一长段,又就褚少孙所标之目,采合占家之游谈,以足之者也。此篇中并引《老子》《庄子》于一处,而所谓《庄子》者不见今《庄子》书,意者此段之加,在晋初,彼时老庄已成一切清谈所托,而向郭定本《庄子》犹未及行耶?

《龟策列传》 此亦剌取杂占卜者之辞为之,"褚先生曰"以下,当是旧补(但直接褚先生曰数句颇疑割裂),其前一大段,及记宋之王事,又是敷衍成文,剌取传说以成此篇未缺之形式者,应为后来所补。《日者》《龟策》两篇文辞鄙陋,张晏、司马贞俱言之。

《傅靳周列传》 此全抄《汉书》者,末敷衍毫无意义之替以实之。稍多于《汉书》处,为封爵,然此均见《史记》《汉书》诸表者。周傅高祖十二年以缫为蒯成侯,在击陈豨前,然击豨在十年,《汉书》不倒,抄者误也。

综上以观，褚先生之补并非作伪，特欲足成子长之书，故所述者实是材料及事实之补充，且明题褚曰，以为识别。若此诸篇之"太史公曰……"者，乃实作伪之文，或非张晏所及见。补之与作伪不可不别也。褚补《史记》不只此数篇，然他处补者尚有子长原文，褚更足之，此数篇中有录无书，故补文自成一篇，张晏遂但举此也。故此十篇中有褚补者，有非褚补者，非褚补者乃若作伪然，或竟是晋人所为，盖上不见于张晏，下得入于裴书耳。伪书颇有一种重要用处，即可据以校古书。有时近本以流传而有讹谬，伪书所取尚保存旧面目者，据以互校，当有所得矣。

（四）论《太史公书》之卓越

《太史公书》之文辞，是绝大创作，当无异论。虽方望溪、姚姬传辈，以所谓桐城义法解之，但识砒砆，竟忘和璧，不免大煞风景，然而子长文辞究不能为此种陋说所掩。今不谈文学，但谈史学，子长之为奇才，有三端焉：一、整齐殊国纪年。此虽有《春秋》为之前驱，然彼仍是一国之史，若列国所记，则各于其党，"欲一观诸要难"（《十二诸侯表》中语）。年代学（chronology）乃近代史学之大贡献，古代列国并立，纪年全不统一，子长独感其难，以为十二诸侯六国各表，此史学之绝大创作也。我国人习于纪年精详之史，不感觉此功之大，若一察希腊年代学未经近代人整理以前之状态，或目下印度史之年代问题，然后知是表之作，实史学思想之大成熟也。二、作为八书。八书今亡三篇，张晏已明言之，此外恐尚有亡佚者，即可信诸篇亦若未经杀青之功。然著史及于人事之外，至于文化之中礼、乐、兵、历、天官、封禅、河渠、平准各为一书，斯真睹史学之全，人文之大体矣。且所记皆涉汉政（天官除外），并非承袭前人，亦非诵称书传，若班氏所为者，其在欧洲，至十九世纪始有如此规模之史学家也。凡上两事，皆使吾人感觉子长创作力之大，及其对于史学观念之真（重年代学括文化史），希腊罗马史家断然不到如此境界。皆缘子长并非守文之儒，章句之家，游踪遍九域，且是入世之人，又其职业在天官，故明习历谱，洞彻人文。子长不下帷而成伟著，孟坚但诵书而流迂拘，材之高下固有别矣。三、"疑疑亦信"。能言夏礼，杞不足征，能言殷礼，宋不足征，文献不足，阙文尚焉，若能多见阙疑，慎言其余，斯为达也。子长于古代事每并举异说，不雅驯者不取，有不同者并存之，其在《老子传》云，"或曰，儋即老子，或曰非也，世莫知其然否，老子隐君子也"，或疑其胸无伦类，其实不知宜为不知，后人据不充之材料，作逾分之断定，岂所论于史学乎？子长盖犹及史之阙文也，今亡矣夫！

（五）论司马子长非古史学家乃今史学家

需坚叙子长所取材，曰："司马迁据《左氏》《国语》，采《世本》《战国策》，述楚汉春秋，接其后事，讫于天汉。其言秦汉详矣。至于采经摭传，分散数家之事，甚多疏略，或有牴牾。"此信论也。子长实非古史家，采取《诗》《书》，并无心得。其记五帝三代事，但求折中六艺耳，故不雅驯者不及，然因仍师说，不闻断制，恐谯周且笑之矣。《史记》记事，入春秋而差丰，及战国而较详，至汉而成其烂然者矣。其取《国语》，固甚有别择，非一往抄写。《战国策》原本今不见，今本恐是宋人补辑者（吴汝纶始为此说），故不能据以校其取舍。《楚汉春秋》止记秦楚汉之际，子长采之之外，补益必多，项刘两纪所载，陆贾敢如是揶揄刘季乎？今核其所记汉事，诚与记秦前事判若两书，前则"疏略牴牾"，后则"文直事核"矣。彼自谓迄于获麟止（元狩元年），而三王之封，固在元狩六年，已列之世家，是孟坚以《史记》迄于天汉之说差合事实。其记汉事，"不虚美，不隐恶"，固已愈后愈详，亦复愈后愈见其别择与文采。若八书之作，子长最伟大处所在，所记亦汉事也。又，子长问故当朝，游迹遍九域，故者未及详考，新者乃以行旅多得传闻。以调查为史，亦今史之方，非古史之术。盖耳闻之古史，只是神话，耳闻之近事，乃可据以考核耳。

中国学术思想界之基本误谬[①]

三年以前，英国杂志名《十九世纪与其后》者（*The Nineteenth Century and After*），载一推论东方民性之文。作者姓名，与其标题，今俱不能记忆。末节厚非东方文明，印吾心识上者，历久不灭。今举其词，大旨谓：

> 东方学术，病痫生于根本；衡以亚利安人之文明，则前者为无机，后者为有机；前者为收敛，后者为进化。质言之，东方学术，自其胎性上言之，不能充量发展。傥喀郎（Chalons）之役，都尔（Toms）之军，条顿罗甸败北，匈奴或大食胜者，欧洲荣誉之历史，将随罗马帝国以覆亡。东方强族，纂承统绪，断不能若日耳曼人仪型先民，与之俱进。所谓近世文明者，永无望其出于亚细亚人之手；世间之上，更不能有优于希腊、超于罗马之政化。故亚利安族战胜异族，文明之战胜野蛮也，适宜文明战胜不适文明也。

移录此言，以启斯篇。当日拘于情感，深愤其狂谇，及今思之，东方思想界病中根本之说，昭信不诬。缩东方之范围，但就中国立

---

① 此文原载《新青年》第 4 卷第 4 号，1918 年 4 月。

论：西洋学术，何尝不多小误，要不如中国之远离根本，弥漫皆是。在西洋谬义日就减削，伐谬义之真理，日兴不已。在中国则因仍往贯，未见斩除；就令稍有斩除，新误谬又将代兴于无穷。可知中国学术，一切误谬之上，必有基本误谬，为其创造者。凡一切误谬所由生成，实此基本误谬为之潜率，而一切误谬不能日就减削，亦惟此基本误谬为之保持也。今欲起中国学术思想介于较高之境，惟有先除此谬，然后从此基本误谬以生一切误谬，可以"神遇而不以目视"，欲探西洋学术思想界之真域，亦惟有先除此谬，然后有以相容，不致隔越。欲知历来以及现在中国学术思想界之状况何若，亦惟有深察此弊之安在，然后得其实相也。

至于此种误谬，果为何物，非作者之陋所能尽量举答。故就一时觉察所及，说谈数端，与同趣者共商榷焉。

一、中国学术，以学为单位者至少，以人为单位者转多。前者谓之科学，后者谓之家学。家学者，所以学人，非所以学学也。历来号称学派者，无虑数百。其名其实，皆以人为基本，绝少以学科之分别，而分宗派者。纵有以学科不同，而立宗派，犹是以人为本，以学隶之，未尝以学为本，以人隶之。弟子之于师，私淑者之于前修，必尽其师或前修之所学，求其具体。师所不学，弟子亦不学；师学数科，弟子亦学数科；师学文学，则但就师所习之文学而学之，师外之文学不学也；师学玄学，则但就师所习之玄学而学之，师外之玄学不学也。无论何种学派，数传之后，必至黯然寡色，枯槁以死。诚以人为单位之学术，人存学举，人亡学息，万不能孳衍发展，求其进步。学术所以能致其深微者，端在分疆之清；分疆严明，然后造诣有独至。西洋近代学术，全以科学为单位，苟中国人本其"学人"之成心以习之，必若枘凿之不相容也。

二、中国学人，不认个性之存在，而以为人奴隶为其神圣之天职。每当辩论之会，辄引前代名家之言，以自矜重，以骇庸众，初不顾事理相违，言不相涉。西洋学术发展至今日地位者，全在折中于良心，胸中独制标准；而以妄信古人依附前修为思想界莫大罪恶。中国历来学术思想界之主宰，概与此道相反。治理学则曰"纂承道统""辅翼圣哲"；治文学则曰"惧斯文之将坠，宣风声于不泯"；治朴学则曰"功莫大于存古"。是其所学之目的，全在理古，理古之外，更无取于开新；全在依人，依人之外，更无许乎独断。于是陈陈相因，非非相衍，谬种流传，于今不沫。现于文学，则以仰纂古人为归宿；现于哲学，则以保持道统为职业；现于伦理，则忠为君奴，孝为亲奴，节为夫奴，亲亲为家族之奴。质而言之，中国学术思想界，不认有小己之存在，不许为个性之发展；但为地下陈死之人多造送葬之"俑"，更广为招致孝子贤孙，勉以"无改于父之道"。取物以譬之，犹之地下之隧宫，亦犹之地上之享庙，阴气森森，毫无生趣；导人于此黑暗世界，欲其自放光明，讵可得耶？

三、中国学人，不认时间之存在，不察形势之转移。每立一说，必谓行于百世，通于古今。持论不同，望空而谈，思想不宜放之无涯之域。欲言之有当，思之由轨。理宜深察四周之情形，详审时代之关系。与事实好合无间，亲切著明，然后免于漫汗之谈，诏人而信己。故学说愈真实者，所施之范围愈狭，所合之时代愈短。中国学者，专以"被之四海""放之古今"为贵，殊不知世上不能有此类广被久延之学说，更不知为此学说之人，导人浮浅，贻害无穷也。

四、中国学人，每不解计学上分工原理（division of labour），"各思以其道易天下"。殊类学术，皆一群之中，所不可少，交相为用，不容相非。自中国多数学人眼光中观之，惟有己之所肄，卓尔高标，自余艺学，举无足采。宋儒谈伦理，清儒谈名物，以范围言，则不相侵凌；以关系言，则交互为用：宜乎各作各事，不相议讥；而世之号称汉学者，必斥宋学于学术之外，然后快意；为宋学者，反其道以待汉学；壹若世上学术，仅此一家，惟此一家可易天下者。分工之理不明，流毒无有际涯。举其荤著者言之：则学人心境，造成偏浅之量，不容殊己，贱视异学。庄子谓之"各思以其道易天下"。究之，天下终不可易，而学术从此支离。此一端也。其才气大者，不知生有涯而知无涯，以为举天下之学术，皆吾分内所应知，"一事不知，以为深耻"。所学之范围愈广，所肄之程度愈薄，求与日月合其明，其结果乃不能与烛火争光。清代学者，每有此妄作。惠栋、钱大昕诸人，造诣所及，诚不能泯灭；独其无书不读，无学不肄，真无意识之尤。倘缩其范围，所发明者，必远倍于当日。此又一端也。凡此两者，一褊狭而一庞大，要皆归于充当；不知分工之理，误人诚不浅也。

五、中国学人，好谈致用，其结果乃至一无所用。学术之用，非必施于有政，然后谓之用。凡所以博物广闻、利用成器、启迪智慧、镕陶德性，学术之真用存焉。中国学人，每以此类之大用为无用，而别求其用于政治之中。举例言之，演绎封建之理，评其得失，固史学家当务之急，若求封建之行于后世，则谬妄矣。发明古音，亦文学界之要举，若谓"圣人复起，必举今日之音反之醇古"，则不可通矣。历来所谓读书致用，每多此类拘滞之谈。既强执不能用者而用之，其能用者，又无术以用之，亦终归于不能用。盖汗漫之病，深入肌髓，一经论及致用之方，便不剀切，势必流入浮泛。他姑不论，但就政学言之，政学固全在乎致用者。历来谈政之士，多为庞大之词，绝少切时之论；宋之陈同甫、叶水心，清之龚定庵、魏默深，皆大言炎炎，凭空发抒，不问其果能见诸行事否也。今日最不可忽者：第一，宜知学问之用，强半在见于行事，而施于有政者尤稀;第二,宜于致用之道,审之周详,勿复汗漫言之,变有用为无用也。

六、凡治学术,必有用以为学之器。学之得失,惟器之良劣足赖。西洋近世学术,发展至今日地步者,诚以逻辑家言,诣精致远,学术思想界为其率导,乃不流于左道也。名家之学,中土绝少,魏晋以后,全无言者;即当晚周之世,名家当途,造诣所及,远不能比德于大秦,更无论于近世欧洲。中国学术思想界之沉沦,此其一大原因。举事实以言之:墨家名学"本之于古者圣王之事"。引古人之言以为重,逻辑所不许者。墨子立"辩",意在信人,而间执反对者之口,故有取于此,立为"第一表"。用于辩论则可,用于求真理之所在,真理或为往古所囿。魏晋以后,印度因明之学入中国,宜乎为中国学术之助矣。然因明主旨,在护法,不在求知。所谓"世间相违""自杀相违"者,逻辑不以为非,而因明悬为厉禁。旧义小许自破,世间不许相违,执此以求新知识,讵有得者? 谈名学者,语焉不精,已至于此,若全不解名学之人,持论之无当,更无论矣。余尝谓中国学者之言,联想多而思想少,想像多而实验少,比喻多而推理少。持论之时,合于三段论法者绝鲜,出之于比喻者转繁。比喻之在中国,自成一种推理方式。如曰"天无二日,民无二王",前辞为前提,后辞为结论。比喻乃其前提,心中所欲言乃其结论。天之二日,与民之二王,有何关系? 说者之心,欲明无二王,而又无术以证之。遂取天之一日,以为譬况;壹若民之所以无二王者,为天之无二日故也。此种"比喻代推理",宜若不出于学者之口,而晚周子家持论,每有似此者。孟子与告子辩"生之为性",而取喻于"白羽""白雪"之"白",径执"白"之不为"白",以断"生"之不为"性",此其曲折旋转,虽与"天无二日"之直下者不同,而其借成于比喻,并无二道。操此术以为推理之具,终古与逻辑相违,学术思想,更从何道以求发展。后代论玄学者、论文学者、论政治者,以至乎论艺术者,无不远离名学,任意牵合,词穷则继之以联想,而词不可尽;理穷则济之以比喻,而理无际涯。凡操觚之士,洋洋洒洒,动成数千言者,皆应用此类全违名学之具,为其修学致思之术,以成其说,以立其身,以树其名。此真所谓病痼生于心脾,厉气遍于骨髓者。形容其心识思想界,直一不合实际,不成系统,汗漫支离,恍惚窈冥之混沌体而已。

七、吾又见中国学术思想界中,实有一种无形而有形之空洞间架,到处应用。在政治上,固此空洞架子也;在学问上,犹此空洞架子也;在文章上,犹此空洞架子也;在宗教上,犹此空洞架子也;在艺术上,犹此空洞架子也。于是千篇一面,一同而无不同;惟其到处可合,故无处能切合也。此病所中,重形式而不管精神,有排场不顾实在;中国人所想所行,皆此类矣。

上来所说,中国学术思想界根本上受病诸端,乃一时感觉所及,率尔写出,未遑为系统之研究,举一遗万,在所不免。然余有敢于自信者,则此类病痼,确为中国学术界所具有,非余轻薄旧遗,醉心殊学,妄立恶名,以厚诬之者。余尤深深此种病魔之势力,实足以主宰思想界,而主宰之结果,则贻害于无穷。余尝谥中国政治、宗教、学术、文学以恶号,闻者多怒其狂悖。就余良心裁判,虽不免措辞稍激,要非全无所谓。请道其谥,兼陈其旨,则"教皇政治""方士宗教""阴阳学术""偈咒文学"是也。

何谓教皇政治? 独夫高居于上,用神秘之幻术,自卫其身,而氓氓者流,还以神秘待之。政治神秘,如一词然,不可分解,曾无人揭迷发复,破此神秘,任其称天而行,制人行为,兼梏人心理,如教皇然。于是一治一乱,互为因果,相衍于无穷,历史黯然寡色。自秦以还,两千年间,尽可缩为一日也。

何谓方士宗教？中国宗教，原非一宗，然任执一派，无不含有方士（即今之道士）混沌支离恶浊之气。佛教来自外国，宜与方士不侔。学者所谈，固远非道士之义；而中流以下，社会所信仰之佛教，无不与方士教义相糅，臭味相杂。自普通社会观之，二教固无差别，但存名称之异；自学者断之，同为浑浑噩噩初民之宗教。教义互窃互杂，由来已久。今为之总称，惟有谥为方士之宗教，庶几名实相称也。

何谓阴阳学术？中国历来谈学术者，多含神秘之作用。阴阳消息之语，五行生克之论，不绝于口。举其著者言之，郑玄为汉朝学术之代表，朱熹为宋朝学术之代表，郑氏深受纬书之化，朱氏坚信邵雍之言。自吾党观之，谈学术至京焦虞氏易说，皇极经世，潜虚诸书，可谓一文不值，全同梦呓。而历来学者，每于此大嚼不厌：哲学、伦理、政治（如"五帝德""三统循环"之说是）、文学（如曾氏古文四象是），及夫一切学术，皆与五行家言，相为杂糅。于是堪舆星命之人，皆被学者儒士之号，而学者亦必用术士之具，以成其学术，以文其浅陋，以自致于无声无臭之境。世固有卓尔自立，不为世风所惑者，而历来相衍，惟阴阳之学术为盛也。

何谓偈咒文学？中国文人，每置文章根本之义于不论，但求之于语言文字之末：又不肯以切合人情之法求之，但出之以吊诡、骈文之涩晦者，声韵神情，更与和尚所诵偈辞咒语，全无分别。为碑志者，末缀四言韵语；为赞颂者亦然。其四言之作法，真可谓与偈辞咒语，异曲同工。又如当今某大名士之文，好为骈体，四字成言，字难意晦，生趣消乏，真偈咒之上选也。吾辈诚不宜执一派之文章，强加恶谥于中国文学。然中国文学中固有此一派，此一派又强有势力，则上荐高号，亦有由矣（又如孔子、老子、子思，世所谓圣人也。而《易系》《老子》《中庸》三书，文辞混沌，一字可作数种解法。

《易系》《中庸》姑不具论,《老子》之书,使后人每托之以自树义,汉之"黄老"托之,晋之"老庄"托之,方士托之,浮屠亦托以为"化胡"之说,又有全不相干大野氏之子孙,"戏"谥为"玄元皇帝"。此固后人之不是,要亦老子之文,恍惚迷离,不可捉摸,有自取之咎也)。凡此所说,焉能穷丑相于万一。又有心中欲言,口中不能举者;举一反三,可以推知受病之深矣。今试问果以何因受病至此,吾固将答曰,学术思想界中,基本误谬,运用潜行,陷于支离而不觉也。

今日修明中国学术之急务,非收容西洋思想界之精神乎? 中国与西人交通以来,中西学术,固交战矣;战争结果,西土学术胜,而中国学术败矣。然惑古之徒,抱残守缺犹如彼,西来艺学,无济于中国又如此,推察其原,然后知中国思想界中,基本误谬,运用潜伏。本此误谬而行之,自与西洋思想扞格不入也。每见不求甚解之人,一方未能脱除中国思想界混沌之劣质,一方勉强容纳西洋学说,而未能消化。二义相荡,势必至不能自身成统系,但及恍惚迷离之境,未臻亲切著明之域。有所持论,论至中间,即不解所谓,但闻不相联属之西洋人名、学名,佶屈聱牙,自其口出,放之至于无穷,而辩论终归于无结果。此其致弊之由,岂非因中国思想界之病根,入于肌髓,牢不可破;混沌之性,偕之以具成,浮泛之论,因之以生衍。此病不除,无论抱残守缺,全无是处,即托身西洋学术,亦复百无一当。操中国思想界之基本误谬,以研西土近世之科学、哲学、文学,则西方学理,顿为东方误谬所同化,数年以来,"甚嚣尘上"之政论,无不借重于泰西学者之言。严格衡之,自少数明达积学者外,能解西洋学说真趣者几希,是其所思所言,与其所以腾诸简墨者,犹是帖括之遗腔,策论之思想,质而言之,犹是笼统之旧脑筋也。此笼统旧脑筋者,若干基本误谬活动之结果;凡此基本误谬,造成中国思想界之所以为中国思想界者也,亦所以区别中国思想界与西洋思想界者也。惟此基本误谬为中国思想界不良之特质,又为最有势力之特质,则欲澄清中国思想界,宜自去此基本误谬始。且惟此基本误谬分别中西思想界之根本精神,则欲收容西洋学术思想以为我用,宜先去此基本误谬,然后有以不相左耳。